绩优企业
是这样炼成的

常见管理问题解决方案

CHANGJIAN
GUANLI WENTI
JIEJUE FANGAN

《绩优企业是这样炼成的》编委会 / 编著

内蒙古人民出版社

图书在版编目(CIP)数据

绩优企业是这样炼成的：常见管理问题解决方案／《绩优企业是这样炼成的》编委会编著. —呼和浩特：内蒙古人民出版社，2020.8

ISBN 978-7-204-16353-3

Ⅰ.①绩… Ⅱ.①绩… Ⅲ.①企业管理 Ⅳ.①F272

中国版本图书馆CIP数据核字(2020)第118860号

绩优企业是这样炼成的：常见管理问题解决方案

作　　者	《绩优企业是这样炼成的》编委会
图书策划	石金莲
责任编辑	晓　峰　杜慧婧
封面设计	宋双成
出版发行	内蒙古人民出版社
地　　址	呼和浩特市新城区中山东路8号波士名人国际B座5层
印　　刷	内蒙古爱信达教育印务有限责任公司
开　　本	710mm×1000mm　1/16
印　　张	18
字　　数	300千
版　　次	2020年9月第1版
印　　次	2020年9月第1次印刷
印　　数	1—3000册
书　　号	ISBN 978-7-204-16353-3
定　　价	38.00元

如发现印装质量问题，请与我社联系。联系电话：(0471)3946173　3946120

前言

经营管理学大师杰克·韦尔奇说："管理者都难免遇到各种管理问题，面对困境，你千万不能固步自封，把问题看得糟到底，怨天尤人，不去做出积极反应。要相信，办法总比困难多。只有这样，才会最终找到解决办法。"

有人曾这样评论那些事业成功的杰出企业家："他们像一个个勇猛的猎手，只身闯入充满凶险的原始森林，凭借非凡的眼光和超人的胆略，去捕猎象征财富的黄金之狮。他们的野心漫无止境。他们操纵市场易如反掌，具有点石成金的绝妙法术，能够轻易使濒临破产的企业奇迹般地起死回生。甚至他们的对手和敌人也不得不承认他们是商界的英雄。"

这些"商界的英雄"在各自的经营管理生涯中，都积累了丰富的、值得借鉴的解决各种管理问题的方法和经验，也有不少可供后人吸取的教训。

本书的立足点就是对管理者解决问题的方法进行深入而有重点地剖析，力求为经营自己事业的广大读者提供一些有益的启示。

本书从成功处理危机、避免公司走向僵化、改善企业中沟通的困境、解决好员工问题、稳妥地进行变革、降低成本、提高效率、低御资金风险、通过并购扩大公司的经营规模、维持顾客的忠诚、争取市场领先地位等不同方面，对管理问题的解决方案进行了系统阐述。

这些管理问题的解决方案都通俗易懂，不仅适用于企业管理，还可应用于日常生活。一个个看似非常普通的方案和事例，都可能带给你一阵阵顿悟和惊喜，让你事业成功、生活腾达。

本书能够在一年多的时间里顺利编写完成，离不开诸多同仁的精心协作和努力。在这里我们要感谢李元秀、贾瑞山、徐凤敏、孙影、夏飞、邓颖、陈礼春、石文慧、张卓、莘瑞印、秦宇超等同志参与编写，感谢你们的努力与付出！在此付梓之际，一并向你们表示衷心感谢！

编委会

目　录

方案一　加强部门信息交流改善沟通的困境

方案二　改革创新要循序渐进

方案三　危机处理果断有序

方案四　高效务实实施成本管理

方案五　职员管理要具有针对性

方案八　时刻把客户放在第一位

方案九　科学和高效的人力资源管理

方案一

加强部门信息交流 改善沟通的困境

因未能沟通而造成的真空，将很快充满谣言和误解。定期把下属召集在一起给他们谈谈最近发生的事，不要让他们曲解事情，再加以讹传，要把事情当面告诉他们。要注重各个部门和班组之间的充分的信息交流，使大家都充分理解组织的目标，明白为了实现这些目标自己能做些什么。

把握管理沟通的四个要素

作为一名经理人，即使具有待人处世的才能，也不一定能有良好的人际关系。但是倘若在自己的工作上和与人的关系上均能重视付出，他便能有良好的人际关系。唯有能着眼于付出，他的人际关系才具有柔性。这是所谓“良好的人际关系”的要义所在。有效的人际关系，必须具备下列四项基本条件。

1. 意见沟通

意见沟通是近 20 多年来最引人重视的一项管理课题。无论是企业界、公共行政机构、军事机关、医院，或是任何其他性质的机构，此一课题都受到极大的关注。但遗憾的是，结果却非常令人失望。虽然早在二三十年前，我们就已知道公司内部需要沟通，也缺乏沟通，可是今天的沟通仍旧跟二三十年前同样的令人失望。不过，至少我们已经开始了解意见沟通何以没有见效的原因了。

长久以来，我们把意见沟通当成是上对下的事，是经理对部属的事。仅靠上对下的单向沟通，意见沟通永远不可能成功。这是我们从实际体验和沟通理论上得出的结论。上级人员对部属说得越严厉，其部属就越听不进去。部属是要听他所想听的，而不是对方所说的。

一位在工作中以贡献为重的经理，通常一定期望其部属也能以贡献为重。因此，他一定常常问他的部属：“作为公司领导人，应该期望你有怎样的贡献呢？期望你做些什么？你的知识和能力，应该怎样做最大的发挥？”有了这样的反省，意见沟通才有其可能，也才易见成功。

身为部属者如果能思索公司期望于他的贡献是什么，他的经理才有权利和责任，来判断他的贡献是否切合实际。我们都有这样的经验：由部属自己设定的目标，往往会出乎经理的意料之外。换言之，经理和部属的所见往往极不相同。越是能干的部属，越愿意负责；他们的所见所闻，他们所看到的客观的机会和需要，也越与他们的经理不同。部属自行获得的结论，和他们的经理对他们的期望，差距往往极其明显。但是对于这种差距，经理和部属双方究竟谁是正确的，通常并不值得重视，因为上下双方已经建立起有效的沟通了。

2. 团队合作

在一个知识经济的时代里，一个公司主要有赖于知识不同和技术不同的专家所组成的团队力量。各路英雄的合作，贵乎自动自发，贵乎能依循发展态势的逻辑和任务的需要，而非仅依赖正式的公司结构。

比如在一所医院中——医院也许是较为复杂的一种现代知识公司，所有的护士、营养师、透视医生、药剂师、病理医生以及其他各方面的专家，都必须共同合作；他们面对同一位病人，但是谁也不觉得受了谁的管理和指挥。然而，他们必须为一个共同目的而工作，依循主治医生的治疗处方。但是从团体的立场来说，则各有各的上级经理。而在医疗工作上，他们各尽其所长，以专家的身份各尽其责。同时，对于一位病人的任何特殊情况及特殊需要，每一个人都必须相互告知。否则的话，他们越努力，其带来的负面影响也就越大。

在一个团体里，如果人人都已养成了重视贡献这一近乎天性的习惯，则其团队作业一定会所向披靡。反之，如果没有这种精神，则纵然有最完善的制度，有各色各样的汇报、通告、命令等等，其结果必然不可能有这样的双向沟通，必然不可能自然形成一个以正确的任务为中心的工作团队。

现在的公司团队合作问题，绝非传统的观念和理论所能解决。管理者必须专注于他的本行，本人必须对自己的能力和工作素质负责。从人事管理立场来看，他们的训练、任职记录、奖惩升迁等等，应受此项知识导向职能的管制。但是在实际工作的时候，他们却必须是“团队”中的一位负责任的成员；他们的团队由全然不同领域的管理者所组成，以当时担任的特定任务为中心。

当然，着眼于贡献，并不一定能解决公司问题。但至少能够提高对任务和沟通的认识，从而使一个尚未置于理想状态的公司也能发挥出实效。

自从电脑问世以来，管理者相互之间的沟通已更显重要。多少年来，管理上一直未能解决的问题，是如何从信息中获得沟通的。在过去，一切信息均靠人来处理和传送，故往往因沟通而“失真”。这就是说，沟通往往受到各人的看法、印象、意见、判断以及偏见的影响。而现在有电脑了，忽然间所有的信息均不经人手了，因而所谓信息也没有沟通的实质内容了。所有的信息，忽然间都变成“纯信息”了。

在今天，我们的问题是如何建立最低限度的必要沟通，以使我们能相互了解，能了解彼此的各自所需，彼此的目标、彼此的感受，以及彼此的处事方式。而“纯信息”能告诉我们什么呢？只有靠人与人之间的直接接触，通过语言或文字，才能沟通。

资料处理越信息化，我们将更加需要建立有效沟通的新桥梁。

3. 自我发展

个人自我发展的得失，大部分以是否重视贡献为基础。如果我们能自问：“我对公司能有些什么最大的贡献？”这就等于是说：“我需要怎样的自我发展？我应该追求什么知识和技能，才有助于我对公司的贡献？我应该将我的什么优点用在我的工作上？我应替自己设定怎样的工作目标？”

4. 培养他人

经理重视贡献，自然能同时启发其部属，乃至于其上级，寻求其自我发展。这样的经理设定的标准，必不是他个人认定的标准，而是以任务需求为基础的标准。而且，他设定的标准，必将是要求达到“卓越”的，是高瞻远瞩，是远大的目标，是具有重大影响力的工作。

把例会营造成沟通场所

如果你所在部门的员工会议不是那么富有成效、没有激发性的话，或许应该考虑改进。那么该怎么改进呢？下面的三点建议或许对你有所帮助：

1. 让每个人谈论自己的境况

成功的员工例会所需做的第一步，就是要与每位下属谈谈他们在工作中各自面临的现状。尤其要问到的是：“过去的一周里完成了什么工作，以及所遇到的挑战是什么？”比如，一个负责人事招聘的员工可能会提到，这一周通过他们的努力填补了公司的多少个职位空缺，又有哪些职位空缺，因为某位经理的决定拖延或中介公司提供的人选不适合，而没有得到预期填补。

让每个人谈论自己的境况不仅十分重要，而且也非常关键，这能让所有的职员了解其他人在做什么。很多时候，职员们都是埋头各干各的，这样很容易想当然地认为自己在做所有的工作。而一旦他们听到其他人也在做工作时，才会更正确地评价同事的贡献。

当然，这种信息共享也能使你始终知晓下属的情况。作为主管所遇到的最普遍的困惑之一，就是下属将自己抛到一边盲目行事。毕竟，这是你棘手的一大麻烦事，同时你应该从其他做主管的同事那里学习如何解决这个问题，而不是从下属那儿寻找答案。

常规例会让每个人有可能最大限度地了解周围的最新动态。但是，关键在于首先要允许下属们分享信息。这种会议不是“从上向下”传达指示，而是“从下向上”反馈情况、收集信息，并让大家彼此尊重各自在工作中所做出的贡献。

2. 向大家征求意见与看法

员工例会的第二部分，是要在做决定的过程中引入建设性的批评意见。尤其要问到：“针对现有状况，我们需要采取什么不同的做法，来彻底改造所在部门的工作流程?”结果你会发现，最好的想法往往来自那些平时不事声张的人。

很多另谋高就的职员在与原公司的人力资源部门提及离职的原因时，理由多数是因为没人在意及理会他们的想法，这令他们感到很失望。如此一来，每天的工作只是机械地重复着早晨上班，晚上下班，所处的工作氛围无法带给他们任何真正意义上的冲击和影响。其实，我们只需简单地征求他们的建议，就能满足他们最基本的心理需求，并产生截然不同的积极效果。何乐而不为呢?

恳请员工们提出自己的建议及关心的问题，在刚开始时，你可能会感到有些不舒服。毕竟，如果他们抱怨的是些你无能为力的问题，你将如何是好呢?新的计算机系统、缓慢的互联网接入，以及来自其他部门的问题——这些障碍摆在所有人的面前，但是切记，你并不是在主持一个诉苦大会。

你的目的是帮助员工们去关注在现有资源下能做些什么。首先，你应该将建议的所有权赋予提出建议的人，从而真正地鼓励员工着眼于你现有的做事方法，并重新审视那些造成低效率、延迟或整体故障的关键点。

接着，你要制定一个很小的、容易执行且适合一周工作量的行动计划，并征求志愿者担当该项计划的先头兵。如此授权，不仅给予了人们提出更好建议的充分自由，也树立了你自身的权威，使得修正后的方法打上了你个人的烙印。

3. 讨论今后有可能影响到公司发展的问题

员工例会的第三个要素，是你的部门在过去的一周里，有没有更好的做法使得整个公司得到更好的发展。这听起来像是唱高调，但工作就是这么回事。招募员工是为了给公司增加收入、减少费用及节省时间，凡是涉及这三方面中的任何一个，今后有可能影响到公司发展的问题，都应该在员工例会上进行讨论、研究甚至一再提及。“我们可以采取什么不同的做法?”这一想法与开始的问题是自然相对应的，因为它反映出特定的时期整个部门的工作将如何进展。它也同样令大家有机会进行案例分析，从而使类似的情形在以后得到更有效的解决，朝前发展。

作为经理，应该时不时地记着用第三个问题问自己，以检验自己的工作成效：“我还能采取什么其他做法，为下属们提供更好的组织架构、指导及反馈，成为大家事业上的良师益友?”这是一流的、平和的与下属接触的方式，当然，开始时你可能会感受到攻击和责难。

然而，你如果不问，就永远不会知道每个下属的需要。事实上，每个人都很忙，以至于到了下班时也未必能做完当天的工作。还有，只有保持开明的领导作风和对员工充分信任，才能建立起同事间的友谊以及最大限度地减少人员流动。

最好的建议是什么？那就是花些时间，从事业发展、再培训及增加责任等方面来了解下属们的需要。你所投入的时间和关怀将会得到很好的回报。

明确地传达组织理念

在那些沟通充分有效的企业，各级别、各部门的员工都非常清楚组织的目标，以及他们如何才能为成功做出自己的贡献。他们不会花费时间猜测高层管理者真正在想些什么，也不会从他们收到的信息中寻找隐含的意思。因此，员工会强烈地感觉到大家有共同努力的目标和方向。

健康组织的员工收到很多重复的信息，他们会为此开玩笑，有时甚至会

抱怨。但由于他们对公司发生了什么事情很清楚，没有被蒙在鼓里，因此他们也感到很高兴。

明确地传达组织理念的第一步，是成为组织沟通高手的三个最重要的因素：

1. 重复信息

有效沟通需要重复发布信息，这样，信息才能在组织内深深扎根。有些专家这样认为，只有当人们听到某条信息重复六遍以后，才能开始相信并消化这一信息。

2. 使用简单的语言

有效沟通的另外一个关键是有能力不把关键信息复杂化。多年的教育和培训，令大多数领导者感到自己必须在讲话或书写时用上他们所有的智慧。虽然这种想法可以理解，但如果真的这样做，只会令员工感到无所适从。要知道员工需要从领导者那里得到的是关于企业的方向、自己要如何去做的明晰、简单的信息。

3. 运用多种媒介

高级管理者往往过于依赖一种沟通方式来向组织内其他人传递信息，有些人喜欢开会和面对面地沟通；其他的人则喜欢通过电子邮件和企业内部网公告发布书面信息。

实际上，企业内部沟通是需要多种交流方式结合在一起才会产生最佳效果。由于员工对通过哪种方式接收信息也有自己的偏好，所以，如果仅仅使用一两种沟通渠道，企业内一些员工是肯定收不到一些重要信息的。

加强非正式的沟通

彼得斯指出："组织的流动性并不是什么新概念。要说有什么是新的，那就是出色企业看来很懂得怎样才能很好地利用这种概念。不论是因为拥有大量非正式的信息沟通方式，还是因为掌握了运用诸如特派工作组这类特设组织的特殊手段，反正出色企业总能雷厉风行，行动神速，这正是因为出色企业的组织是流动性的，灵活可变的缘故。”

出色企业里信息沟通的性质以及对这类沟通的运用，都是显著不同于那些不那么出色的同行们的。出色企业本身，就是一个巨大的、不拘形式的、开放性的信息沟通交流系统。交流的模式和强烈程度能使需要交流通气的人们之间，得以保持经常的往来接触，而且仅仅由于这类接触的经常性以及它所具有的性质（如同级之间是处于半竞争状态下），就能使得整个系统的混乱和无政府性质受到很好的控制。

出色企业中信息交流的频繁与深入是显而易见的。它们所以能做到这一步，往往首先是由于坚持采取非正式的交流方式。怎样才能做到这一点呢？彼得斯总结了以下几点经验：

1. 直呼名字

例如在华特·迪斯尼制片公司，从董事长起，人人都佩戴一个只有名字的标记，也就是说根本不写姓氏。惠普公司也同样强调直呼名字。

2. 开门政策

旦达公司是一个以人为重心的公司，它提出“旦达为家的感觉”的哲学，并全力去付诸实践。这家公司在公司内部彻底实行这套哲学，员工薪金付得比其他的航空公司高，而且尽可能避免裁员。

旦达的成功来自许多小事情的集合。而门户开放政策决定了旦达的风格。前任总经理毕伯解释说：“我的地毯必须每月清洗一次，所以我找机械师、飞机驾驶员，以及机上服务人员全都来见我，如果他们真想告诉我们一些事情，我们会给他们时间。他们不必层层向上报告。总裁、总经理、副总经理……没有一个人有‘行政助理’来挡掉求见者。”当然，这是采取门户开放政策所发挥的效果。

1979 年 2 月，旦达航空公司机械工人伯奈特少领 38 美元薪水，公司未付他清晨两点提早上班修一具引擎的加班费。这位 41 岁的技工写信给旦达公司总经理贾瑞德，向他反映了这件事。三天后，伯奈特拿到了 38 元，以及一封顶头上司写给他的道歉信。

旦达航空公司最有趣的一个观念是，管理部门可以互相交换工作。例如总裁坚持所有的资深副总经理都要接受训练从事公司里的任何工作（虽然不可能开飞机）。即使身为资深副总经理也应充分明白彼此的业务，以便万一有必要时，任何人均可以替代他人工作。而且，圣诞节的时候，高级主管还需加班帮助行李工人。

旦达公司的主管多花许多时间，只是为了与员工聊聊家常。高级主管一年至少要跟员工聚会一次，公司里的最高阶层与最低阶层直接交换意见。花在沟通意见上的管理时间多得惊人，简直令那些不在这种环境中工作的人无法想象。例如，最高主管单位一年内连续举行四天会议，只是为了和亚特兰大的随机服务员谈话而已。资深副总经理们一年通常要花一百多天风尘仆仆于各地，还不包括清晨一点或两点搭机、查勤、大夜班。从高级主管开始即彼此密切地交换意见。每周一上午有个高层会议，检查所有的计划、所有的问题与公司财物。然后，资深副总经理领着自己辖下部门的各主管吃午饭，让他们知道最新情况。因而公司的事能很快地且定期地传遍全公司上下。

IBM 公司在这方面也花了很多时间和精力。开门政策是它原来的老领导人沃森的哲学里的一个重要组成部分，直到今天，对它的 35 万名职工仍在实行着。

董事长对于任何职工的投诉，依旧一一亲自答复。开放政策在德尔塔航空公司也颇盛行，“开放”在列维·斯特劳斯公司里意义重大，人们把它叫作“第五大自由”。

3. 巡视管理

让管理人员走出办公室，这也是有助于促进非正式交流的。在联合航空公司，艾德·卡尔逊把这称之为“有形管理”，也叫“巡视管理”（MBWA）。惠普公司把它叫作“周游式管理法”，并把它当作至关重要的“惠普之道”中的一项主要信条。

4. 精心布置办公室

科宁玻璃公司在它新建的工程大楼里装设了自动扶梯（而不是普通电梯），为的是能增加面对面接触的机会。明尼苏达采矿制造公司里，凡是职工人数达十人左右的单位，就发起举办俱乐部，唯一的目的就是想增加午餐时以及平时随时解决问题的机会。一位花旗银行的高级职员说，在他们那里，营业部和贷款部负责人之间有着分歧，长年累月解决不了，后来这一帮人全都搬进同一层楼去，把办公桌往一起一靠，分歧也就烟消云散了。

这些都意味着什么呢？就是要有充分的交流通气。惠普公司所有最宝贵、最重要的规则，都是跟更多的交流沟通有关的。就连惠普公司社会性的和物质性的环境也都能促进这种沟通：你到该公司位于帕洛阿托的总部和工厂里去看，用不了一会儿，就会看见一群群人，坐在有黑板的房间里，在无拘无束地研究问题。这些临时性的会议，每个都多半包括有研究与开发、生产制造、工程技术和市场销售等各方面的人员。这是跟那些平庸的大型企业截然不同的。在那类企业里，经理和分析人员们从来不跟用户照面或交谈，从来不跟推销员们见见面或谈谈话，从来也不瞧一眼或摸一下产品。惠普公司的一位职员，在谈到该公司中央实验室的组织时说："我们并不真清楚，到底什么结构才算最好。我们有把握的只是一点，那就是要从保持高度非正式沟通下手，这才是关键。我们必须不惜一切代价保持住这一点。"明尼苏达采矿制造公司也有类似的信念，因此，它的一位高级经理才这么说："你们对出色企业搞的那套分析只有一点不对头。你们该加一条第九项原则，那就是信息沟通。我们这里相互间常有大量直截了当的交谈，这就省掉了好些书面的或正式的烦琐程序。"

彼得斯指出：所有这些例子，实际上都表明了一种如何能保持联系的办法，一种保持人们之间间经常不断进行非正式接触的办法。

改变公司缺乏交流的状况

几乎所有的组织都意识到了和员工之间交流的重要性。本企业这种交流渠道是否经常畅通呢？在很多情况下，答案是否定的。企业的管理层可能会经常向员工发布信息，但是员工却很少、甚至不向上级反馈。企业在努力适应今天不断发展的市场环境过程中，缺乏交流可能成为一个大问题。

丹佛大学的斯蒂芬·艾伯斯克勒所做的一项研究表明，他所研究的46家公司面对互联网带来的商业机会之所以行动迟缓，最主要的两个原因就是：交流的贫乏和行政上的混乱。

如何能让员工愿意同你交谈？怎样把你的公司变成一架精于、平衡和适应性强的机器？以下三个提高交流水准的必要条件非常重要。

1. 使交流成为你公司里的优先事项，并且让每个员工都知道你重视交流

在你的组织里，如何能有效地鼓励双向交流？很简单，向他们表明，你

重视他们的意见。你需要向员工传递的最重要的信息就是，对任何问题的解决办法，永远绝不会是单向的信息交流，而一直都是交互式的，让所有人都参与讨论。换句话说，你必须确保员工知道你愿意倾听他们的意见。

鼓励员工向上级的交流，其关键之一是清楚地表达出你希望这种交流、鼓励这种交流。在这种交流出现时，你会重视它、并给予回报。明尼苏达矿业公司负责交流变革的经理波金斯指出："3M 公司明确期望员工进行跨组织结构交流，新的观点总是受到鼓励，这都是努力在公司内保持创新精神的措施的一培分。"

重视交流常常需要不同部门的经理采取协作和团队的行动，例如，负责人力资源和内部交流的部门就需要统一步调。根据 Unisvs 电子计算机公司的内部交流顾问 Denise Baron 的陈述，在 Unisys 也是同样的情况。

3M 公司人力资源部门的负责人是交流的积极支持者，而且做出了切实的努力，例如同参加交流的人们密切协作，以提高内部交流水平。由人力资源部门的负责人、公司总经理和参加交流的员工联合组成的阵营，向员工们充分显示了公司对员工交流的重视。

2. 尽力扩充沟通渠道

为了有效激励员工参与交流活动，你需要各种不同的正式和非正式交流渠道。正式渠道包括提出建议的流程、企业内部网上的论坛或者反馈表格等；非正式渠道包括部分职员的开会和其他类型的面对面交谈。

3M 公司的董事会主席兼行政总裁 L·D·戴斯曼定时在明尼苏达的圣保罗召开会议，这不仅提供了交谈的机会，而且更重要的是提供了聆听的好机会。他安排会议中大多数的时间用来听取员工的意见、了解员工的思想。在每次会议的开始，他总是简明扼要地说明本次会议是"为员工介绍他们可能感兴趣的业务或话题的最新进展情况"。

随后，会议展开，议程主要由（员工的）提问和（管理层的）回答构成，讨论主题并非事先设定的，也没有什么规定来限制问题的范围。

然而，员工通常不愿意直接说出他们的想法。即使在最为开放的企业文化中，总有些员工有了好主意，却由于某种原因难以公开表达出来。

在这种情况下，这些员工就可以考虑使用允许他们保持匿名的意见反馈系统，还可以选择使用可靠的意见箱。而且，现代技术（网络和电子化的交流手段）为此提供了更多的表达途径。

3. 建立信任的氛围

没有了信任，员工很可能不愿意同他人分享自己的想法和意见。在如今精简、重组、合并和收购成为主流的时代，员工们常常害怕说出他们的想法。

组织对于员工意见的处理方式，也直接影响到今后能够收到什么类型的反馈信息。如果员工都知道，即使最尖刻的评论也能得到积极、诚实的回应，不会有任何记恨，他们的心中就会产生信任感。但如果出现相反的情况：如果他们的反馈被忽视，或组织的对策只是做做表面文章，要么员工因为说出了自己的看法遭到报复，他们就不再敢于诚实地反馈信息。

尤尼西斯公司的行政总裁劳立正是促使该公司企业文化逐步变得充满信任氛围的幕后推动力量。他在就任第二天，通过电视向全体员工发表讲话时说："嗨，写信给我，我会回答。我想知道你们都在想些什么。"从此开始了改变氛围的计划。劳立亲自阅读，并坦诚回复每一封收到的电子邮件的消息传开后，他继续收到的反馈信息数量呈指数级增长，几个月内就收到4000多封电子邮件。

促使员工参与或者鼓励员工反馈的唯一途径就是建立信任的氛围，这样人们才知道自己可以自由地发表意见，而不必担心组织的报复。建立信任需要较长的时间。因此，劳立从上任第一天开始就为交流活动设立了清晰的框架。

美国互联网内容服务商沃卡士指出，建立信任的氛围并不等于允许无理取闹或提出不当的要求。你必须明白底线在哪里。你可以对下属说："这是我们给你的关于股票价格的信息；你无权查看董事会的决议；那些是你选出来的董事会成员的工作。"你必须十分清楚同员工交流的界限在哪里，哪些事情他们有权过问，哪些无权知晓。

在伊士曼·柯达公司，主管员工交流的董事D·露克为信任这一概念增加了新的内容。她常常在重要的交流活动之前、期间及之后，选择部分员工提供反馈意见。她谈到，在其他组织工作的同僚常常十分惊讶，因为柯达员工常常在公司的重大决定正式宣布之前就已经知道了确切消息，并且还被要求提供反馈信息。即使如此，露克在这些交流中还从未遇到过员工破坏信任、泄露机密的情况。她指出："你应该信任你的员工，与你一同工作的人们，同样希望公司能够成功。"

4. 改善企业中沟通的困境

企业中缺乏沟通很可能是经理人自身存在的问题，你与别人交流的方式会影响别人与你交流的方式。做一次自我评估，你会发现别人都在效仿你。因此，要改善企业中的沟通现状，自己要首先行动起来。

当然，在改善沟通前，你要让沟通的重要性及改进沟通的重要性为每个员工所知。召开一个未事先通知的不让员工准备的会议，在人们到场时，让每个人都对自己小组内部的沟通程度做出评价，用 1 ~ 10 之间的数字表示评价的高低。同时，让他们对整个企业的沟通情况提出看法，并且要求他们把意见写在卡片上，以便在会议上传阅，当然也可以使用挂图式投影仪作图示讲解。由于事先没有准备，人们会提出自然、未经深思熟虑的看法。最后，要找出两三种方法来改善企业的沟通状况，让自己的领导成员接受这些建议并认真去做。这样，改进沟通状况就有了一个起点。

以下的几种方式对于改善沟通状况或许有很大的帮助。

（1）建立联系。有很多方法能使你的领导成员和企业人员联系起来，如开会，共同完成一个任务，午餐闲谈，晚餐闲谈和个人交往。如果沟通遇到地理上的障碍，就应派人花些时间，带着明确的目的到一些不同的地点去。

（2）尊重不同意见：具有不同背景、不同文化、不同种族的人会有不同的价值观。对文化差异的研究会增进业务上的沟通，能在你的领导成员中形成相互理解、信赖和尊重的和谐关系。

（3）重视通信工具的选用。现在的通讯方式多种多样，语音邮件、电子邮件、电话、传真、视频会议、卫星通信为人们提供了多种选择，方便了人们沟通，尤其是人与人之间的电话来往更是具有很大的价值，方便、快捷是其他方式所不能代替的。面对面的交往也很重要，尤其是深入地交谈，更应当鼓励。

（4）鼓励交流信息和想法。可以采取以下方式：论坛、圆桌讨论、互联网交谈、在线聊天或公告板，还可能有某些特殊的程序。

另外，经理人也应当注意，当开一个沟通会议时，要让它的气氛变得令人愉快，要学会做一名热情、友好，并有着真挚兴趣的听众，要尊重他人的时间，开始时间和结束时间都要准时。要学会倾听、询问的技巧，要善于接受意见，还要欢迎不同的观点和意见。

善于倾听基层的声音

沃尔玛公司前总裁山姆·沃尔顿指出："如果你必须将沃尔玛体制浓缩成一个思想，那可能就是沟通，因为它是我们成功的真正关键之一。我们以许多种方式进行沟通，从星期六早晨的会议到极其简单的电话交谈，乃至卫星系统。在这样一家大公司实现良好沟通的必要性，是无论如何强调也不过分的。"

当沃尔玛公司仅有几家商店时，山姆已经这样做了。那时，他认为商店经理人应该知道同其商店有关的每个数字。后来，各部门主管也开始分享这些数据资料。沃尔玛公司在扩展过程中始终坚持这么做。那也是为什么他们将数亿美元投资于电脑和卫星系统，即尽可能快地将所有细节情况在整个公司内散播。正因为有了信息技术，沃尔玛公司的商店经理人才能真正清晰地了解大多数时间内的经营状况。他们将各种信息通过卫星以极快的速度传送出去，比如每日的损益报表、能说明他们商店内出售些什么东西的最新销售数据等等。

在沟通中，有时态度与科技同样重要。例如，沃尔玛公司一直执行这样一项规定，总部的采购员必须先回商店的电话，然后才回供应商或其他人的电话。而且一定要在接到电话当天的日落之前回电。

电脑无法，而且绝不可能替代到商店巡视和学习的功效。这也是为什么沃尔玛公司始终坚持自己的经理人和采购员必须离开办公室，到各商店内巡视的原因。地区经理人要亲自处理店内的一切事务。每个星期一早晨，他们蜂拥进公司的飞机，前往他们分管的地区视察商店。他们外出三至四天，通常会在星期四回来。他们必须至少带回一个能算是不虚此行的构想。然后他们与公司的高级经理人员聚集在一起召开星期五的业务会议。

当然，除了实地调查以外，会议中还会有电脑打印输出的结果，它能告诉公司的决策者哪些商品卖得出去、哪些卖不出去。会议中真正有价值的情报还是每个人从商店带回来的信息。一旦这些地区经理人星期四回来后，高层管理者就会让飞机载上一些采购人员，将他们送出去拜访个别的商店。随

着公司的日益壮大，他们想出了各种方法以使采购人员保持对商店需求的供货反应。现在，沃尔玛公司拥有称为地区采购人员的员工，他们协助商店经理人针对各自商店的需要进行采购。每个季度，每个采购员都必须去一家不同的商店，并在销售他们所采购商品的部门担任几天的经理。

让信息在公司内部畅通无阻

1. 充分使用正式沟通媒介

一个组织成员向另一个成员发出的口头指示、备忘录和信件，是最明显的信息沟通媒介。我们要把几种特殊的书面媒介，同普通的备忘录或信件区分开来。首先，组织中存在着所谓“文件流转”——一份文件从组织的某个地方流向另一个地方，在那里受到后续处理。其次，组织中还存在着记录、档案和正式报告。最后，组织中还有关于组织例常工作及程序的手册。

（1）口头联络。组织纲领所规定的口头信息沟通制度，一般仅限于比较小的范围。从一定程度上讲，正式权威体制包含着这样一个假定，即：口头联络主要发生在一个人和他的直接上下级人员之间。但这也根本不是他们之间唯一的信息沟通渠道。

在一定程度上，正式组织还限制了向上沟通的便利。除了直接下属之外，下级人员要想接近处于组织上层的人，用口头联系方式可能是相当困难的。在企业组织里，虽然不像军事组织那么正式和严格，即使行政长官坚持某种“开放”办公政策，其易于接近的程度也受到了非正式的社会压力和私人秘书制的限制。

空间上的接近程度，可能是口头联络频繁程度的一个非常现实的条件。正因为如此，办公室布局成为信息沟通系统的重要决定因素之一。就连电话的问世，也未能大大降低这一因素的重要性，因为电话交谈绝不等于面对面接触。

（2）备忘录和信件。备忘录和信件受到正式规定的控制，往往比口头联络所受到的限制更多——在比较大的组织中尤其是这样。有些组织实际上要求一切书面通讯材料经权威链流转，不过，这种做法并不普遍。稍许更普遍些的要求是：通讯材料沿权威链的传递不得跳级。也就是说，同一部门两个不同单位的人如果想做书面联系，其中一人必须先将材料交给其所在单位的头头，这个头头可绕过部门领导人，将材料交给另一人所在单位的头头，然后由后者转交那个人。

不过，除了命令下达之外，大多数组织对此未做严格要求，更经常的做法是建立一些“审批”规则，要求把越级传递的通讯材料流向规定的轨道。

（3）文件流转。文件流转是有些组织处理财务的典型方式，如保险公司、企事业会计部门、联邦贷款机构等就是如此。在这种情况下，组织的业务工作（或其部分工作）是以文件处理为中心而展开的。例如人寿保险公司，要接受申请单、审查申请单、予以批准或拒绝、发行保险、给投保人开列保险费、计算保险费、支付保险赔偿费等等。与个人保险单有关的文件，是该组织业务工作的核心所在。这些文件从组织的某处转移到另一处，为的是采取各种行动，如审查申请单、记录投保人的变化、批准支付赔偿费等等。随着文件的流转，采取必要管理措施所需的（有关保险单的）所有信息，也随之流转。为采取一定的行动而流转的文件，总是要靠人去处理的；处在文件到达处的人，一般均具备有关该公司规定的知识，也就是为了处理文件而必需的有关保险单信息方面的规章知识。由于有了文件，就使得来自办公现场的有关投保人情况的信息，同来自办公总部的有关公司规章及义务的信息，得以组合在一起了。因此，对这种情况来说，信息的组合是通过文件的流转，靠把办公现场获得的信息传递到办公总部而实现的。对其他一些情形来说，信息的组合可能是通过指示、手册之类文件的流转，将办公总部的信息传递到办公现场而实现的。

（4）记录和报告。对任何组织来说，记录和报告差不多都是正式信息沟通系统的一个不可或缺的部分。在利用信件和备忘录进行信息沟通时，人们必须做出需要传递信息的决定，而且要决定传递哪些信息。

记录和报告则与此不同，它们的独特性质在于，报告者和记录者知道该在什么时候写报告或记录（是定期写还是发生具体事件时写），报告或记录中要包括哪些信息。这一点非常重要，因为这在很大程度上减轻了各个组织成员所面临的重要而困难的任务：决定他所拥有的哪些信息应当传递给其他成员，以及应当采取什么形式。

（5）手册。手册的作用，是要把那些打算长期应用的组织惯例告诉组织

成员。如果没有它，长久性的政策就只能留在组织老成员的心里，对组织工作不会产生更大影响。手册的准备和修改，为的是确定组织成员对组织的结构和政策是否有一个共同的理解。无论是在新职员培训期使用手册，还是在其他时间单独使用手册，其重要用途都是要让新成员了解组织的政策。

手册的准备和使用，有一个几乎是必然产生的结果，那就是，它加强了决策集中化。拟定手册的人出于对“完善”、“统一”的关心，差不多总是要把以前交给个人自己决定的事情，全部收入手册；而且把它们同组织政策联系起来。这绝不是完全有益的，因为除非“完善”和“统一”是协调的要求，否则它们对组织就没有什么特殊价值。

2. 利用非正式信息沟通补充正式沟通渠道

无论组织所建立的正式信息沟通系统是多么精致，它总会得到非正式信息沟通渠道的补充。经过这些非正式渠道的情报、建议，甚至还有命令。真实的人际关系系统最终会变得与正式组织纲领上的规定大为不同。

非正式的信息沟通系统，是围绕组织成员间的社会关系而建立起来的。两人之间的友情，会造成他们频繁来往和“工作时间闲谈”的现象。此外，如果其中一人接受了另一人的引导，那就产生了一种权威关系。所谓“天然领导者”，就是这样在组织当中赢得地位的，而这方面的关系又不是总能在组织结构图上得到体现。

如果我们想到组织中的个人行为不仅指向组织目标，并且在一定程度上指向个人目标，而这两类目标又不总是彼此一致的，那么，我们就会认识到，非正式的信息沟通系统还具有进一步的重要意义。当组织成员彼此打交道时，每个人都必须估价对方个人动机（而不是组织动机）给其态度和行动所加上的限制条件。当他们之间已经建立起基本关系时，双方就易于进行这种估价，也易于相互坦露动机了。在这种情况下，要求对方协作的请求一般也不会碰上这样的钉子：“你我部门不同，各干各的，两不相干。”

组织成员有时会借助非正式信息沟通系统，去实现自己的个人目的。这就产生了宗派现象——一伙人形成一个非正式的信息沟通网，并用以保障这伙人在组织中的权力。宗派之争又会导致社会关系的普遍不友好，破坏非正式信息沟通系统的效益。

关于正式组织助长或防止宗派形成的作用方式，以及经理和行政长官们可用以对付宗派、减少其危害的方法，至今尚未做过多少系统的分析。我们首先可以想到，正式信息沟通系统如果比较弱小，不能通过该系统保证妥善的协调措施，那么，宗派的发展就会得到助长。在这种情况下，宗派对组织协调的作用，同美国这样高度分权的政府结构中的政治机器所起的协调作用，是非常相似的。

任何组织里的大量非正式信息沟通，都远远不如宗派活动那样富有目的性，甚至也不如经理和行政长官们在午宴上的交谈那样颇多弦外之音。另外，还有大量信息沟通是列在“流言”名下的。对大多数组织来说，“小道消息”总是看起来具有建设性作用。不过，它的主要缺点在于：第一，由于可能泄密，所以有损于忠诚老实。第二，它所传播的消息往往不确切。但另一方面，它除了能传递那些谁也不想正式传递的信息之外，作为组织中“舆论”状况的晴雨表，也是有价值的，管理者听听小道消息，可从中了解到组织成员关心哪些事情，对哪些事情抱什么态度，等等。当然，即使是这后一用途，也需要以其他信息渠道来补充。

3. 让员工坦言对你的意见

你有没有问过别人：“嗨，你对我到底有什么意见?”这样的问法，得到的回答很可能是些支吾之词。但是，如果要管理和指导好员工，就一定要能得到他们的反面意见。

要想成为有效的领导者就必须和大家沟通，明确表示你愿意随时听取他们的意见。

（1）采用正确的方法征求反馈意见。让人们打开心扉，告诉你他们对你作为领导是怎么看的。不要和他们争论或者试图纠正他们的看法，你应该感谢他们，并从他们的角度来理解这些意见，作为正确的意见接受下来。你要下决心聆听和考虑他们的意见，创造一种多听他人意见的气氛，这样才能对自己的行为做出明智决定。通过征求并接受反面意见，可以了解下属对你有什么期望，而不必去揣摩他们有什么想法。

好的征求反馈的方法有助于做好这件事。避免使用疏远别人或令人感到是在受责备的言辞。

比如可以这样说：“我一直在考虑自己的领导作风。我知道大家觉得我……”后面再补上具体内容。这句话向听者表明：你知道自己做的某些事不受人欢迎，也表示你对此是认账的、负责的。另外，由于你愿意与对方谈论一些个人的事情，听者还会因此而感到自己受到重视。这是使别人站到你这

一边的关键一步。他们会帮你实现你所希望的变化。

不要讲“我听说，你说我……”，这听起来有指责的味道。不要牵涉到对方，只谈自己。

（2）采取坦诚的态度。

要让对方告诉你。你做的哪件事让别人对你有那种看法。可以这样问：“据你观察，我的哪些做法让别人对我有这种看法?”

这样问就表明：你知道自己做的某些事情使大家产生了看法；你不知道是哪些事；而对方知道；对方可以跟你说。

这时应该明确表示你并不希望那样，并且说明你打算改变这种情况。可以这么说：“你知道，我不希望别人这样看我，我希望能改变你的看法。”你没承认也没有否认别人的看法，也没有责备谁错了，你只是说不希望别人用目前的这种看法看待自己，而且希望有所改变。光是这种做法，就可以使别人对你有新认识。要表明自己的诚意，就要以毫无威胁感的方式不断征求反面意见，即使受到批评也不要争论，不要试图纠正他们的观点。最重要的是坚持听取意见并与大家协商，直到对今后怎么做达成一致。然后就按此采取行动。

（3）征求下属的建议，问他们希望你怎么做。

不要问只用“是”或“不是”就能回答的问题。如果问这样的问题，为了避免可能出现的不快，别人很可能随口附和你。但他们对你的看法却不会有所变化。

如果你让别人有机会告诉你，他们如何看待你和你的所做所为，反过来他们也会给你提供一些信息，帮你更有效地领导他们，更好地与他们共事。最终，他们对你的看法也会改变。但这需要一定时间，如果你过去事情做得太绝，或者别人怀疑你的动机，就更要花时间。

4. 重视公司内部的信息交流

公司内部的信息交流包括与部门、员工和股东之间的沟通，需要同时采用多种手段，多渠道、多形式、多层次交流，才能收到理想的效果。

（1）部门关系的处理。良好的部门关系是公司开展工作和发展的重要保障，是实现公司整体目标的重要保证，也是形成良好员工关系的前提。

协调部门关系必须做好以下几个方面的工作：

△加强整体观念；

△加强部门之间横向信息交流；

△平等对待公司内的各部门；

△精简机构，使各部门工作业务标准化；

△提高部门成员的道德涵养和协调艺术。

（2）员工关系的处理。员工关系的好坏，直接关系到公司的兴衰。建立良好的员工关系的基本目的就是使公司的目标和员工个人的需求一致，创造一个良好的心理环境，调动他们的积极性、主动性和创造性，培养员工的认同感和归属感，增进公司内上下级关系。要达到这一目的，公关经理人应做好以下几方面的工作：

△满足员工的需要。公司只有把公司活动的成果和员工的需要紧密地联系起来，才能激发员工的工作热情和创造性。在物质需求方面要不断提高员工的福利待遇，消除员工的后顾之忧，培养员工的主人翁意识，让员工参与管理，人尽其才地安排合适的工作，开展员工培训，为员工的个人发展提供机会。

△加强和员工的信息沟通。领导与员工关系紧张通常是由于公司和员工之间缺乏必要的信息沟通造成的。因此公关部门应加强公司和员工之间的双向信息沟通。一方面，除了特别重要的机密外，应通过各种传播形式，让员工及时了解公司活动的状况、福利政策等；另一方面，应将员工的情绪意见要求和建议及时归纳、综合反映给公司经理人，作为决策和工作的依据。

△培养员工的认同感和归属感。员工的认同感和归属感依靠公司合理完善的制度和公关人员长期努力培养。它要求公关人员必须做出长期不懈的努力，从小事做起，来建立员工和公司间的情感纽带。例如：可以设立员工信箱，收集员工的意见，经常举行员工会议，举办各种文娱活动，定期邀请员工家属参观，介绍员工在公司中所起的作用等。

（3）股东关系的处理。良好的股东关系有利于保持稳定的资金来源，有利于提高公司投资决策的科学性，也有利于公司的长远发展。

公司建立良好的股东关系应着重加强公司和股东之间的信息沟通，为股东提供充分准确的投资信息和投资效益分析。为了做好信息沟通工作，公司公关人员应预先分析股东感兴趣的问题。可以通过编制年度报告、召开股东年会等与股东进行信息交流。尊重股东的权利和优越感，公司公关人员应让股东感到自己命运和公司命运是紧密相连的。

用最简便的方法加强沟通

1. 利用“一页备忘录”

宝洁公司的制度具有人员精简、结构简单的特点，并且该制度能与公司雷厉风行的行政风格相吻合。经理们常谈到“深刻明了的人事规则”，宝洁公司的这一制度推动顺利，沟通良好。该公司的标语是“一页备忘录”。

该公司的前任总经理理查德·德普雷强烈地厌恶任何超过一页的备忘录。他通常会在退回一个冗长的备忘录时加上一条命令：“把它简化成我所需要的东西!”如果该备忘录过于复杂，他会加上一句：“我不理解复杂的问题，我只理解简单明了的。我工作的一部分就是教会他人如何把一个复杂的问题简化为一系列简单的问题。只有这样，我们才可以更好地进行下面的工作。”

曾任该公司总裁的爱德华·哈尼斯在谈到这个传统时说：“从意见中择出事实的一页报告，正是宝洁公司做决策的基础。”

一页备忘录解决了很大的问题。首先，因有少量的问题有待讨论，复核和使其生效的能力大大加强。一页备忘录使人们的头脑明朗化。再者，建议条目按序展开，简洁、易懂。总之，模糊凌乱与一页备忘录无缘。

查尔斯·埃姆斯是雷兰斯电器公司的前任总裁，现任阿克米－克利夫兰公司总裁。他发表了一个相关的观点：“我可以让一位部门经理连夜赶出一份长达70页的意见稿。”他说，“但我看来做不到的是得到一份只有一页长的稿子，一个图表，也就是说，只注明趋向和根据这些趋向所做出的预测，然后说：‘这三个因素可能会使其表现得更好，这三个因素可能会使其变得更糟。’”

约翰·斯坦贝克曾经说过，写小说的第一步是先写一页有关写作目的的陈述。如果你不能把这一页写得清楚明了，那将意味着你要偏离这篇小说。我们被告知那纯粹是写作领域的常规看法，显然这被多数商人所忽视了。

一位金融分析家曾评价宝洁公司说：“他们干的是费力活，把事情搞得很透彻。”另一个补充说：“他们处理问题很精细，甚至追求完美。”旁观者置疑，如果说报告只有一页长，他们是如何使其处理得如此透彻，如此精湛的呢？部分答案是，他们不遗余力地努力将其浓缩到一页。从传统上讲，由助理品牌经理或是年轻的品牌经理起草的第一份备忘录，至少要有 15 页。另一部分答案是，他们做大量的支持性分析，正如其他人的做法一样。宝洁公司的不同之处就在于，它不会把这些备忘录强加于人。一页备忘录这一风尚的另一个令人信服的特征便是用纸张的数量尽量要少！

一页备忘录的威力就在于，它比那些要旨分散于十多页的“纸堆”有效得多。墨西哥石油公司总裁表示，他摒弃书写文字，转用电话指示，以建立公司内部的沟通模式。联合技术公司的总裁哈里·格雷曾指出：“大家都知道我痛恨书面报告。在刚接任主管时，我召集了所有主要的干部，把不喜欢写报告的怪癖告诉他们，并且让他们知道就是因为读报告而让我心烦了一年，我指示他们停止给我送任何书面报告，除非是一页的备忘录！”

实际上，任何制度都可以简化。德克萨斯州仪器公司的口号是：“写出两个以上的目标就等于没目标！”它是个已经走上正轨的公司，前任总裁哈格蒂曾花了 10 年的时间制定目标、战略以及制度，而重点即在取消僵化的沟通模式以及培养人员的责任心上。两个目标等于没有目标的说法正是该仪器公司最好的战略。多数公司一年就要有 30 个目标，显然没有人能每隔数个月就完成几个目标。而它只认定一个事实：“我们曾身临其境，并已克服种种困难。以前每个经理本来都有一组目标，然而经过我们不断地削减后，现在每个产品、顾客中心的经理都只有一个目标。情况就是这样，因而你绝对可以期望他们实现那个目标。”

2. 在餐桌上谈话和沟通

随着企业的发展壮大，企业中的雇员会大为增加，组织机构的设置也会越来越复杂。在这种情况下，经理人颇感头痛的问题就会增多，比如各职能部门之间的协调与沟通问题。随着企业规模的扩大，为了便于管理，需要设立彼此独立的各个部门。但是企业要成为一个有机的整体，部门之间的沟通就显得十分重要，而在实际的管理实践中，各部门之间的沟通往往会遇到很多障碍。

有一家公司找到了一种极为简便的方法来增进各部门之间的沟通，这就是“餐桌面谈法”。这家公司是西诺普提克斯通讯公司，专门生产配套计算机系统。在四年的时间内，这家公司的雇员由 11 人增至 425 人。企业的规

模不断扩大，五个职能部门之间的彼此沟通就显得越来越重要。而在实际中，各部门之间的沟通存在不少的障碍。

有一次，生产部门的主管实在是难以忍受其他部门的不配合，就对组装一种新型电路耗费工时过多连连抱怨。这引起了公司总裁的注意，时任该公司总裁的是安德鲁·拉德威克。他为了解决这位主管的抱怨，专门请来这位主管和一位工程师，和他们一起用餐。在就餐时，让他们就如何加快组装的问题进行协商。二人的协商是很有效的。最终，他们找到了一个简单的加快组装的办法：只需更换一种更小、更便宜的部件，就能大大缩短工时。受这次用餐协商成果的启发，拉德威克想出了“餐桌面谈法”，并认为这是解决实际问题、增进部门间的沟通的非常简便的方法。

每个季度，这家公司都会在位于加利福尼亚州的蒙顿维尔的总部举行一次午餐会，在这里，每次摆上五张餐桌，请来两个相关部门的要员共享丰盛的午餐。当然，用餐并不是目的，目的在于让他们找出解决问题的办法，席间，都要提出一些有待解决的特定问题。针对某一特定问题，每他用餐者都要想出自己的解决办法，向大家陈述之后，用餐者就进行评价，直到找出最佳的解决办法。

餐桌面谈法是富有成效的，这家公司已经用它解决了很多复杂的问题。

3. 在巡视中发现问题，解决问题

转悠管理，也称漫游管理或巡回管理，是一些成功企业常采用的管理方法之一。所谓“转悠”，就是领导人员到基层去巡视，并在巡视中发现问题，解决问题。

企业界人士都十分重视转悠管理，坐在办公室听汇报、打电话、发布文件的企业领导人越来越少。他们把“走出办公室”作为自己的信条。不仅以身作则，常年在外巡视，而且严格要求手下的小头头们也“走出办公室”，到基层去办公。

阿尔科公司的总裁鲍勃·安德森“转悠”成瘾。他一边“转悠”，一边还要检查手下人是否也在“转悠”。当他“转悠”到某地，向某一个部门打电话时，恰好部门的头头接了电话，他马上就来了气，对这位不下去“转悠”的小头头感到失望。

普罗克特·甘布尔公司也十分推崇“转悠”管理。公司一个制造厂的领导人曾这样回忆说：“我受到的一次最严厉训斥，是我早期做管理工作的时

候。有一天上午，来自辛辛那提总部的一位上司‘转悠’到了我那儿，发现我正在办公室里，当时我受到的就不仅仅是挨骂了。”

有的公司还对分部经理提出许多“转悠”的具体要求，比如“转悠”的次数、对手下人员了解的程度。达纳公司的负责人麦克弗森就曾干过这样一件事：有一名经理在某部门待了六年还不能全部说出手下人的姓名，麦克弗森就解雇了他。

美国联合公司董事长埃德·卡尔赫初到任时，联合公司正萎靡不振。卡尔赫刚到任，就直奔现场，向现场工作人员直率地提出许多问题，请他们作详细回答。他没有笔记本，对于调查中发现的问题，他从来就是记在废纸片上，塞进口袋里。他从不命令第一线人员干这干那或搞个什么改革，除非是事关安全的问题，他也不当场纠正他不喜欢的东西，他要依靠正常的管理程序来解决问题。

从现场回到总部之后，他就立即采取行动。他有一种本事，让整个指挥链上的各个环节都很快知道他发现了问题，并且要立即解决。然后，他就同那些在巡视中和他谈过话的一线工作人员通信联系，让一线人员知道公司已经在采取什么措施了。他也与下面的有关职员联系，让他们认真检查，以保证新措施的执行。

惠普公司创造了一种独特的“周游式管理法”，鼓励领导人深入基层，直接接触广大职工，为此目的，惠普的办公室布局采用少见的“敞开式”大房间：即全体人员都在一间敞厅中办公。各部门之间只有矮屏分隔，除少量会议室、会客室外，无论哪一级领导都不设单独的办公室。同时不称呼职衔，即使对董事长也直呼其名。这样有利于上下左右通气，创造无拘束和合作的气氛。

各式各样的“转悠管理”都使得高层管理人员切实了解实情，切实发现各种问题和意见，切实采取有效措施，并更加密切上下级关系，因而能够保证企业不偏离“航线”，保证企业目标的实现。

4. 多种渠道加强与员工的沟通

在加强与员工的沟通方面，美国埃克森石油公司的管理者堪称典范。

埃克森石油公司长期以来一直把管理人员与员工的和谐关系视为特别重要的事情。为此，公司出版发行了名为《纵横谈》的月刊，职工人手一册，它是沟通职工心灵的有力工具。公司公共关系部长认为该刊物目标是：

（1）建立职工关心公司所面临的问题与事件的意识；

（2）让每个职工知道，公司的成功是他们心血的凝聚点，映射出他们辛勤的光辉；

（3）让职工感觉到，公司管理上是人人平等的；

（4）帮助职工了解公司的经济现状；

（5）让职工能够参与交流与沟通的过程。

多年来，该公司一直重视让职工了解政治事件与政治局势，这些都能从每期《纵横谈》的内容反映出来。同时，编辑们建议职工“要保持消息灵通，要看报纸，订一份《每周新闻》，并收看晚间新闻，最重要的是要读《纵横谈》。”

埃克森公司还有一个用以处理和解决特殊事件的职工交流工具叫作“草根计划”。在这里，“草根”就是比喻职工的基础力量。这个计划要求职工提供他们个人所认识的国会议员名单，当公司出现重大问题或事件时，请这些职工打电话或写信向这些国会议员联系，为公司反映情况，探讨解决的办法。当然，这一计划完全是职工的自愿，并不是外力的强迫。

此外，埃克森公司在与职工交流与沟通方面还有许多辅助性的工具，如放映电影、公司最高管理部门给职工写信等，以解决一些特殊的、现实的乃至兴趣性问题。

尽管公司有多种与职工交流的工具与途径，公司职工仍然要求了解更多的与该公司和职工密切相连的情况。这一呼声是通过定期召开的以交换意见为目的的职工会议反映到公司一级的。

为了满足职工的愿望，埃克森公司又创办了《问题回顾》期刊，其风格有独特之处，刊名把风格表现得清清楚楚。创刊号头条文章的题目是“总统抨击通货膨胀，能源问题只字未提”。还刊登了一些人们关注的重大问题，如国家能源法、新闻机构对解除汽油价格控制的立场等，除了信息性的报道外，还配有专门性的评论文章。文章简述了价格控制如何限制了国内的石油生产，问职工应该怎么办，针对政府对价格控制应该采取何种方法说明了公司的立场。

《问题回顾》的大多数文章都带有编辑的评论，以种种不同的形式来展示出来，一篇题为《超负荷章程》的社论描写了一位经济学家的理论作为公司立场的基础，针对政府的一些问题做出有力的抨击。

埃克森石油公司的种种做法，既妥善解决了管理人员与员工的关系，使双方有了共同的责任感和命运感，又在潜移默化中培养了员工的参政、议政意识和能力，从而提高职工对公司的忠诚感。

建立有效的信息交流沟通系统

杰克·韦尔奇强调："在组织的内部建立起上情下达、下情上传的有效的信息交流沟通系统是极为必要的。"这一系统既能保证上级及时掌握情况，获得作为决策基础的准确信息，又能保证指令的顺利下达和执行。没有这样一种系统，组织成员的支持和合作是不可能持久的。如果这样一种系统运转不灵活，前后矛盾，错误百出，使组织内部成员无所适从，那么，不要多久，对组织最忠诚的人也会挂冠离去。因此，这样一种信息交流（对话）系统的建立和维护，是一个组织存在与发展的首要条件，其后才谈得上组织的有效性和高效率，这些都是一个组织存在的基本因素。

那么，怎样才能建立起畅通的信息交流系统呢？韦尔奇认为，著名管理学家切斯特·巴纳德的经验很值得借鉴。

巴纳德在其所著的《经理人员的职责》一书中，总结了如下几点：

（1）应该明确地宣布信息交流沟通渠道，做到人人知晓。做到这一点的办法有：及时公布官方的一切任命；明确个人的岗位责任；明确宣布组织机构的设置和调整；进行说服教育，等等。

（2）把组织内部的每一个人都置于这种信息交流系统之中，无一例外。换言之，"每个人必须向某个人做出报告"（这是组成信息交流系统的一个方面），"每个人必须在某个人的领导之下"（这是组成信息交流系统的另一方面），缺一不可。也就是说，在组织内部，必须建立起个人与组织之间的明确关系。

（3）信息交流的路线越直接，层次越少，距离和时间越短，就越好。这就是说，所有指令（书面的或口头的）应该见诸文字，内容简明扼要，避免任何误会。为保证指令在传达过程中不走样，应当减少层次。组织内部层次越少，指令下达越直接、越快，差错也就越少。层次问题的重要性是显而易见的。我们看到，一些全国性的复杂组织，其层次并不比一般性组织多多少。一个一二百人的机构，在内部组织上也要分三四个层次。而一支几百人的机构，在内部组织上也要分三四个层次。而一支几百万人的军队，它的层次并不超过 10 个：即总统（总司令）、国防部长、上将、准将、上校、少校、上尉、少尉、军士、士兵。拥有 30 万名职工的美国贝尔电话公司，只分 8 至 10 个层次。

（4）应当注意信息交流系统的完整性。组织首脑指令要确保做到逐级传达，人人皆知，防止“串线”或越级现象的发生。

（5）应当注意首脑机关或总部的工作人员必须胜任工作。组织越大，首脑机关越集中，对工作人员的要求也越高，特别是要具有应变的广泛能力。这是因为，首脑机关的首要任务是把收到的有关外部条件：业务进度、成功、困难、危机的大量信息，经过综合分析和研究，演变为组织新的业务活动指令和部署。这就要求其工作人员不但需要熟练地掌握各种现代化的技术手段，而且需要具有广泛的应变能力，才能做到及时地掌握本组织系统各级单位的业务活动情况，正确分析组织的外部环境和条件，制定出符合组织宗旨的新的活动方针。此外，还要善于及时地发现已经发出的指令，哪些符合客观实际，因而具有权威性，可以执行下去；哪些与实际不相符合，应予撤销。

扫除跨文化沟通的障碍

无论经理人是在公司、地区还是国际范围内进行跨文化沟通，都必须了解文化差异，以避免犯下错误，丢掉订单、客户甚至自己的工作。经理人急需与来自不同文化的人们沟通，成功的企业是如何应对这种需要的呢？

策略一：强化海外商务旅行和工作经历

运用这项策略的企业相信，员工可以通过实践经历和旅行获取应对其他文化的技能。这项策略的内容包括开展与多文化生意伙伴的日常接触，在多文化团队中工作，去商务旅行和驻外任职等。该策略类似学校但又不借助特别工具，单纯将学生浸入新语言和文化中，是“丢到水里学游泳”的学习法。一些经理人认识到，这种“丢到水里学游泳”的方法令人痛苦，因为经理人必须自己努力去对付文化问题。一位国际经理人评论说：“这种方法一开始肯定会造成许多文化上的误解，但最终会引发学习过程。这个过程比较漫长而痛苦。

如果经理人难以理解陌生的经营文化并在其中有效地工作，那么这可能造成危险和高昂的代价。由于缺乏可以提供帮助的培训和其他策略，被丢入目标文化的经理人可能在陌生环境经营的过程中犯下代价高昂的错误。更糟糕的是，经理可能以为自己了解该文化，没有问题，但实际上没有看到事情全然不妙的迹象。

有些经理人认为，与来自不同文化的同事、供应商、业务伙伴开展日常接触是发展跨文化能力的好办法。员工和业务伙伴通过电话、电子邮件、传真、电视会议或面谈方式进行沟通，开展业务。还有的经理人认为，在多文化团队中工作是在员工中发展跨文化理解能力的另一种有效策略。全球性企业越来越多地运用多文化团队来开展项目。在此过程他们发现，参与这类团队让经理人获得跟不同文化人群合作的经验。当员工共同从事同一项目时，他们学会解决分歧和克服误解的方法。多文化团队协作能够增强信任、理解以及对不同文化成员的尊重。

策略二：通过培训增强跨文化工作能力

在某些情况中，企业应该向员工提供跨文化内部培训。这些培训包括研讨会、课程、语言培训、书籍、网站、讨论和模拟演练。人力资源部门通过外地旅行、录像、特别课程和企业内部网提供文化培训。有些公司则是鼓励经理人，通过角色演练表现与来自其他文化的客户接触的情形，以便事先预见到可能出现的一些差异或误解。

一位在花旗银行工作的国际银行家相信，处理跨文化沟通问题的最佳方法，是让人们在不同国家与不同国籍的学员一起上课。通过在课堂中的彼此合作，人们最终会讨论文化差异、事情的现状和应该怎么样做。

一般来说，企业会在员工赴海外就职前数周内提供为期两天的培训课程，还有学员在到达后要持续13个月的文化课程和语言课程。有些公司还提供远距离学习，或者利用外国本地的培训中心。在课程设计过程中，许多企业首先用书面问卷和电话调查，测评在海外特定文化中生活的一些家庭的经历。然后，讲师据此调整课程，以适应这些家庭的背景和知识。

某些知名的全球性企业如安德森咨询公司在经理人开始海外任职前，有一年的培训课程。在此课程中，他们会来到将要工作的国家和地区。在这个时候，他们的一部分培训涉及经营和文化差异。

策略三：聘用合适的人员赴海外任职

为了获得具备适合跨文化工作能力的经理人，企业采用的另一途径是聘用。通过聘用来自多样文化背景的员工或具备广泛国际经历的人员，企业可以增加拥有合意技能的员工人数。它们可以积极找寻工作中所遭遇文化冲突的新经理人。然后，企业可以依靠这些新人对他人做非正式的管理培训。企业应该选择对文化差异敏感的经理人。

为尽量减少失败的风险，有些企业尝试用新策略帮助选择海外职位的人选。典型的情形是，当一家企业需要相当迅速地填补一个国外职位时，由业务单位经理决定谁去任职。

合资项目的经理可能不会因为具备文化适应性或技能、接受过发展这些技能的训练或帮助，甚至不会因为在派驻国有先前的工作经历而被选中。事实上，在决定外派人选时，管理能力起着比跨文化技能更大的作用。

为减少代价高昂的失败任职的可能性，摩托罗拉公司和惠普公司根据员工意见，运用不同方法帮助选择驻外经理。摩托罗拉公司的琳达库纳通过自我选择工具，建立了驻外任职候选人信息库。她请对国际工作有兴趣的员工通过内部网将简历和其他相关信息发过来。随后，有兴趣的员工可以参与一个任职期望的练习。这种自我选择工具，让员工更加现实地看到在国外必须做出的文化调整。它的候选人才库向管理层提供额外信息，帮助他们选择适合职位的候选人。被选中的候选人要运用文化适应性工具旨在提高对国外生活可能出现的问题的警惕。摩托罗拉公司向员工和其合作伙伴提供两天的文化入门培训，重点是如何在对方国家的环境中生活并开展业务。

跟许多企业一样，惠普公司的经理人挑选任职的候选人，由总经理复审他们的选择。然而，公司调配经理菲乔克说，他们运用跨文化培训，让企业有机会“选掉”自己。“培洲让他们懂得在外国生活和工作是什么样子，”希区柯克说“然后他们就会说‘你知道，由于家庭情况或其他原因。我们不适合出国。’”

策略四：在企业文化中遵循多样化政策

惠普、福特和摩托罗拉等公司把跨文化培训融入其多样化政策。多样化已经成为企业战略的重要方面，因为它使员工队伍趋于多元化，并鼓励员工珍视工作场所的文化差异。这些企业把多样化视为全球经济中重要的竞争优势。它们的策略是建立多样化的员工队伍，反映并理解公司所服务的多种顾客。

企业文化和多样化政策影响公司的全球化努力。公司以通过对多样化企业政策，鼓励跨文化了解和对文化差异的积极态度。如果企业文化明确地重视并奖励多样化，员工便可能对文化差异有开放的心态，更好地觉察到那些差异，并对此宽容。文化理解更多地来自心态，而非知识基础或有关某国的一大堆事实。

例如，惠普公司认为多样化是其经营战略的重要组成部分。正如惠普公司行政总裁列文斯·普林特所言："我们重视多样化并不只是因为这样做正确，而是这样做聪明。"在惠普的网站叙述了大多数国家员工队伍结构的变化，据此说明为什么多样化对成功至关重要。"劳动力短缺的时代即将到来，吸引并保有顶尖人才的竞争正在加剧，为确保经营成功，我们公司必须成为每个人的最佳工作场所。另外，惠普公司这样强调其竞争优势——要成为创新、创造力、解决问题和组织灵活性方面的领袖，我们必须有多样化的视野、才能和团队，以更好地适应全球挑战。"

福特公司每年花费巨资用于培训和发展其全球员工。企业的目标是每年为每个员工提供至少 40 个小时的培训。

企业日益需要有能力与多种文化成功互动的经理人，这促使企业在经营战略中考虑解决这一问题，对跨文化能力的需要非常明确的。在 21 世纪，企业将继续坚持有效的战略。满足培训经理人，使其游刃有余地从事跨文化经营这一需要。

方案二

改革创新要循序渐进

世界在不断变化，我们也必须不断变革，我们所拥有的最大力量就是认清命运的能力——然后改变自我。安于平庸是最大的敌人，唯一的办法是追求卓越。卓越是一种毫厘之间的竞争，没有一件事是具有决定性的，但一千件事、一万件事，每一件事只要做得稍微好一点，积累起来就是让人忘不了的感动和荣誉。我们不要求每一件事都做得百分之百的好，而是要求一千件事情里能有百分之一的改善。

思考影响变革的七大要素

当变革看起来是对别人而非对自己有利时，人们就会抗拒变革。企业变革在相当程度上往往还带着极浓的强制色彩。因此，我们有必要了解影响变革的各种因素，了解它们对于我们期望有所改变的人会产生哪些影响。要提高变革成功的几率，管理者最好把这些因素变成具体思考。这些问题是：

（1）变革是负担还是挑战？能够带来明显收益的变革就是挑战。反之，则成为负担。从员工个人角度来看，变革能否帮他或她解决实际工作问题？能否更快、更轻松地完成工作？能否赚更多的钱？要知道有这些回报才能激发员工的积极性。

（2）变革的收益是否明确可信、值得为之付出？唯有能够获得这种收益时，变革才会有吸引力。如何使一项变革真实可信？用语言阐述蓝图很有帮助，用录像来描绘新景象也同样有用。有些变革，如建立自我管理的团队，可以去实地参观已经建起这种团队机制的企业。实例胜过千言万语。

（3）变革会很快见效吗？变革的成果出现越慢，就越难以保持变革所需要的专注和热情。这样一来，对那些牵涉广、历时长久的变革，最好先搞试点项目或在小范围内施行，好让人们早点看到变革的正面效应。

（4）变革限于一个部门，还是几个紧密相关的部门？变革牵涉的部门越多，越难协调，因为至少一两个部门会把自己看成变革中的输家，刻意阻碍变革。

因此，在变革之初，一定要控制参与部门的数量，这才能显著增加胜算的机会。

（5）变革对现有的权力地位关系将产生什么影响？变革越是顺应现有的权力地位关系，当权者阻碍变革的可能性越小。然而如果变革的矛头就是要改变这一架构又该如何？

（6）推行的变革是否契合现有的企业文化？推行的变革越是符合企业现有的价值取向，就越有可能获得成功。

例如，许多企业是把“质量”定义为技术卓越，还是把它看作顾客满意度处于两难境地？一家以产品技术卓越为荣的企业，如果为了满足顾客的需要而去生产廉价产品，往往会觉得是在出卖自己。所以，越是强调顾客满意度是对企业内传统技术卓越的延伸，就越能保证这一转变的顺利进行。

（7）变革是必然的吗？在变革方程式中，高级管理层的支持比其他任何变量都更举足轻重。当人们是大势所趋时，往往更乐于顺水推舟。

必要时更换最高领导人

公司管理人员，特别是公司最高领导人，对公司经营的成败具有举足轻重的作用。公司最高领导人（总经理或总裁）能力不够，或过于保守，或任人唯亲，是很多公司衰退的根源。即使公司危机不是由此引起，很多平时很能干的公司总经理或总裁在危机来临时，往往束手无策，无法使公司起死回生。因此，在公司陷入困境时，更换总经理往往是许多公司不得不做出的选择。

总经理的更换，能改变公司的观念和内部环境，为公司再度崛起指明新的方向。新西兰海尔希斯有限公司董事长博特·麦卡尼曾说：“总经理就是公司，他具有企业家技能、直觉和观念，并最终将这些转化为公司超前性的行动，在适当时间里，使自己（公司）与顾客的需求达到平衡……他具有传播这一观念的能力。……他是一个精力充沛的人，是公司的动力，他的部下跟着他前进。……他是一个充满激情的人，一个信仰坚定的人。”今天的公司就是这种企业家奋斗的产物。美国著名管理学家彼德斯对杰出公司进行分析的核心是公司领导。英国管理学专家格林厄、梅耶斯、麦克依南三人所做的一项调查中，有大部分公司认为更换总经理是使公司振兴的新的动力，他们希望通过更换总经理来改善公司的经营管理。

总经理或总裁应充分享有经营管理决策权力，为了实行变革，贯彻他的决策指令，要有一批支持他的管理人员，因此更换公司最高领导人势必要对整个公司管理班子进行重组。一个好的管理班子会使公司对内外部环境的变化适应性更强，使公司转危为安。据格林厄等人的调查，在样本公司中，绝大多数（占85%）公司认为应对管理阶层进行重大改组。

国外很多公司都通过更换公司最高领导人而摆脱危机，使公司再度崛起。

20世纪70年代末期，美国第三大汽车公司——克莱斯勒汽车公司，由于积弊过多，面临倒闭的危险。此时，克莱斯勒公司得知了李·艾科卡被福特公司解聘的消息，立即决定聘请艾科卡来当总经理。克莱斯勒先派两名颇有声望的公司董事前去试探，紧接着，公司董事长约翰·里卡多又亲自出马，"三顾茅庐"。艾科卡被里卡多的诚意所感动，同意来克莱斯勒公司，但是他提出两个先决条件：第一，他要有100%的自主权，一两年后就得让他担任董事长。对一般人而言，这条件似乎过于苛刻。但是，里卡多求贤若渴，表现出相当大的肚量，当场应允艾科卡："只要你肯过来，就让你来当。"第二，年薪不能低于在福特公司的36万美元，不能在福特公司面前"丢人现眼"。这一条似乎更难做到，因为当时在克莱斯勒公司，董事长里卡多年薪才有34万美元，总经理怎么能超过董事长呢？许多克莱斯勒公司员工愤愤不平，认为艾科卡架子太大。又是里卡多说服大家，专门召开董事会议讨论这个问题，结果议定出一个解决办法：水涨船高给里卡多增添了2万美元年薪。

至此，事情全部谈妥，艾科卡于危难之际出任克莱斯勒汽车公司的总经理。而艾科卡也没有辜负里卡多的一片苦心，在通过调查研究找到公司症结之后，从内部管理上，毫不手软地砍了"三板斧"：

第一斧，先砍公司高层领导。把那些身居高位毫无建树者和把持生产、管理、经营诸要害部门的平庸之辈，统统撤换。公司35个副总裁先后辞退了33个，高层部门的28名经理撤掉了24个。

第二斧，精简机构，压缩公司规模。他大胆地采取"关、停、并、转、卖"几项措施，使各部门变得精干。原有的52个生产工厂中，关闭、变卖16个，合并转产4个，公司规模"消瘦"了1/3。

第三斧，削减雇员。他先后辞退9万多人，直属公司职工总人数由16万降至7万多人，裁员率超过50%，经纪人由5800人减少到3700人。

"三板斧"砍下来，去掉了压在公司身上的沉重包袱，消除了人事上的

重重障碍。但是，艾科卡大刀阔斧地改革，却因为牵涉到大多数人的切身利益而遭到许多人的反对。关键时刻，里卡多顶住压力坚决站在艾科卡一边，支持他的改革举措。正是由于他的鼎力支持，艾科卡的改革才得以顺利地进行，最终使公司摆脱困境，创造出了奇迹。

公司提前 7 年还清了政府贷款，并逐步开始盈利；通过营销人员的努力，它从竞争者手中夺回大部分的市场；公司的劳动生产率迅速提高，虽然克莱斯勒公司的工厂数量比通用汽车公司少 50%，职工人数也少 33%，但汽车产量却与之相等，成本也低得多。艾科卡也由于拯救了克莱斯勒汽车公司而名振世界，成为美国家喻户晓的传奇性人物。

许多公司在陷入困境时，都靠更换公司总经理摆脱了困境。但是，公司总经理，特别是公司最高领导人的更换必须慎重。有些公司在更换了总经理之后，公司并没有起死回生，反而使危机加重，因此，公司在决定更换总经理时，一定要认真挑选。还要指出，尽管很多美国大型公司在公司处于困境时都要更换公司最高领导人，但也有很多公司并不是这样。公司陷入困境的原因很多，在有些情况下，留任原公司总经理仍是可以的。但是，公司总经理必须改变思维模式，引入新的价值观念，采取切实有效的措施来使公司摆脱困境。同时，虽然没有撤换公司最高领导人，但是公司的管理阶层还应有所变动，要撤换掉那些碌碌无为的管理人员，让那些能应对公司内外部环境变化的优秀管理人员担当要职。英国麦卡兰公司就曾通过撤换公司营销经理，而使公司产品销售额连年递增，增长率每年平均达 30%，最终使公司最薄弱的营销环节得以迅速发展，也使公司最终摆脱了困境。

减少人员提高效率

许多公司陷入困境，是因为机构臃肿，冗员过多，精兵简政就成为这些公司摆脱困境必须采取的措施。即使公司过去不存在机构臃肿、冗员成堆的问题，在公司陷入困境后，也往往需要采取精兵简政措施，以削减开支，降低成本。

1981 年，哈唯·琼斯出任英国帝国化学工业公司的总经理。帝国化学工业公司是世界第五大化学工业公司，但此前其经营一直在走下坡路。哈唯·琼斯要想使这样一个“大厦将倾”的公司走出困境实在是任务艰巨。他在就职演说中，立下了军令状：如果不使公司振兴，他将引咎辞职。但是，最终他并没有引咎辞职，因为在他的领导下，公司扭转了走下坡路的局面，取得了长足的发展。

哈维·琼斯并没有什么秘密武器，要说有，就是他果断地采取精兵简政的措施。

哈维·琼斯上任后，首先从董事会开刀，把董事会的成员由 14 人锐减到 8 人，原来那种议而不决、办事拖拉的局面随之得到改变，过去帝国化学工业公司的董事每人负责一个部门和一项中心工作以及海外某个区域的工作，每年两次到设在米尔贝克的总部汇报工作，每人携带的报告多达几十页，根本不可能就每个问题进行认真的讨论。由于机构臃肿，官僚主义盛行，公司效率很低。哈维·琼斯的这一举措使董事会变得干练多了。哈维·琼斯指定董事会的两位委员负责公司的所有部门，三位委员负责公司财政中心计划及科研技术工作，还有两位负责海外业务。这样分工就十分明确了，每个董事都必须认认真真地考虑如何发展自己的工作。他要求董事会每月都要研究制定公司的总体战略，而董事们必须认真了解、检查公司的经营状况，对公司的现状和未来了如指掌。这样也就使公司董事会真正成为促进公司发展的力量。

哈维·琼斯年过花甲而出任帝国化学工业公司总经理，通过采取精兵简政的措施，使公司得以振兴，为他的企业家生涯画上了一个圆满的句号。

英国劳·隆拉公司 20 世纪 70 年代中期以后一直处于稳步发展之中，并开始兼并其他公司，公司的规模不断扩大，以至于在 1980 年英国发生经济危机之后，公司遇到了严重的困难。为了渡过难关，公司采取了精兵简政的措施，对于亏损部门采取了出售、关闭或缩减的政策，减轻了公司的包袱。公司还对总部进行了大规模的人员精简。通过这两项措施以及其他一些措施，公司摆脱了困境。

精兵简政也是吉德拉拯救菲亚特汽车公司、艾科卡拯救克莱斯勒汽车公司的杀手锏。

实际上，大多数公司在陷入困境时都必须甩掉压在身上的沉重包袱，大大减少公司在人员等各方面的开支，以使公司组织机构更为协调、管理队伍更加精干，也为公司调整投资方向和生产结构提供了可能。精兵简政同时也为公司各部门提高工作效率提供了压力机制。

让员工真心支持你的改革

企业组织里每天都有许多变化。在某种意义上，经理的职责就是对变化和变革进行管理。

人们对变革的反应有好有坏，要避免那些使变革陷入困境的反应。比如，对变革的需求缺乏认识；对变革的环境缺乏认识或抱有不同认识；对进行变革的人缺乏信任，等等。因此，在进行交流的时候要从以下几个方面努力。

1. 首要任务是说明变革的理论基础

支持变革首先要接受作为变革立足点的前提条件和观点。接受了这些观点，就不难理解所提出的变革行动。员工可能不喜欢必须进行的变革，但能够认识到其好处。因此，交流的首要任务就是，说明变革的理论基础。

越是接近实施阶段，这个任务越难。人们关心的是给自己的具体问题寻找答案。当企业机构臃肿，出现裁员的征兆时，人们最关心的就是保住自己的饭碗。至于向国际发展的问题，就排在后面了。他们不想看远景，只想看眼前，而且斤斤计较眼前利益。这时候再解释变革的理论基础就晚了。人们早已按各自的活动日程办事。无疑，他们的优先顺序会不同于公司的优先顺序。

越往后拖，交流的面越窄。交流的面越窄，越可能发生冲突、阻力越大。

交流的过程就是带领人们体会一种思路的过程。你想改变人们的态度和对问题的理解，必须让他们经历这个过程：不能只把这个过程的结果传递给他们。交流的目的是分享思路，不是宣布结论。

2. 追根溯源，把改革思想产生的环境讲清楚

现在再进一步回到思路的上端，即产生思想并考虑各种选择方案的地方。变革的幅度越大，交流的重点就越要放在更靠近起源的地方。

不把思想产生的环境讲清楚，你所提供的信息就没有意义，或者产生不了预期的影响。员工就会从自己的角度来解释所交流的信息，认为公司采取的是与他们敌对的立场。

这时就会产生利益冲突。交流看来是不顾人们的切身利益，硬性贯彻变革日程。当经理宣布未来的新方案时，员工脑子里装的都是直接关系到自己前途的担忧，很难装进别的东西。

原本使企业成功的因素这时就变成了不利因素。过分注重完成任务、强迫员工服从、就对错问题明确的表态、在不同价值观的背景下交流等等，所有这些会使员工产生很大的阻力和误解。如果不和员工分享对问题的理解和此前的思想产生过程，而是想直接推出结论，就会加大阻力。

高层管理包揽了整个思考过程，仔细分析了变革的意义，就员工提出的问题进行了苦苦思索。然而，他们太殷切地希望员工了解其变革，结果使用的语言反而加强了员工的怀疑。

3. 帮助员工转变思想

（1）避免相撞。人类的关系中有共同的目标，也有冲突的目标。在不安的动荡时期，人们容易忽视共同的目标以及把人们联结在一起的东西，而紧张兮兮地把注意力放在引起对立和冲突的目标上。如果在交流时只注重完成任务，人们就会采取自我保护的敌对态度，形成最令你害怕的阻力。

（2）不要贬低过去。通常，人们倾向于把昨天说得沉闷、错误百出，以此来描绘明天的灿烂。这令人联想到公司过去一直是错的，现在要加以纠正。

（3）让员工排泄怨气。只有把自己头脑里的包袱卸掉，人们才有可能接受新的观念。交流者只有收到反馈才能真正实现交流。通常，经理们在事过之后很久，才惊讶地发现自己的话被人严重误解了，误解是难免的。如果不让员工说出自己的看法、担心和害怕，你将面对的还有自己没意识到的误解所产生的阻力。

（4）不要只重任务。帮助员工应付变革，必须有解释说明、讲清变革环

境和提供反馈意见的技能。

多数经理把时间用来下命令、检查任务完成情况。这时，就出现了双方的脱节。经理的注意力在完成任务上，所以要下命令，检查工作。员工的愿望是了解变革的前因后果和各种环境条件，所以希望知道变革的背景，为什么要这么做，管理层的反馈是什么，事情的进展如何。经理只偏重任务，而不在意环境条件。在日常运作中这只能使员工不快，在变革时期就是个不利因素。

（5）欢迎员工提问。人们希望了解一种战略在实际运作中的具体情况，所以常需要提问并得到圆满的回答。员工这种探询和估量的过程对于产生主人翁责任感和适应变革都至关重要。

如果员工在十分有把握时才敢发表不同意见，企业的文化特点是不敢肯定时就保持沉默，人人都害怕走错一步，企业里向来都是唯唯诺诺，从未一呼百应，那么，经理就应该寻找机会、创造机会改变这种局面了。

4. 通过不同的交流渠道和工具实现不同的交流目的

在一定时期内，对不同群体的员工往往有不同的目标要求。有些员工暂时只需要他们对变革有所了解，另一些员工则要求全力投入。为了最好地利用有限的时间和资源，企业需要对员工做不同分类，按优先顺序来确定在某一时期对某个群体有什么目标要求。

与员工交流变革问题就像乘扶手电梯，是一个不断运动的动态过程，其主旨就是要让公司全体人员随之而上。

不同的交流渠道和工具实现不同的交流目的。企业如果需要让这个员工走到扶手电梯的更上端，就要花更多时间，做更多面对面的交流。

在扶手电梯的底部，交流的重点主要在于单向地传递信息给被动的听众。到电梯中段，则需要更多对话和面对面的交流。在电梯顶部，管理层则需要多听少说。

在扶手电梯底部，重点在于完成交流任务和高效地传递信息。越往上走，重点就转向了与员工关系的质量。经理必须留意任务与关系间的区别。要让一个注重任务的高级经理装模作样地去关注与员工的关系，这很难有什么成就。

驱动交流的最终因素在于员工关系的质量和员工的信任度。交流本身并不能改变员工，但肯定可以清除变革道路上的障碍。

长期重视变革和创新

创新实际上意味着两件事：改变已有的和创造新的。因此，创新的范围很大，从细小方面的改进到重大的技术革命。可以把创新分为两极，一极为改进性的创新，另一极为根本性的创新。这两种创新对公司的各个部门而言都是非常重要的，而不仅仅是作用于研发部门和产品开发上。仅仅依靠上述某一极创新的公司不仅无法取得最佳的经营业绩，而且从长期来看，在面对众多灵活的竞争者时，将会感到力不从心。

许多大公司的组织结构和工作流程阻碍了创新的产生。公司的管理者重于维持现状甚于创造未来；年度预算耗费了管理者大量的精力却没有给股东带来什么回报。盲目地编制预算和进行传统的战略规划都是没有前途的。

许多企业管理者的基本思路认为现状是可持续的，这是完全错误的。考虑职业生涯的管理者通常不会在其五年计划中考虑衰退的因素，因此会导致这样的情况出现：真正的创新在资金上和观念上常常得不到足够的支持，公司经常以所谓的合理性排挤想象力。赛福威公司的自助式购物系统让顾客自己扫描所购物品的价值，自己刷卡结账，然后离开。当初所谓理性的观点，认为顾客都是贪小便宜的，会在付账时少付一些东西的钱。但迄今为止，事实表明这家商店的顾客表现得非常诚实。赛福威公司的发言人说："其实这套系统的技术早在 15 年前就已经成熟了，只是管理者的观念直到现在才转变过来。"

优秀公司对变革给予了长期的重视，具体有以下几种表现形式：

（1）革新者把企业过去的市场经验当成一个跳板。专业知识和经验都是创新的源泉。只要这些经验不限制创新者的想象力。认为任何问题都能被一劳永逸地认识和解决是一种危险的想法。这会阻止外界的其他刺激变成企业创新的动力，还会抑制好奇心。就在几年以前，许多公司还认为个人电脑不会有市场，顾客会比较喜欢与银行出纳员打交道而不是使用 ATM（自动柜员机），电子商务毫无潜力可言等等，而现在事实已经证明这些想法都是错

误的。

（2）革新者对身边的世界将会如何发展充满了好奇，他们能看到许多可能性。曾两次获得诺贝尔奖的李纳斯·鲍林常说：“要产生好的创意，最好的办法莫过于先想出很多创意。”真正的革新者永远充满好奇心，他们大量发掘各种可能性，还仔细检查不同的情况寻找一切可能性的分支。

（3）革新者关注的是能给消费者创造新价值的未来。富于革新力的公司把潜在的顾客看作其创新力的购买者。这些公司不断地寻找新的价值链并参与其中，充分运用企业现有的能力和智力资本进行创新并吸引新的顾客群。如果某家公司开发出了非常有吸引力的应用程序，它不会急于获得超额利润，而是经常采取免费赠送软件的方式先争取大批顾客，然后再从软件的升级过程中获得收益。

（4）革新者谨慎地预测哪些需要革新而哪些不需要改变。真正成功的革新者掌握了一个革新范围，以免这些改进性的或彻底的变革超越了组织的适应能力而无法持续下去。

（5）革新者不拘泥于过去。成功的公司一般都有根深蒂固的公司文化。企业经常把过去的成功融入了现在的行事方式之中，要他们忘却这些行为模式非常不容易。大多数变革计划对于“抛弃那些应该停止的东西”并没有给予足够的关注。人们常把“新”的事物当成是“额外”的事物，不愿修改那些在过去曾经获得成功的法则。就这样，过去排挤了未来。富于革新精神的公司以制度化的方式迫使自己不再局限于过去，并勇敢地投身于崭新的未来。科奇实业有限公司（私营企业，年销售额350亿美元）的总经理查尔斯·G·科奇一贯坚持“为顾客和我们自己创造价值的过程必然是在创新的同时打破过去的某些东西。”科奇公司有一家工厂的雇员们提出了一种创新技术来提高企业的效率，从而使得维修队伍能够削减50个人，管理层就立刻让这50个人去寻找新的机会继续在公司中发挥自身的价值。这50个人组成了一支“内部服务队”，帮助公司和新的对手展开竞争，向顾客提供比其他的供应商更好和更便宜的服务。

（6）富于革新精神的公司为组织中“潜在的企业家们”实现自己的构想提供了资金。国际优秀公司愿意提供一种内部风险资金来支持那些现在看来与公司不太合拍、但将来大有市场前途的创意。有一家全球性多元化经营的公司已经为此建立了一个 7500 万美元的“蓝天基金”。任何雇员都能通过热线来申请资助，只需公司财务部门的口头认可就可得到资金。这个基金运作开始的第一年，实际付诸实施的创意从以前的 5 项/千雇员猛增到 100 项/千雇员。越来越多的公司开始采用这种方式的资助以激励员工大胆创新。

准确评估员工应对变革的内在能力

在小组、部门或者企业内推行变革，有许多方式：你可以制定出色的战略计划；可以向变革方案一掷千金；可以启发和激励你的员工；也可以启用人力资源计划，朝着有利于变革的方向培训员工。但如果你缺少适当的人员，所有努力都可能付之东流。

哪些人员适合变革？谁最能够规划、领导、管理和实施变革？有的企业依赖人力资源部门进行与变革策略相关的培训发展；有些企业里，高级管理层直接参与变革；而在另一些企业，变革的领导职位成为一种奖励——授予那些完成或超额完成目标的人。

然而，这些人是否能够在变革环境中承担新的、更重要的角色？他们处在一个关键职位，就能够领导变革的 A 类选手吗？或者，他们是 B 类选手，支持变革方案，并善于应付新的挑战，只是不适合担任关键职务？或者是 C 类选手，只愿意在熟悉的有限领域内接受变革？又或者，他们是 D 类选手，阻挠变革、甚至破坏变革？

这是个复杂的评估。不能光凭员工过去的业绩、工作历史和已有技能就断定他们是 A、B、C 或 D 类选手。这种划分完全取决于“个人变革能力”，而它并非一目了然。倘若高级经理们不知道是否有完成战略目标所需的变革人才，难免心慌意乱。

为了有效地变革，你必须帮助团队或企业完成一个基于个体的评估程序，把员工分成 A、B、C、D 四类选手。

A 类选手不仅积极响应变革，而且还推动变革。他们既可能是企业的老员工，也可能是最近新来的员工，既可以是初级经理，也可以是高级经理，

他们有一个共同的特点：对待变革似迎接朋友，而非对敌人般地排斥。一旦他们了解了某个新方案或策略，就会迫不及待地试验新的做事方法，并提出新的想法，他们心甘情愿地承接新任务并全力以赴。

拥有A类选手的小组工作总是更为出色，他们视疑难问题为挑战，令周围的人更有效率，无论什么任务，他们都做得有声有色。如果从事的是研究开发工作，他们会缩短产品的开发周期；倘若是个财务工作者，他们又会提出减少预算的革新方法。A类选手总是持之以恒、不遗余力地在做着这些事情。

一般来说，B类选手能接受变革，但缺乏A类选手的远见、热情和领导能力，而且他们只乐意接受某些特定类型的变革。尽管B类选手有可能对变革做出重大贡献，他们需要经历一系列的培训发展才能胜任关键工作。

B类选手通常有优异的工作记录，担任着关键的职务，但他们只能在正常情况下表现优异，一旦出现大变化，需要他们带头并发挥主要作用时，他们可能就不积极响应了。

从某种意义上说，C类选手是企业中沉默的大多数。C类选手通常精通技术，但不要把他们的技能与应变能力混为一谈。他们可能愿意在熟悉的技术领域尝试新方法，但其他类型的变革只会令他们焦灼不安。

C类选手有时在企业内占据关键职位，计划的实施阶段由他们来领导。针对性的培训，才能令他们展示出领导才能，但有时候，他们或许更适合做一名变革的配角。许多C类选手无法灵活地成为变革代表，甚至可能拒绝担任新的角色。

D类选手是变革的最大阻力。他们对管理层宣布的每个改革方案都反感。与C类选手一样，D类选手可能在技术上很熟练，但即使在熟悉的领域，他们也顽固不化、极为保守。革新、冒险和任何新的观点都会触怒他们。他们对变革的阻力可能是主动的，也可能是被动的。他们以行动或与同事或下属的谈话来破坏新的程序或政策。

完成个体评估程序，你已经把团队成员清楚地细分为A、B、C或D四个组合了。如果你是企业里变革管理的负责人，就可以将有关的薄弱环节、关键职位、杰出才能和其他影响个人变革能力的因素的重要数据综合起来，有目的、充满自信地拟定出发展和培训计划，帮助关键选手成长，为变革的顺利完成做出最大贡献。

“应变能力”和“多技能”对一个人的变革能力影响最大。这两个关键标准揭示出员工应对变革的内在能力。

“应变能力”标志着个体过去吸取经验，并随后基于所得的教训修正自己行为的意愿和能力。乐意和善于吸取经验的人总是积极响应变革；他们快速适应新的要求，并欣然接受那些要求他们以不同方式工作和领导的项目。

“多技能”着重于未来，它推测个体随着团队或公司的发展担任更重要角色的能力，以此判断他能否适应和担当新角色。当然，这种猜测应该是有理有据的。

评估完员工的应变能力和多技能程度后，要不失时机地运用它们。过去，你可能进行业绩考核或者直接观察他们的行动，却从没有从变革的角度专门评估过他们；或者你可能感觉到员工的应变能力，但缺乏将这种感觉转化为有用数据的系统方法。个人变革能力评估法为你提供了非常有用、有形的信息，尤其是当你创建好图表后。

图表是组织和分析信息的技巧之一。信息输入图表，个人的变革能力便一目了然。更重要的是，这些信息可以填补你在小组会议中缺失的信息，协助你重新评估不准确的结论。

例如，你可能觉得某个人具有很强的应变能力，但他的多技能级别只是中等。在最初的评估过程中，你可能不会对这种不协调做太多考虑，但现在，你会要问，为什么过去应变能力非常强的人在将来却不够灵活，从而找到答案。

完成图表后，你便可以视员工为一个团队而非一个个孤立的个体。在绘出的矩阵里，你将清楚地看到在变革方面你的人力资产状况。

尽管还无法立即确定你需要就个体发展做些什么，但你对团队变革的准备情况已经有了初步印象。明确团队的综合能力，才能决定是需要在团队之外寻找人才、还是加大内部开发力度，或者调整员工职位，让变革能力强的人担任关键职务。

个体变革能力评估的结果让你透彻地了解了团队最迫切的需要。但是，在决定培训与发展计划之前，你需要从更广的角度了解员工的变革能力。尽管你认为自己对下属很了解，但你的了解总是有限的，所以，薄弱环节一定存在着。这些环节潜伏在你不知道的角落，影响着你的决定：谁应该领导变革？谁需要更多培训发展？

例如，某个公司确信自己已经准备好修补整个软件系统，因为信息技术部的主管史蒂文不仅专业技术出色，而且还善于与人沟通，是一位超级领导。即使没有对他进行变革能力的评估，他无疑是一位 A 类选手，具有很强的应变能力、拥有多技能。正当公司着手安装新软件，向员工宣传新软件的好处，并指导每个员工如何使用时，整个变革进程突然陷入停顿。经济损失不可估量，员工士气一落千丈。公司花了整整一年时间才恢复元气。

究竟发生了什么？原来史蒂文离开了公司，而史蒂文的接班人尚没有准备好接替他在这个变革环境中的角色。

这个事例中，薄弱环节令企业的变革进程脱离轨道。毫不夸张地说，每个团队都有特定的薄弱环节，你必须明确它们在哪里，并采取措施纠正它们。

危及个人变革能力的薄弱环节包括职能部门功能、关键变革能力和人才易失性。

许多变革对某些特定职能有特殊的要求。例如，如果你的变革目标是花两三年时间完全改变后勤运作。那么，实施该变革方案的关键就是强化财务部或信息技术部的功能。

要检验是否存在薄弱环节，必须明确的是，在变革的关键领域，你是否有足够的经验和合适的人选来保证变革程序平稳而又有效地规划并实施。

另一个薄弱环节——关键变革能力，主要是指关键变革职位需要的能力和处在此职位的责任人具有的能力之间的差异。如果销售经理是变革策略的关键，而占据该职位的十个人中只有一个是多技能程度高、应变能力强，那么，变革计划就有致命的潜在危险。

另外，你可能拥有一定的人才储备，但必须注意失去他们的可能性。你要经常评估 A 类选手对公司的感受：他们是忠诚的还是有矛盾情绪，他们是否供不应求？他们可能具有很强的变革能力，但没有兴趣全情投入；或者他们非常走俏，但还没机会发挥他们的能力就离开了公司。如果是这样，你就需要制定一个计划，“重新招聘”员工，提高他们的薪水（将加薪同完成变革目标挂钩）。

成功地进行文化变革

文化是可以改变的。当英国航空公司向私有化转型时，一个首要的问题就是将漠不关心型的文化转化为热心服务型的文化，以利于在国际市场中竞争。

文化变革的原理很简单：创造有利于企业的文化。许多人认为，文化虽然可以改变，但需时太长，因为那些深埋于心底的信仰和价值观太过隐蔽、根深蒂固、不易操纵。许多人一听说改变文化要花五到十年的时间，就丧失了信心，不再感兴趣。

加之，许多需要彻底改变企业文化的企业已经等不起五到十年时间。市场的压力令他们喘不过气来。的确，支配着人们行为模式的观念、信念、价值观和行为规则越强，组织越庞大、越复杂，就越难找到并改变企业文化。唯一的技巧是制定一个全心全意的改革方案，立即发起猛攻。

文化变革的目标并非人格的巨变，而是一种有利于企业各主要方面、可延续下去的行为模式变革。其目的是要通过量变来实现质变，确保取得实效。

文化变革可分为两部分。首先，审核现有企业文化，弄清需要改变的方面，然后制定并实施文化变革策略。我们首先要问的是，“我们面临的是一场什么样的战争?”即找出主要的，特别是那些隐蔽的观念、信念、价值观和行为规则以及由其所造成的那些限制企业的行为模式。然后，了解其之所以存在的理由；分析向其挑战的成本或效益；最后进行企业文化变革。

在决定着手变革的时候，应依循下列步骤：

(1) 找出受欢迎的文化，即对企业能有立竿见影效果的文化。文化变革的策略，应该是建立在战略、运作、组织结构、人力资源管理系统、管理与监督以及领导艺术等基础之上的。因为文化是包含在这些方面之中的，所以改变这些东西就能改变文化。

以战略为出发点，选择一个新的发展方向，对企业文化重新进行全面评估。

（2）借用质量管理、顾客服务、业务流程重组等运作过程中的当代措施改变文化。着重于运作的三种当代措施有全面质量管理、包括对内部和外部顾客的顾客服务、业务流程重组。如果这个变革过程从一开始就注重了这一点，而且这些措施又实施得当，它将是最好的文化变革策略。

一家医院的护士组在运用全面质量管理对病房进行整理之后，倡议将之推行到整个医院系统所有部门，包括行政部门、医生、实验室技师，无一例外。由于全面质量管理需要不同部门的通力协作，只有在整个系统内树立了团队精神之后，医疗质量才会提高。

（3）通过改组机构来挑战、革新原有文化。某食品加工商因为其他分厂无法改变不利于其业务的企业文化，只得另建一座新工厂。新厂管理人员受命营造一种更开放、更具企业精神的文化。工厂建成运作之后，老厂的员工都按计划被派往新厂参观，“感染”新厂的文化精神。

（4）将人力资源管理系统当作变革的杠杆。招聘、提升、培训和职业发展都可成为变革文化的手段。美国西北航空公司先让新员工适应公司的战略和文化，然后再进行必要的技术培训。

（5）采取与变革相关联的战略。将文化变革与每个主要项目、计划和变革联系在一起。许多变革之所以失败是因为没有考虑到文化的因素。

△用行动引发新思路。一家制造商的管理人员意识到，他们之所以无法控制浪费，是因为公司有一套共同的观念和行为规则在作怪。因此，公司组织了一个小组，花了六个月时间来研究简化生产的技术和流程，并且参观了成功实施这些技术和流程的工厂。之后，这个小组在一年之中让整个工厂充斥了各种减少浪费的行动战略。慢慢地，许多人转而接受了新的思维模式，积极倡导新的行为规范，使新文化取代了旧文化。

△利用危机、甚至创造危机来促使文化变革。许多成功变革文化的例子都是从面临危机的企业开始的。在危机状态中，陈规旧习，包括陈旧文化中隐蔽的行为规则都不再发挥作用。如果没有危机，那就制造危机。

一家公司发现了新竞争对手闯入其市场所带来的影响，便利用标语、动员会发起一场赶出入侵者的活动。整个过程强化了按值定价、优质商品、顾客服务、当天或隔天送货等商品价值，并使其像一种战斗口号。活动进行了三个月，销售量剧增，公司受益匪浅。

上述许多做法虽有力，但都是些间接手段。也可采取一些更为直接的手法。

△公司处于转折期时，采取游击战术。由于转型时期一些规则已不再发挥作用，因此可以进行一些大胆的文化变革。有一个公司的首席行政总监雇用了一位咨询员，其职责就是可以任何时候在公司任何地方出没，专门问些“天真”甚至“风马牛不相及”的问题，如“为什么这样做?”“这有什么用?”或“如果取消这个部门，公司会受损吗？甚至不会有人注意到吧?”

△用提倡新价值观的活动冲击公司。如英国航空公司举办了一连串有关顾客服务和对服务型企业进行管理的员工会议。虽然这些活动是以培训的形式举办的，但实际上是对牢固的旧文化进行正面攻击。

△创造一个关键的载体群来推动新的价值观。如果员工曾是旧文化的无声载体，现在必须成为新文化的有声载体。为了提倡高科技企业所需的领先文化，英特尔公司的 CEO 格罗夫对经理们说：“如果在过去两周，没能挑战老板，你就没有好好工作。”

△采取君主式的方式。只要强制推行某种企业所需的文化即可。一家中型家族糕点厂由其父亲控股。他对企业的经营方式厌烦透了，于是简单地在家庭会上宣布进行改革。他强调了三点：“按劳取酬”“任人唯贤”“不能损公利私。要给自己的孩子留下什么，就得自己创造。”他很惊奇地发现，没有多少反对意见。

通用电气公司前 CEO 韦尔奇曾在一份年度报告中详述了对文化的看法。他强调了三种观念：突破极限、提高速度和超越界限。突破极限是指仅凭梦想制定目标，而不考虑实现方法，渐进性目标缺乏热情，公司应鼓励突破极限的目标和向此方面努力的“巨大飞跃”。提高速度是指以“鼓点”般的速度开发新产品流。在电气行业，每 90 天就有一项新产品问世。所有部门提高速度可使公司将重心转向世界上的高成长领域。

增强企业的生存能力

你是否碰到过这种事情：尽管企业的总体业绩出类拔萃，投资分析家们却一直抓着表现欠佳的个别经营单位不放？高级经理因此面临着越来越大的压力。他们必须想方设法努力提高各个经营单位的经济效益，千方百计为股东创造更多的利润。

人们越来越清楚地认识到，市场容不得业绩低下的经营单位。它要求每个经营单位凭借投入的资源及其与母企业中其他单位的关系获取令人满意的回报。因此，经理们如今都在努力增加每一个经营单位的生存能力，并希望获得可以助一臂之力的工具。有一些共同的因素是必须进行衡量和评估的。

生存能力对企业的经济效益影响深远，这个立论看似浅显易懂，但操作起来却并非易如反掌。

一些 20 世纪 80 年代中期最负盛名的美国公司到 90 年代中期却都跌入谷底。他们曾经辉煌，拥有许多杰出经理。现在，这些经理正竭力重振业绩欠佳领域，力求再现公司昔日的风光。这些公司带给我们的教训是，要想保持并增强生存能力，道路既险且长。

生存能力并不是静态的。变化向来不可避免，而且是动态发展、循序渐进的。其次，经理决定着生存能力，生存能力再带动业绩，业绩好坏又显示出了管理的优劣。

非常遗憾的是，经营单位的经理经常抵制变革，他们认为可以通过维持现状“巧夺”成功。所以必须同各单位的管理人员一道克服这种倾向，形成一种灵活的经营风格。

此外，生存能力可以衡量和评估。但是衡量时仅以财务表现和其他量化业绩为依据是不够的，因为业绩是一种跟踪指标，只能说明过去的成就。

评估时，必须确保各单位经理能够超越现状，预见到决定未来业绩的主要因素。必须找出改变业绩的条件并加以了解，把握它们对经营单位的影响力。

如果你与经营单位的管理层保持着良好的工作关系，则可运作以下五个基本步骤：

（1）了解所处行业的特点。历史上，因未能意识到行业新进展的重要性而失败的企业比比皆是，所以必须了解行业的趋势和发展周期。

所有这些变化，不管是竞争、规则还是技术方面的，对业内参与竞争的企业提出了什么要求？我们称这些要求为“大浪潮因素”。各经营单位的管理层必须能看到这种浪潮，并准备驾驭之。

（2）批判地分析和挑战原有的市场定位。市场定位包括经营单位与竞争对手间可进行比较的各个方面，如企业使命、所有的战略战术、规划和资源。

（3）全面剖析创取利润的经济模式。通过审视自身相对于其他竞争对手的基本优势、考察行业特点来估量盈利。

这种评估需要在一段时间内参照行业内的借鉴基准，按部门、生产线、产品和顾客等各因素，对单位的成本和利润构成加以详尽的分析。此外，评估还应包括运作情况，如净销售额、毛利率、职能成本、现金流量，按用途分为不变和可变两部分的自然成本，资产流动性、业务活动、营业额、经营风险、经营杠杆、资产负债和盈利等的比率及其他一些相应的指标。

（4）评估资本结构。资本结构的设计须符合行业特点和自身条件。例如，相对稳定、现金流雄厚的行业同周期变幅大、现金流不稳的行业比，在资本结构中可运用更多低利率贷款。

资本结构应该以颇具竞争力的资本开支来满足经营单位的周转资本和永久性资本需求。投资资本的结构应能使你灵活机动地适应行业提供的周期性，使经营单位得以赢取各类资本的应得回报率。

（5）评估管理层及相关的管理流程。企业的经营单位要继续生存，管理层必须高瞻远瞩，预见未来的变化，建立赢得竞争所需的经营模式，并不断加以完善。

方案三

危机处理果断有序

在风平浪静的情况下，许多人能够很好地驾驶船舶。当有风浪或出现风暴时，只有行家才能驾船。忽视问题则容易使它激化，最终总会爆发。危机和良机本质上是一样的，只要改变观念，重新评估，趁机下手，这样一来危机则会变成良机。

对危机要有高度的敏感力

危机管理中占有首要地位的经典信条就是："未雨绸缪，防患未然。"公司经营者要有预见危机的能力，这才是管理者最高明的应付危机的策略。

火石公司创立 70 年以来，连续保持着良好的业务增长势头，位居美国轮胎制造业的首把交椅，并且将其竞争对手好年公司远远地甩在后头。

火石公司的公司文化和经营模式都充分体现了其创始人的经营理念。火石公司的创始人哈韦一直坚持把客户和雇员都视作"火石大家庭"的一部分。在这样的指导思想下，火石公司专门成立了火石乡村俱乐部，对所有的雇员开放，雇员们不论职位高低都可以很好地沟通和融合。在火石公司的家庭价值观的影响下，建立了雇员对公司的高度忠诚。

正是由于火石公司长达 70 年的成功发展经历，使得该公司在战略、价值观、与客户和雇员的关系，以及运作和投资的模式方面都已经固定化和缺乏弹性，公司似乎建立了一个公式。公司所有的经理人也都坚信，只要按照这样的公式进行投入和分配资源，公司照样可以取得成功。

然而，事实却在一夜之间发生了变化。法国米其林公司将新型的子午线轮胎引入到美国市场，这种轮胎较火石公司所生产的传统型轮胎更耐用、更舒适、更经济。米其林公司依靠子午线轮胎，占据了欧洲的主要市场，其产品进入美国市场后不久，美国最大的汽车制造商福特公司即于 1972 年宣布其所有的新产汽车将全部使用子午线轮胎，这也就意味着米其林公司占领美国轮胎销售市场已为期不远。

面对米其林公司新开发出的子午线轮胎，火石公司却"处变不惊"。因为早在 20 世纪 60 年代，子午线轮胎在欧洲市场上侵占火石公司的市场份额前，火石公司就已经清楚地预见到子午线轮胎将会很快被美国的汽车制造商和消费者所接受。事实上，火石公司预见到了来自子午线轮胎的威胁，并且采取了行动。火石公司在当时就投资了近 4 亿美元（相当于现在的 10 亿美元以上）用于开发生产子午线轮胎，公司专门成立了一家生产子午线轮胎的新公司，同时还将几家生产传统型轮胎的公司进行技术的改进，专门生产子午线轮胎。

面对市场的剧烈变动变化，火石公司的反应是够快的了，但却没有收到效果。因为，火石公司虽然对新产品进行了投资，但却没有按照新产品的要求改变以往的生产流程。作为新产品的子午线轮胎对生产工艺和工序的要求都要远高于传统轮胎，因此必须改造原有的生产流程才能保证新产品的生产质量和效率。尤其是在面对传统轮胎即将被淘汰的形势下，火石公司没有及时关闭那些生产传统轮胎的公司，而是让这些公司继续按照原来的方式继续运作。

到了 1979 年，火石公司的内部矛盾进一步激化。公司的生产能力只有原来的 59%，国内的业务销售额下降了 2 亿美元。

新型的子午线轮胎具有较好的耐用性，是传统轮胎寿命的 2 倍，这也使得美国市场对轮胎的需求增长趋缓。但火石公司的经理们仍然坚信需求仍在如过去一样快速增长，他们甚至浪费了大量的精力和资源去论证，并说服董事会，没有必要去关闭一些公司。火石公司的市场份额逐步拱手让给了外国公司，公司不断地遭受被兼并的威胁。直到 1988 年，火石公司终于未能在危机集中爆发之际采取正确的应急策略，最终还是难逃被一家日本公司收购的命运。

避免导致公司危机形成的三大习惯性错误

公司需要制定一个看起来相当完善的中期发展计划。但实际情况并非如此，因为现在盈利 100 万美元，不等于今后每年都会盈利 100 万美元。这种“成功会带来成功”的错误推理忽略了一个关键因素：竞争对手。他们会打断你的好梦，并且办法很多。比如：降低产品价格，减少你的利润额。或是发明新的产品，把你挤出市场，等等。因此，当你正设计不受外界干扰的稳定增长曲线时，肯定有人在想方设法替代它。因此，应该不断地提醒下属“变化比计划快”，督促他们远离“成功导致成功”的错误想法。

以下是三个常见的导致危机形成的习惯性错误：

（1）领先优势不会改变。处于顺境时人们很难想象逆境是什么样子。人们会以为现在的成功不会结束，或他们认为可以不断地重复成功。其实，必须认识到，领先地位不会是一成不变的。

你可以回顾5年或10年以前的公司，想想谁是最强的竞争对手，谁是市场份额的领先者。对于这些领先者来说，10年前的他们和10年后的他们完全不一样，那么产生这么大变化的原因是由什么引起的呢？

（2）工作出色就有高回报。另一个错误推论是：你干得漂亮，委托人就乐于给你报酬并让你继续做下去。其实并非如此，委托人也有可能会因此将你一脚踢开。

在这方面，一位知名公司的CEO有切身的体会：我们公司最大的优势之一就是拥有庞大的国际网络。我们在26个国家拥有67个办事处。美国国内大多数体育组织——不管是球队、团体，还是联盟都没有如此大的国际网络。所以，体育团体就会雇用我们在全世界销售其比赛转播权，他们不知道如何才能在欧洲或远东某地的电视上收看到他们的比赛，而我们可以知道。一开始我们以比较低廉的价格把播映权卖给国外电视网。一两年后，公众的兴趣培养起来了，电视观众增加了，转播权的价格也随之上涨，当然我们收入也就增长了。如果我们干得依旧漂亮，那么，我们极有可能在七八年之后帮助委托人建立起一个像模像样的公司，你可能会以为委托人会非常感谢我们，因为我们发展了他们的海外转播事业，从一无所有到能赚几百万美元。

但是，事情绝非如此。总有一天，委托人会忘记我们立下的汗马功劳，开始算计我们。具有讽刺意味的是，这种事往往发生在委托人的事业最兴旺发达的时期。这时，委托人将用回报我们的一个零头雇用当地的公司替代我们。为什么不呢？委托人对我们的一切都心知肚明。他熟悉公司情况，知道我们如何定价、签合同。这使委托人再和别的公司重新签订一个3年的合同就非常顺利了。我们公司就只能靠边站了。

类似的这种事情很多并且千真万确地存在着。简单地做个比喻：你给别人制成了一个老鼠夹子，可最终他们却认为自己本来就会捉老鼠。当然，我们的经理们并不总是遭受命运的嘲弄。他们认为只要做得好就会得到好的回报。他们因日益增长的收入而感到兴奋，却忘了委托人可不这样想，因为委

托人常常低估我们工作努力的程度。比起“谢谢你”这样的字眼儿，他们更倾向于说：“最近你都为我做了些什么呀？”

因此，经理人以后经常提醒下属，他们应该让委托人感到：“没有我们你将一事无成。”工作出色不见得就能带来回报，但工作非常出色却的确会导致危机的来临。

（3）领先就可以放松。还有一个错误推论是：在完全胜任的领域可以放松一下。比如，公司在同行业或全国占有40%的市场份额，而最强的竞争对手只占10%。这时人的本性会使你因竞争差距感到自满，并且轻视任何一个敢于向你的领先地位发起挑战的“暴发户”。但正是这些不值一提的竞争者可以把你毁掉。不同的竞争者从不同的方面攻击你。或干扰你的经营，或蚕食你的市场份额，或消磨你的动力，或增加你的障碍等等。所以，轻视这些“暴发户”就意味着自取灭亡。很多人都会联想到用IBM公司、微软、美国钢铁公司这样的例子来说明此观点，因为它们正遭受一群不值一提但日益强大的竞争者的市场掠夺。

在竞争中处于领先地位时更加需要有危机意识。因此对于一个不能居安思危的管理者来说，真正的危机来得比他想象的还要快。

避免企业中出现非正常问题

企业也存在着自身的生命周期变化。每当企业从一个生命周期阶段进入下一阶段时，常常会面临各种各样的困难。企业必须抛弃旧有的行为模式以学习新的行为模式。如果一个企业花费精力，成功完成行为模式的转变，那么它所遇到的问题都是正常的。如果企业把精力浪费在清除变革障碍上却劳而无功，它的问题就不正常。此时通常需要外部干预。

企业能利用自身内部的能力推动流程、制定决策、克服困难，从而解决正常问题。但企业需要去认识并发展自身的能力，因此遇到正常问题是在所难免的，企业必须学习如何规划资源、如何制定制度、如何做出决策并把握制定决策的时机。

正常问题都是些过渡性的，你遇到问题、解决问题、从中吸取教训后才能继续前进。而那些非正常问题却是无法解决的顽症。你只能束手无策地在原地打转，眼睁睁地看着问题一次次冒出来。你会接连遇到一些原以为早已解决的问题，它们不断地以新的形式出现。管理层屡次努力，均无功而返，反倒产生了他们不愿看到的负面影响。

非正常问题为企业带来不必要的苦痛，阻滞了企业前进的步伐，妨碍企业能力的发展。这些困难会令企业绝望，使企业陷于生命周期的某一阶段不能自拔。管理层会感到无能为力，无法凭借自身的能力解决问题，使得整个企业旋即对其领导层丧失信心。

有多种工具可以引领企业的文化走出非正常问题的泥潭，并迈向“鼎盛期”。所谓“鼎盛期”就是生命周期中的最佳阶段，企业的自控能力与灵活性达到平衡。处于鼎盛期的企业受自身远景的影响，并且企业中的员工相信，他们所做的事情是重要的。

鼎盛时期的企业了解自己，清楚自己的未来目标。他们具有强烈的使命感及节省自己精力的做事规矩，因为他们根本不去考虑那些越出自己规矩的变通做法。

在那些打算以产品质量扬名的企业里，通常有一名高级主管专门负责质量保证。但这种对质量的关心绝不仅仅限于产品。他们也在努力维护企业文化中的价值观念。其重要性丝毫不逊于产品质量，而且更难以维护和培养。

企业要保持鼎盛，就必须在决策制定方面杜绝由某个或者几个高级经理人说了算的“一言堂”现象。企业的管理程序必须制度化：人人都应该知道并了解在哪里做出决策及怎样做出决策。

凡是声望卓著的企业，通常都会发展出一套不成文却行之有效的规则。壳牌公司多年来一直奉行这种管理方法。人们知道由谁来制定决策、决策是如何制定出来的；人们知道向谁、何时、以何种方式提交自己的报告。他们还能准确地预计公司要花多长时间才能对他们的提议做出答复。

任何企业都不是天生就处于“鼎盛期”。企业必须发展它的四个管理职能：目标性的、行政管理的、创业精神的和整合的。当企业遇到障碍，无法发展某一管理职能时，就标志着出现了非正常问题。如果迟迟不能发展出这种管理职能，那么这种缺失很可能危及企业的生存。

（1）目标性职能。许多企业全力追求利润，最终却破产了。为什么？如果一个企业专注于追求利润，难道不该产生利润吗？不对，这种逻辑实际上混淆了“前因”与“后果”两个概念。你该把精力集中在能带来“果”的“因”上。如果你只重果不重因的话，那么你所创造的期望就永无实现的可能。从理论上讲，每个企业都有存在的理由：满足顾客那些个人无法满足的要求。如果企业不去关注顾客的需要，那它的存在简直就像癌瘤。它的存在只是在吞噬资源，毫无服务顾客的功能，只是在供养自己而已。

如果企业肩负起“目标性”职能，那么它的存在就是富有成效的，因为它满足了服务对象的需求。我们评判一个企业存在是否富有成效的标准是：客户是否不断需要企业的服务。在商界，我们称之为品牌忠诚度。企业能否吸引回头客？如果不能，就说明顾客的要求没有得到满足，企业的存在也就失去效力。

为了让企业发挥其职能，企业必须从一开始就明确企业为谁而存在、服务对象是谁以及满足他们的哪种需求。任何企业都无法、也不应当满足所有人的所有需要。首先要区分出你的市场，然后再去为之努力。这就意味着，提供客户所需要的服务，履行自己的承诺，并达到顾客要求的标准。

（2）行政管理职能。企业的行政管理职能指企业要确保适当的事情在适当的时间，以适当的顺序和适当的程度，产生适当的结果。企业管理者必须系统地、有条理地思考问题，并注意各种细节。正确的管理使企业得以未雨绸缪，防止企业屡屡重蹈覆辙。

（3）创业精神。目标性职能和行政管理职能可以保证企业短期内的作用和效率。但是，怎样才能确保企业的长期效用？

要获得长期的生存和发展，需要能对未来做出预测。这就要求企业具有创造力与冒险精神。准确预见未来市场需求的变化，并对企业进行相应的调整，这种职能就叫作创业精神职能。这种职能就像是在规划，它并不是根据你对明天的期望和打算，去确定明天要做的事，而是确定今天该做什么。创业精神职能让企业占据主动，使企业发挥长期的效力。

（4）整合职能。在许多企业中，只有一位领导者身兼顾客服务、目标性和创业精神三种职能、具有出类拔萃的才干。这种三合一型经理人能制定注重顾客需求的决策，他们的企业也能发挥巨大的效力。他们重视效率，领导

的企业组织严密、效率极高。他们绝不浪费任何资源。而且，他们极富创业精神，能预见到未来市场的新需要。他们能够采取超前行动，以满足未来的需要。

如果这种经理人一旦去世或离开企业，会产生何种后果？通常，企业会遭遇严重困难，有时甚至会倒闭。

一个企业若想长期生存下去，就绝不能完全依赖其中的任何一个成员。企业要想获得长期生存，就必须拥有一个将企业以超然方式联结起来的价值文化，其力量远非个人的能力所比拟。

企业需要的是远景（存在的目的）、价值观念、哲学、礼仪、行为模式和信条。有了这些东西，使企业员工不仅仅依靠各人的职责，将部属关系连在一起。这种整合职能发展出一种相互依存、密切联系的文化，培育一种独特的企业文化。

所谓整合就是要采取行动。你必须主动改变，不能坐等改变的到来。如果只是无所事事地等待，那么整个系统就会解体。

由于这种停滞，所有系统都会随着时间的流逝而崩溃。要对企业系统进行整合，就必须不断努力来抵抗这种趋势。整合绝不会自然发生，你必须采取行动触发它。担负整合职能的经理人必须积极投身其中。

优秀的经理人能认识到企业各部门间的相互依存。他们尽全力与他人配合并给予支持，其他人反过来也支持他们：简言之，一个优秀的经理人就是团队中的一员。

成功地摆脱企业的生存威胁

走向失败的企业会显露出多种迹象。例如，你听任企业过分依赖一个大顾客，不料它却突然破产；你从没误过向银行付款，然而不知什么原因银行变得神经紧张，突然取消了你的周转信贷额度；多年来你一直安安稳稳地主宰着一个缝隙市场，如今一个强大的竞争对手却开始挤了进来。

企业的生存受到威胁时，就会迫使企业家直接面对这一最根本的问题：

企业为什么要生存？经过反思，自己和其他人确信了企业存在的价值后，企业目标更加明确，企业就能从磨难中崛起，通向成功的道路更为宽阔。

一旦企业家十分明确了企业的目的，便可以更清晰地分辨摆在自己面前的众多发展道路。这是从众多曾面临失败的企业的经历中得来的最基本经验。它们都从失败中获益良多。以下是它们的一些经验教训：

（1）目标明确，行动灵活。在逆境拼搏中，目标明确非但不会束缚企业，反会使企业放开手脚。了解到自身经营的真正关键的企业，在坚持自己经营核心的同时，策略上会有一种新的灵活性。美国俄勒冈州丽美印刷公司业主贝弗利和托德就是以这种方法克服了经济困难。

一家银行突然取消该公司25万美元的周转信贷额度，并且开始减少其应收账款，使公司顿时面临危机。

丽美公司专为美国各地印刷精美的图片集与日历。绝境之中，他们开始把眼光投向书店之外的顾客，积极拓宽销售渠道。

颇具讽刺意味的是，他们最好的新顾客竟然是银行。托德说："全国到处都有银行想定制日历。"因为这些日历是定制的，银行一般要预先付款。"这在现金流方面帮了我们大忙。"他说。

这种按单定制日历的业务极为成功，以致通过书店的销售占不到公司年销售额的一半。他们终于使企业重回正轨，而且这一切正合他们的初衷。

（2）奉行企业的经营宗旨。美国达拉斯的怡美公司的经营宗旨，是在公司摆脱了两次潜在的致命危机之后由朱迪起草的。1987年，朱迪的一位重要主顾关闭了他的体育室，使她减少了60%的收入。1990年，朱迪仅剩两名正式员工，但两周之内又接连被一个竞争对手挖走，使朱迪很难实现与许多企业的合同。渡过这两次危机后，她知道了自己救活企业的目的，并把她对企业角色的这种新认识融入"怡美公司远景"中。其中一部分是这样写的："在保健和健美领域不同凡响；在一个争取成功、致力支持的环境中为会员提供无限机会转向健康的生活方式。"

这种企业使命带来的不仅是更加强烈的目标感，还使企业能够自由地拒绝有利可图却有悖企业宗旨的业务。

（3）不要偏离自己的优势目标。企业有时会忘记它们几乎认为是天经地义的坚定目标，从而滑向危机。美国堪萨斯州的克拉默制品公司正是如此。

公司创办于1918年，生产运动药品和训练馆设施，曾长期在本行业中独占鳌头。罗格1991年出任公司行政总监时，公司依然盈利，不过产品销量平平，而且公司正在大举营销一个系列产品：博医牌。

罗格说："当时公司十分渴望在零售方面一展身手，博医牌正好派上用场。"但情势很快明朗，该产品系列正走向失败。更为糟糕的是，公司变得狂妄自大，不再面向市场。克拉默公司的营销副总裁汤姆说，在博医牌产品失败后，他与罗格及其他经理决定重返企业创始人的路："创新和传授。"他们专门设立了一个部门，直接与体育教练及其他使用克拉默公司产品的用户合作。汤姆说："这是为了找出顾客的需求，不是为了销售那些方便我们生产的东西。"

大量的新产品为克拉默公司平淡的市场带来了令人心动的销售利润。毫无疑问，在过去几年里用户的反馈信息不断增加，因为他们知道该企业领导又回到欢迎创新的游戏中来了。

（4）不要把困难当作失败。小船没有真正的避风港，在企业漫长的生命中，失败的威胁如影随形地伴着企业家，使其无可逃避。

威廉姆·塞奇对此深有感触。他在美国阿肯色州开办了集成制品公司，生产单人电动购物车。

1983年，塞奇在一间车库起家。到1987年，"我们就有了一些着实不错的经销商，"塞奇回忆道。他还买下了自己的厂房。但时隔不久，他的两家主要经销商申请破产。同时，一个强大的竞争对手也打入了这一市场，提供的售价让塞奇难以与之相争。

由于资金短缺，塞奇说："我们必须与顾客保持密切合作，因为我们不得不延长交货期。"那些想几周内就能拿到电动购物车的顾客却要等上几个月。

尽管遇到诸多困难，他说："我从没想过自己会失败，因为我非常确切地知道自己要做什么、该怎么做。"如今，公司已拥有50名员工，每年向零售连锁店售出上千辆电动购物车。

（5）在老本行里开拓新天地。10年前，佩德罗在马尼拉设厂向高露洁公司和菲律宾精炼公司提供铝皮软管。但是，好景不长。当这些跨国企业改用压膜塑料管时，佩德罗失去了90%的订单，这迫使他不得不关闭了工厂。

但是，佩德罗并没有气馁。他决心打入他原来那些顾客的竞技场，于是在1987 年创办了蓝美仁公司。

开始，他想与外国企业合伙生产牙膏并借用他们的品牌。但这些企业要求他支付品牌特许权使用费，却不提供任何营销或分销的支持，使佩德罗没有什么可赚。

这些遭遇使得他决心创建自己的牙膏品牌。此间，他得到一家日本牙膏制造商的帮助。在试验了 200 种配方后，蓝美仁公司终于在 1989 年推出了快意牌牙膏。

佩德罗深知大企业的实力，他不想向高档的 A、B 类市场出售产品，他要推出一种价格比主要品牌低 40% 的牙膏，瞄准低档市场。

佩德罗知道，要与大企业硬碰硬，成功的机会微乎其微。于是，他决定开发自己的缝隙产品。蓝美仁公司的八种不同产品品种中，其中包括水果香型的儿童牙膏和维生素 E 牙膏。

在这样的市场中，跨国企业的大规模反倒成了劣势。他们不能开发儿童牙膏，因为成本太高，利润太低。蓝美仁公司则不然，它灵活机动，完全可以瞄准并占领这些小市场。

为了避免建立分销网络的成本，佩德罗与大众销售公司联系，这是一家仓储式俱乐部连锁店，面向 C 类和 D 类低档市场。这家公司还建立了一个货类管理项目，把自己的电脑与销售商和主要顾客联系在一起。这样，蓝美仁公司的经理人便能紧紧盯着分销商货柜上的货流量来规划生产。

预先制定危机管理计划

几乎每个人都会厌恶任何类型的计划。关心现在的需求不是要比为将来可能实现或无法实现的东西做计划更容易，更让人高兴吗？对一些国际公司的 CEO 而言，管理眼前的问题已经够困难了，谁还有时间为明天的不确定做计划呢？但是根据美国的一项对国际化公司 CEO 的调查，有超过 60% 的 CEO 认为危机计划对公司的经营是必要的，有超过 40% 的公司有完备的危机计划，另外一些公司已开始或正在制定危机计划。

这些问题就是当今公司决策者面对的完全现实。但是，明智的决策者会将关心目前的需求同未来需求引发的问题进行比较。成功的决策者——具有危机顾问观念——承认每一个公司都会面临危机，只有那些做了最好准备的公司才能生存下来，甚至也许还会从危机中繁荣昌盛起来。

因此，聪明的管理者懂得提前拟订这一类计划。危机管理计划在内容、格式和风格上会有所差异；但是，国际优秀公司的危机管理计划一般都具备以下要素：

（1）对组织的危机管理哲学和危机计划重要性的表述——也许是在计划前言中的 CEO 的备忘录或信中表述。

（2）对公司认为是“危机”并引起危机计划实施的事件、事情或问题进行明确的定义。

（3）列出会影响公司的潜在危机情形，公司在未来可能会面对的潜在危机种类。

（4）公司的整体目标和危机管理目标。

（5）危机报告和协调的汇报结构及危机管理团队成员的名单，要附有电话、传真和手机号。

（6）紧急情况下的工作程序——包括同警察、消防和其他社区官员打交道，要附有电话号码。

（7）紧急情况下需要接触的新闻媒体，包括最新的名字、标题、电话和传真。

（8）公司第一和第二发言人的名单以及严禁其他人同新闻媒体或其他公司讨论此事的严正声明。

（9）在危机中需要立即采取的步骤，例如需要接触的人和危机管理团队应该碰面的地方。

（10）在危机发生期间和危机发生后所需要的有关公司和其他方面的信息事实，背景材料。

△最新的员工名单（如果太长，就写一些经过挑选的经理名单）；主要联系的顾客；供应商/经销商；股票交易所（如果你是一家股票公开上市公司）；和地方政客、市政、商业领导者——所有的都要有地址和电话。

△同公司及其事件相适应的社区、社会、少数民族和行业活动者组织的名单。

△主要市场和行业分析家的名单。

但是，许多公司中的高层决策者在制定完危机管理计划后会因此而感到一种成就感和有保障。不幸的是，在大多数情况下，制定出来的计划常常被束之高阁。实际上，有些公司在制定了危机管理计划后最终发现——在真正的危机发生后，这个计划竟然没启动。

怎么样才能保证危机管理计划能够得到恰当地运用，而不仅仅是放起来再也不去管它呢？

制定完危机管理计划并得到批准后，可以考虑采取以下措施：

（1）指定公司中的专人负责将危机管理计划融入公司的整体之中去，并在需要时修订计划——把这些作为决策者工作职责和业绩评价的重要部分。

（2）为中层和高层管理人员召开情况研讨会，审查计划并讨论他们在危机中的角色，向有关的中层和高层管理者发送计划的文件副本。

（3）安排时间同每一位接到计划的人员进行面对面的会谈，听取他们的意见和建议，以便改进计划。

（4）确保危机管理团队在会议上检查计划并讨论必要的修订。

（5）准备危机反应手册——根据每一位在危机管理计划中负有相关责任的人员的实际情况加以制定——以提供在危机期间具体的行动指南。

从销售额的变化中预见危机

许多公司尽管全力以赴地营销，销售额仍难以提高。当然，销售额下降未必会导致公司立即倒闭，但它会对公司进行蚕食，这种状况如果持续很长一段时间，公司将极有可能处于危险的境地。

（1）找出销售低迷的原因。当销售处于劣势时，最重要的是要区分这种状况到底是暂时的，还是缓慢提供的。例如，如果是经济不景气造成的，一旦经济恢复便可能得到缓解，就属于暂时的。

但是，造成慢性的销售低迷却根深蒂固，因为这种情况多数是由于销售策略中的失误以及销售人员素质不高而形成的。

以下列举了销售额下降时的危机征兆，如果多数现象与公司情况相吻合，则可以说，公司已经很危险。

如果出现下列现象与征兆，公司要高度重视，因为公司有遭遇危机的可能，要注意防范，将面临危险！

△因竞争对手强劲致使竞争激化；

△行业本身正在萎缩；

△客户减少或更迭频繁；

△主要部门的销售额连年下降；

△主要产品没有发展前景，产品不走俏；

△销售人员素质差且不固定；

△员工人均销售额低；

△库存产品增多；

△索赔增多。

（2）员工人均销售额降低预示着公司存在危机。员工人均销售额低说朗公司的生产效率低，也预示着公司发展速度缓慢，这对于一个公司来说是极为不利的。

当然，仅就当年的数据就做出悲观的判断尚不可信，有必要对连续几年的数据进行追踪分析才能得出创新性的结论。

比如，与三年前对比人均销售额是增加了还是降低了。如果是增加了，说明公司正在发展，即使是目前员工人均销售额低于同行业的平均值，也不必过虑。如果尽管人均销售额高于同行业平均值，但公司销售能力却在下降，即应对其影响因素做出分析。

（3）销售额提高但利润未增。公司的销售额不断增长而利润增长缓慢，这往往是公司临近危险的一个明显征兆。如果经费的增长大于销售额的增长，则亏损便将会成为必然。

经理室里悬挂着当月销售额度表，可见经营者最为关心的就是每月销售额的高低，销售额的不断增长是公司发展的重要因素。然而，这种对销售额的过度关注往往容易导致对利润的忽视。事实上，许多公司的业务会议都是

只听取销售报告并没有对利润进行分析。

有些部门的主管或许为完成销售额而引以为自豪，然而一看利润却大吃一惊，怎么竟然如此之少？事实上，由于在销售中大打降价战，致使毛利率所剩无几，由于散发广告单和邮寄费过高造成销售成本的提高，甚至导致利润亏损。目前，公司的处境不容乐观，为确保销售额同上年持平，不仅要对因降价而带来的毛利率下降做好准备，同时还要准备应付销售成本的增加而导致利润减少所带来的负面影响。

当公司努力扩大销售时，需要对应收账款和库存加以关注。万一发生应收账款的回收呆滞、出现坏账以及呆滞商品增加的情况，公司便会面临资金周转不够灵活的境地。

在与新客户进行某项交易时，事先应进行充分的信誉调查，包括对那些名气较大的公司，同时严格控制信贷额。合理确定投资方向，保证投资效果。

要不断追求创新

劳拉·阿什雷公司是1953年建立的一家以创始人的名字命名的生产女性装饰用品的公司。开始时，该公司的产品唤起了那些曾经有着英国生活经历的美国女性的浪漫情怀，尤其是在20世纪70年代人们普遍怀旧的情结下，该公司通过其怀旧产品很快由一家小作坊发展到一个拥有50家专卖店的大公司，劳拉·阿什雷也成了国际知名品牌。与怀旧情结紧密联系的产品风格是劳拉·阿什雷公司开始时就取得成功的关键因素。

劳拉死后，她的丈夫伯纳德仍沿着劳拉所设立的经营方向继续发展该公司。然而，潮流已经改变。由于越来越多的女性开始走出家庭谋求工作，市场逐步倾向于职业饰物，而不是劳拉·阿什雷公司所生产的浪漫性饰物。过去，劳拉·阿什雷公司的竞争者都视公司的产品为榜样，争相效仿，但到了20世纪80年代，竞争者们甚至开始公开嘲笑说劳拉·阿什雷公司的产品更适合农村妇女，而不是白领女性。此时的女性装饰行业已经发生了巨大的改变。伴随着关税壁垒的逐步瓦解，精品店大多都将生产基地设到海外以削减成本，或者甚至将生产全部外包。但劳拉·阿什雷公司却相反，该公司仍然继续沿着过去曾为其带来成功的老路，仍然生产着现在看起来已经陈旧不堪的老式饰物，并且以昂贵的方式自己生产，公司的竞争力也因此衰弱。

面对日益变化的市场环境，劳拉·阿什雷公司并没有麻痹，而是想再展雄风。在 20 世纪 80 年代末期，一家管理咨询机构曾经清楚地指出了该公司所面临的挑战，并提出了相应的应对措施。在认识到需要适应变化而采取措施以后，劳拉·阿什雷公司的董事会物色了好几位总经理，并且要求他们中的每一位都必须提出对公司进行改组和改造的方案，以提高销售和降低成本。几乎所有的改革方案都采取了一系列的行动，但却都没有能够改变公司的战略方向。劳拉·阿什雷公司到底是一家什么样的公司？是一家制造商、一个品牌、一个零售商，还是一家综合型的专卖店？这个方向性的战略问题一直没有能够确定。而且，所有的改革方案也没有能按照市场的特点改变公司的传统价值观。劳拉·阿什雷公司历经七任总经理，但仍未能抑制住公司业绩下滑的趋势，最终吞食了其行为惯性的苦果。

知名公司过去的成功与辉煌，往往会使得经理人相信，只要按照过去的公式制定一系列明确的战略、流程，建立和强化多方面的关系，以及发展现有的公司文化和价值理念，公司也就可以和过去一样再次成功。公司不断地成功发展，使得经理人们更加坚信，只要按照这样的方式继续运行，公司的客户仍会成倍增加、大量人才仍会对公司趋之若鹜、投资者们也仍会对公司的股票不断追捧、竞争对手也仍会以最阴险的恭维方式不断模仿公司的一切经营方法。

正是在总经理洋洋得意、陶醉于其过去的成功秘方时，一切都在改变。当经理人从失败的阴影中苏醒过来后，才发现，失败的原因正在于过去的成功和辉煌。过去加点战略、加点文化、加点流程、再加点关系就可以成功的菜谱，现在却成了导致公司失败的毒方。过去为公司带来成功的战略已经成为挡住经理人视线的眼罩，流程成为一成不变的陈规。关系网成为束缚公司发展的桎梏，价值观最终也变成了教条。

劳拉·阿什雷公司的失败也正源自于其过去的成功。从该公司的案例中，我们能够吸取以下教训：

（1）不要让关系发展成桎梏。与客户、供应商、雇员、股东等利益关联方建立良好的关系，是每一个公司成功的必要条件。

但是，当经济环境发生变化时，过去所建立的良好关系很有可能会发展成桎梏，限制了公司应对市场的灵活性和弹性，成为导致公司经营失误的行为惯性，即为了保持与客户所建立的良好关系，公司可能会不愿意放弃现在的已经衰落的市场而去开发新兴的市场。

（2）不要让价值观演变成公司的教条。公司的价值观将公司的雇员紧密团结起来并时刻感召着每位雇员，是根植于每位雇员内心深处的信仰。价值观决定了雇员如何看待他们自己，以及如何看待公司，价值观还是将公司上下凝聚在一起的纽带。

成功公司的价值很有可能会凝固为一成不变的教条或规则，每个人都认为这是不可以改变的，因为公司是不宜这样运作的。一旦这样的情况发生，公司的价值观就不再有感召的作用，也不再能够激发员工的灵感和创造性，而是蜕化为一层坚硬的外壳，将公司严密地封闭起来。于是，公司又落人行为惯性的怪圈之中。

（3）要革新，不要革命。公司的成功发展必然会产生行为惯性，行为惯性又会导致公司的失败。但对于成功公司而言，失败还是可以避免的。

优秀公司是可以避免和战胜行为惯性的。公司必须首先认识到，竞争对手面对变化的市场环境必然会采取应变的措施。公司的经理人还必须认识到，仅仅采取行动还远远不够，他们还必须弄清楚："我们该怎样应对市场环境变化?"以及"会有什么阻碍我们的行动?"经理人必须审慎地研究和决定公司的战略、流程、关系和价值观，以使公司的运作按设定目标进行，少走弯路。

即使公司的经理们已经意识到需要改变那些过去曾为他们带来成功的战略、流程、关系和价值观，他们也要防止在改变的过程中走得太远，把本来可以引导公司走向成功的变革，发展成为具有破坏性的革命。因为经理们在采取措施时，有时会"动作过大"，甚至会破坏了公司的核心竞争能力，把那些本来还值得保留和发扬光大的东西，也当作一文不值的废物统统扔掉。这样的革命性措施，往往会给公司的发展带来极为不利的影响。

创造利润，摆脱危机

柯达公司在利润下跌时，曾采取过裁员的政策。结果，为了弥补解雇后的员工短缺，公司在生产高峰期将业务外包。在很多情况下，完成同样的工作，合同商的要价是公司付给被裁工人的 3～4 倍，柯达公司最终不得不重新招募了一些工人来弥补原先裁掉的职位空缺。

经理们始终面临着挑战，他们要经常重塑企业使其更具有盈利性。在企业有了合适的方向后，他们努力不断地经营。他们认为，控制、服从、组织架构以及经营策略等能够使企业盈利。然而，正如柯达公司所体验的那样，要实现盈利，解雇员工并非明智之举。

公司应当视利润创造为持续的过程，就像从事营销、人力资源和财务活动一样。令人遗憾的是，很多公司根本就没有利润创造的计划，因此，当利润出现下降，这些公司只能按照其所知道的这种唯一的方式来降低成本。他们剥夺了自身所拥有的“人”这一最为重要的资源。这种降低成本的方式，在那些正在缩小规模以及注重短期效益的公司中，实在是太司空见惯了。

有一种方法有助于逆转这种趋势，这就是利润创造法：利润创造法可以让那些富有组织活力的企业利用更为广泛的机会，不断提高盈利能力，而不用裁员。经理们必须利用组织中一切可用的手段，以求不断地降低成本，持续地提高利润。换句话说，管理者不但必须懂得如何挖掘组织内潜在的利润，还要挖掘潜在的人力资源。

利润创造法（profit-building process，PBP）是一个循序渐进的方法，包括开发人力资源、分析形势和得到创造性的解决方案。它就像一台引擎，能够不断地改善，产生即时效益，进而成为核心竞争力。

这一方法包含四个步骤，即成立 PBP 工作团队和组织、获取创造性的解决方案、实施方案并记录结果，以及评审进度和追踪。每一个步骤都很重要，加以系统地运用，它们就会协同作用，从而找出需要特别予以关注和不断改善的地方。

（1）挑选 PBP 工作人员，成立工作团队和组织。工作团队是利润创造法（PBP）的基础。工作团队的首要目标就是在损益表的字里行间找到降低成本的革新方案或点滴想法。一旦团队成员鉴别出可以削减的某项科目，并将计划付诸实施，他们就可把每一张损益表当作月度报表来追踪计划进程。损益表是衡量利润创造过程的有效工具，PBP 法的主要目的就是解读损益表，以期能够发现降低成本的机会。

当挑选团队成员时，你不仅应该寻找敢于打破常规思维的思考者，而且应尽量包括不同风格、类型的人。例如，一个七人团队，如果他们都往一处想，只会得出有限的、令人沮丧的相似的想法；如果一个七人团队是由不同工作岗位和思考方式的人组成，则很有可能想出更广泛、更有创新意义的主意。大家共同拥有降低成本的目标，有助于克服团队中的个性冲突和其他一些障碍。

评估工作团队和组织的变革能力是一件容易的事情。问题是，要为变革提前做好准备。由于变革常常被看作是危险的，人们自然试图避免它的发生，就像没发现似的。这样或那样的被动防御机制使得在无所准备的组织内，变革几乎不可能发生。

培训是创新和采纳过程中的关键步骤，也是 PBP 团队所必需的。经常有这样的情况，为了一个特殊的目的，仔细地选好了一个团队，然而他们却毫无准备，站在一个错误的基础上去迎接前面的挑战。在精心挑选了合适的团队成员后，要用必要的工具和策略将他们武装起来，以确保他们获得胜利。如果不经培训，团队成员可能无法理解他们的目标，在前进中受到挫折而灰心丧气，最终完全放弃了利润创造的努力。

（2）获取创造性的解决方案。应当时时刻刻鼓励组织各层级提问。那些对某一特定的话题有权威性见解的人，应当得到完全的信任、关注、支持和控制，并让其在公司里发挥关键作用。但是，相比已承担领导责任的人，那些保持沉默的大多数人更有必要参与到攻关团队中来。对于组织来说，它需要每个人的参与，以谋求更广泛的意见、可能的解决方案和行动步骤，解决现今的业务问题。

具有讽刺意味的是，对提高盈利能力贡献最大的往往是那些以降低成本为由而被率先辞退的人。面对降低成本和提高利润的需要，许多经理们采取

裁员以实现其承诺的目标。被裁的人就是那些多年来生产产品、提供服务并能满足消费者的员工。他们不仅懂得如何降低成本，而且知晓如何改进整个流程，以实现组织的成功。

如果管理层能够提供一个环境，让员工能够对整个流程进行分析研究，并且请他们制定行动计划，以降低20%的成本，结果肯定能成功。第一步就是与一组员工讨论经营状况，这样每个人对组织的目标有一个清楚的认识。然后，让那些已经具备潜在解决方案的员工去实施利润改善计划，这样就不必大规模地裁员了。

“问题脑力激荡”是集思广益的一种新形式，与传统的脑力激荡方法不同的是，人们在这个过程中可以无限制地、自由地提出问题，而不是希望能够立刻得到答案或短期的解决方案。团队成员在问题脑力激荡过程中推出一系列的问题，反过来，它又刺激创造性思维，不断推动利润改善行为。在PBP过程中，这些问题的答案构成了未来行动计划的框架。

（3）实施方案并记录结果。这一步骤有助于制定和完成行动计划、追踪结果并监督执行。具体可细分为以下几部分：将PBP问题排序；制定行动步骤；分配任务职责；设定目标完成时间；测定进度；制定应急计划；执行评审和追踪；确定下一个PBP过程的问题。实施过程中的每一个步骤都是非常必要的，因为每个步骤都是建立在前一步骤基础上的，忽略任何一个步骤将会削弱整个过程的结构。

“问题脑力激荡”提出了无穷无尽的问题供成员探讨，为利润创造增加推动力。实施方案并记录结果这一步骤将整个过程推向前进，能够很容易地将已经提出的问题变成付诸实施的行动方案，并注明计划完成时间、应急计划和责任等要素。

（4）评审进度和追踪。在许多组织内，对于开始实施的日常行动计划，管理层习惯于不再进行更改。也有一些管理层则采取相反的做法，他们竭尽全力制定了一项自己不愿放弃的改革计划，并试图在整个组织内强制实行，即便有原先制定的行动计划已不再适用的反馈意见，他们也置若罔闻。

进度评审和追踪这一步骤有助于组织避免上述两种错误。评审和追踪包含对每一个行动步骤的综合分析，决定节省开支的想法是否可行，能否值得组织所采纳。及时的追踪则确保具体负责人能够采取恰当的步骤，完成绩效

改善计划所规定的任务。

一旦制定了一个行动计划，特别是在发生变革的时候，后续评估能向通过这次评估的点子增加价值。此外，工作团队也因此有机会拒绝不可能成功的行动计划或变革。这就为组织避免了无用功，也使得组织免遭挫折。

及时的追踪尤为重要，因为它是产生最终结果的点睛之笔。因而，经理们必须不断地追求绩效计划改善，始终如一地激发团队成员的干劲，使这一过程永葆活力。

一旦认识到哪些地方可以削减成本，经理们就能感觉到不需再依赖于裁员了。相反地，公司能够总结出许多创造性的方法持续地提高利润。越多的人参与 PBP 法，就会有越多更具特色的点子和解决方案产生。

有效沟通是危机管理的基础

很多公司高层对其员工重视不够。他们理所当然地认为，员工已了解企业实况，应该对企业忠心耿耿、为公司赴汤蹈火。但遗憾的是，多数情况并非如此。

员工是最复杂、最敏感的群体。员工们坚信，通过自己的辛勤工作和对企业的耿耿忠心，他们有权了解企业的最新信息。长期工作培养出员工强烈的主人翁意识，因此，他们相信自己应成为公司决策的重要组成部分。

员工通常会把公司中发生的事情和个人联系在一起。他们会关注工作稳定性、公司士气和团队配合，会担心企业裁员和减薪。最重要的是，他们都会将这一切和个人事业、生活质量、薪水乃至家庭义务联系起来。

上面所说的这些都可归入沟通的范畴，良好的沟通可以控制预期，使员工专注于工作、减轻恐惧和忧虑，在企业中维持一种乐观上进、信心十足的氛围。员工是企业最坚定的同盟，也可成为企业最大的对手，其中，上下沟通至关重要。下面的案例就生动地说明了这一问题。

暴雨滂沱，洪水泛滥。汹涌的洪水迅速逼近一家坐落于湖边拥有 50 名员工的广告公司。疏散工作势在必行。

这家公司三年来一直人心涣散，执行董事是罪魁祸首：毫无顾忌地喷云吐雾，不顾场合大讲粗话脏话，导致员工强烈的反感。而且，员工们抱怨自己对公司的重大事件一无所知，时常有一种被老总“利用”的感觉。最近几周来，全员减薪的传言更是让公司人心惶惶。

工作可能因为暴雨而被推迟，但客户的工期逼得正紧，丝毫不能耽误。在这危急关头，公司十分需要员工的支持和配合。于是，管理层决定让部分在一楼工作的员工，搬至二或三楼继续工作。而其他员工需要到45分钟行程之外的临时场所办公。

为保证按时完成任务，执行董事发了一纸态度强硬的通知，命令每个人坚守岗位。通知写道：“鉴于工期紧张，大家必须坚守岗位，无一例外。”大出意料的是，当天就有5人称病早退。第二天，50名员工只来了15位，剩下的要么打电话请病假，要么干脆不露面，使那位执行董事大为恼火。

员工大多知恩图报，疾恶如仇。这家广告公司员工的行为，很大程度上是那位执行董事平时对待下属粗暴态度的回报。遗憾的是，员工对主管的敌视和反感全都施加到了公司身上。

常言道，人算不如天算，你总有需要员工帮助的危急时候，而那正是员工报复的时机。为了避免这一天的真正降临，从现在开始要搞好员工感情工作。如果案例中的那位公司主管了解下面的危机管理三原则的话，结局会大不相同的。

（1）主动求助。危机来临时，要积极向员工求助，而不是想当然认为他们会主动出手。设身处地地想想，如果在帮助别人之后，对方不是感激你，而是觉得理所当然，久而久之你也会产生反感，拒绝帮忙。主动向员工求助，坦率说明他们的帮助对你有多重要，并适时地对他们的贡献表达谢意。

（2）不要过河拆桥。“雨过天晴”，一切恢复正常之后，别忘了举办个感谢会，向在困境中支持过公司的员工表达谢意。毕竟很多时候，如同案例中广告公司碰到的情况一样，员工可能在公司最需要他们的时候离去。

（3）选择沟通的最佳方式。那家广告公司执行董事向属下传达信息时，犯了一个很大错误。在通知中使用十分冷淡的语气，命令每个人坚守岗位。显然，这样的布告就不能算是在此类情况下发布消息的合适方式。

如果那位执行董事换一种方式，使用员工大会或小范围的会议，那么员工可能会更配合些。或者他还可以郑重地向员工说明，在当前困难时期他们的努力和支持对于公司有多么重要。

除了上面介绍的几条原则，和员工进行有效沟通，还必须要注意以下几点：

（1）经常进行沟通。维持一种经常性的沟通机制，强化员工对公司的责任感和支持度。这种做法还可以让他们深信，你已经掌控全局并完全能够应对危机。

（2）重大决定前和员工多交流。多数公司常犯的一个错误，就是简单地告诉员工一些公司决定，不作任何解释。员工其实具有很好的判断力和洞察力，他们要的不仅是公司的决定，而是希望参与到决策过程中，所以应该放手让员工参与到公司整个分析决策过程中来。

如果你做出裁员或规模缩减等艰难决定时，一定要秉承一种公正和有人情味的态度。在这种情况下，员工会理解公司的决策，他们更在乎别人对待自己的态度，而不是实际困难本身。

（3）不要向员工隐瞒坏消息。如果你能像对待成绩那样坦陈问题，你在员工心目中的地位和信任感会大大提高。记住：和员工进行交流沟通时，要从员工角度出发，己所不欲，勿施于人。把握住这个原则，保持和员工的良好沟通，紧急关头，上下团结一致，众志成城，没有无法渡过的难关。

危机管理的四项黄金原则

在危机处理过程中必须谨慎小心，弄得不好就有可能失去消费者的信任，从而丢掉既有的市场，因此，公司在经营过程中，一定要把危机管理作为公司管理工作的一个重要组成部分。危机管理中一定要把握住以下原则：

1. 不要只关心金钱上的得失

在危机处理中，一些公司只关心金钱上的得失，所以处理危机问题总是鼠目寸光，忽视了信誉、品牌这类宝贵的无形资产。实际上，对一个公司来说，公司的形象和品牌声誉重于一切。自己千辛万苦建立起来的顾客信任不是用金钱就可以买来的，自己在与顾客成千上万次交易中建立起来的美誉度，经受了时间的考验，也不是花钱多做几次广告就能得来的。

东芝笔记本电脑事件就很典型。东芝笔记本电脑因其 FDC（软盘控制器）存在技术问题，操作不当，可能导致数据遗失或损坏；东芝公司迫于美国的“法律”的严酷，与美国的原告达成庭外和解，出台的解决方案是，50万美国东芝用户将获得10.5亿美元的赔偿。遗憾的是，具有相同品质的东芝笔记本电脑，其中国用户则只能从东芝公司网页上获取免费的“软件补丁”。东芝的“只赔偿美国人，不赔给中国人”一下子触怒了怀有民族情结的中国人，一时东芝成了消费者和舆论界的众矢之的。东芝面对12亿人这个充满潜力和机会的大市场，放弃了长远利益选择了眼前利益。其实，许多国际上优秀大公司在处理危机事件中宁可花费巨额的金钱也要保自己的牌子和信誉。香港“维他奶”公司当其欧洲销售的产品发生“变酸事件”后，立即销毁了当地的全部产品，并请当地最权威的研究所进行化验，证明了“变酸”系因少量无害细菌所致，不影响健康。为此，“维他奶”公司花去了6600万港元处理费用，相当于公司半年的利润。可见，“不惜血本，平息危机”应是危机处理的第一要义。

2. 推脱责任是危机管理的最大弊病

危机的产生一般是以消费者在使用产品和服务的过程中受到了伤害，而对产品的安全性能和质量提出异议。其原因有些是公司自身所造成的，有些是外界因素所致，更有一些是别有用心者的故意加害。面对这些错综复杂的情况，有些公司出于维护自身利益的原因，或者是危机处理技术的生疏，往往躲躲闪闪，千方百计为自己开脱责任，更有甚者是利用消费者和社会舆论对危机的相关情况知之不多的情形，来掩盖事实真相，开脱责任。这些都是很危险的举动。面对危机，公司应该勇于承担自己的责任。

可口可乐公司在处理比利时中毒事件中就显得十分老到。当年夏天，当软饮料销售旺季来临的时候，比利时却连续发生几起可口可乐饮料中毒事件。在危机面前，可口可乐公司没有逃避、辩护，而是以最快的速度赔偿和安抚好受害者，并提出令人信服的调查报告。报告坦然承认比利时可口可乐的异味来自于不纯正的二氧化碳和空罐底部的废料，整个调查由公司内外的专家共同进行，具有很强的权威性。此后，可口可乐公司又不惜成本回收所有可口可乐系列产品，公司总裁艾华士亲自飞抵比利时处理善后，并特地当场喝了一瓶可口可乐。这张喝可口可乐的照片通过各种媒体传遍世界，随着各国禁令的解除，可口可乐也安然渡过了危机。这足以证明了在危机处理中，遵循及时性、准确性、诚实性、积极主动性的原则，一点儿也不能含

糊。主动承担责任，赢得消费者和社会舆论的谅解，是消除危机损害最好的策略。

3. 久拖不决是危机管理的大忌

危机的发生一般都是对公司的声誉造成了威胁，从而引起了公众和社会舆论的关注。危机发生后，最好的招数就是以快刀斩乱麻的凌厉手段，尽早引开公众的目光，尽早恢复自己的形象。危机发生后，如不及时处理，一是继续给公司声誉造成损害，二是给竞争者造成乘虚而入，趁机占领市场的机会。从这个意义上来说，时间意味着一切。

2000 年，一家媒体报道了春节期间几十位中国旅客乘坐日航本航空公司班遭到不公正待遇的消息。2 月 17 日，这批中国乘客向中国消费者协会递交投诉书，就 2000 年 1 月 27 日至 28 日乘坐日航该航班过程中受到的无礼对待，要求日方赔礼道歉、并向每人赔偿数额至少 1000 万日元。与此同时，不排除准备通过法律程序起诉日本航空公司的可能性。2 月 22 日，外交部发言人朱邦造敦促日航方面对此事进行全面调查尽早给予答复。23 日，日航方面才表示，将在两三天左右向中国旅客发出一封公开信表示歉意，在下星期二左右向中消协拿出调查这个问题的时间表。此时离中国乘客的那趟“不愉快的旅行”已快一个月了。直到 7 月 29 日“日航风波”才最后和解，日本航空公司表示向中国乘客道歉并给予适当的和解金，而时间持续达半年之久。这半年时间里，日航可以说是万众注目，在多少中国消费者心目中留下了不好的印象，这种不良印象的影响只有日航以后的盈亏表才能显示出来。

4. 预防与处理应同等重要

对人体而言，对健康的投入最好的办法是预防为主，防病于未然。对公司也是一样，如果说，未雨绸缪建立完备的危机处理系统和运作机制是中心任务的话，那么，在日常管理中，防微杜渐，这对危机管理具有核心意义。

在这里，日本著名的雪印乳品公司的教训是深刻的。雪印乳品公司创立于 1925 年，年销售额达 6500 亿日元（合美元 54 亿元），在国内拥有数十家奶制品工厂，职工约为 6700 人，牛奶制品占日本市场的 11.2%，处于行业龙头地位。然而，在 2000 年 7 月，这个有着 75 年历史的老字号公司忽然陷入创业以来最大的危机中，原因是雪印公司大阪工厂缺乏严格的产品质量管理，制造了日本历史上规模最大的食物中毒事件，14000 人中毒。公司要求的卫生制度是生产线每天进行清洗，每周进行一次全面杀菌处理。但大阪的职工对此毫不知情，也从来没有遵照执行，中毒事件的发生与管道3个星期未加清洗直接相关。3年前雪印社长曾信誓旦旦地说雪印是清洁和诚实的象征，大阪工厂内张贴着“质量是我们的良心”的标语。在雪印品牌深得消费者的信任和欢迎时，大阪工厂的愚人行为暴露了。这很快殃及整个雪印集团，日本21家雪印工厂被迫停业整顿，雪印的奶酪、奶油、酸奶等都陷入无人问津的地步。日本最大的超市“大荣”以及其他超市都从货架上清除了雪印。雪印社长石川哲郎引咎辞职。以后，雪印的名字将不可避免地与食物中毒联系在一起。凡是有食物中毒事件发生，雪印都会被拉出来，作为不光彩事件的典型。

因此，危机管理最重要的是不发生危机。这就需要公司在管理中，加强忧患意识，让员工人人有市场意识、危机意识。

成功处理危机的六个步骤

在商业活动中，危机就像普通的感冒病毒一样，种类繁多，令人防不胜防。每一次危机既包含了导致失败的根源，又蕴藏着成功的种子。发现、培育，进而收获潜在的成功机会，就是危机管理的精髓；而错误地估计形势，并令事态进一步恶化，则是不良危机管理的典型特征。那么，怎样才能成功地进行危机管理呢？下面6个步骤可供借鉴：

1. 避免危机

危机管理计划一开始就强调危机预防，令人奇怪的是许多人往往忽视了这一既简便又经济的办法。

危机管理计划已将所有可能会对商业活动造成麻烦的事件一一列举出来，考虑其可能的后果，并且估计预防所需的花费。因为公司内数以千计的雇员中的任何一人都可能因为失误或疏忽使整个公司陷入困境，这样做可能很费事，但却很管用。

谨慎和保密对于防范某些商业危机至关重要，危机管理计划特别强调培养员工对商业秘密守口如瓶的意识，比如由于在敏感的谈判中泄密而引起的危机。1993年马丁－玛丽埃塔公司与通用电气宇航公司通过多轮磋商终于达

成了30亿美元的收购案，这一秘密消息在高度紧张的日子中被保持了27天，结果却在预定宣布前两小时泄露给了媒体，带给公司不小的麻烦。

要想保守秘密，就必须尽量使接触到它的人减到最少，并且只限于那些完全可以依赖且行事谨慎的人；应当要求每一位参与者都签署一份保密协议；要尽可能快地完成谈判；最后，在谈判过程中尽可能多地加入一些不确定因素，这会使窃密者真假难辨。即使做了这些，也应当有所准备，因为任何秘密都有泄露的可能。

2. 对危机做好准备

大多数管理者满脑子考虑的都是当前的市场压力，很少会有精力考虑将来可能发生的危机。然而，危机就像纳税一样是管理工作中不可避免的，所以必须为危机做好准备，危机管理计划包含着行动计划、通讯计划、消防演练及建立重要关系等相关内容。大多数航空公司都有准备就绪的危机处理队伍，还有专用的无线电通信设备以及详细的应急方案。今天，几乎所有的公司都有备用的计算机系统，以防自然或其他灾害打乱他们的核心系统。

另外，在为处理危机做准备时，特别注意那些细节，将是非常有益的。危机的影响是多方面的，忽略它们任何一个方面的代价都很大。例如，1992年安德鲁飓风过后，美国电话公司发现，它们在南加利福尼亚州短缺的不是电线杆、电线或开关，而是日间托儿中心。许多电话公司的野外工作人员都有孩子，需要日间托儿服务。当飓风将托儿中心摧毁之后，必须有人在家照看孩子。这一问题的最终解决，是招募一些退休人员开办临时托儿中心，从而将父母们解脱出来，投入到电话网络的恢复工作中去。

3. 确认危机的存在

这个阶段危机管理的问题，是感觉真的会变成现实，公众的感觉往往是引起危机的根源。以发生在1994年年底的英特尔公司奔腾芯片的危机事件为例，引发这场危机的根本原因，是英特尔将一个公共关系问题当成一个技术问题来处理了。随之而来的媒体报道简直是毁灭性的，不久之后，英特尔在其收益中损失了4.75亿美元。

这个阶段的危机管理通常是最富有挑战性的，尽管危机管理计划对此作了很详尽的说明，但执行起来却并没有那么容易。经验告诉我们，在寻找危机发生的信息时，管理人员最好听听公司中各种人的看法，并与自己的看法相互印证。

4. 尽量控制危机

这个阶段的危机管理，需要根据不同情况确定工作的优先次序。危机管理计划说明了确定优先次序的一些原则。

首先，专人从事危机的控制工作，让其他人继续公司的正常经营工作，是一种非常明智的做法。也就是说，在经理人领导的危机管理小组与一位胜任的高级经营人员领导的经营管理小组之间，应当建立一座“防火墙”。

其次，应当指定一人作为公司自己的组织成员，包括客户、拥有者、雇员、供应商以及所在的社区通报信息，而不要等到他们自己在公众媒体上获取有关公司的消息。管理层即使在面临着必须对新闻做出反应的巨大压力时，也不能忽视这些对公司消息特别关心的人群。事实上人们感兴趣的往往是管理层对事情的态度而非事情本身。

总而言之，要想取得长远利益，公司在控制危机时就应更多地关注消费者的利益而不仅仅是公司的短期利益，这也是危机管理计划中特别强调的一点。

5. 解决危机

在这个阶段，速度是关键，危机不等人。几年前，美国连锁超市雄狮食品公司突然间受到公众瞩目，原因是美国某电视台的直播节目指控它出售变质肉制品。结果公司股价暴跌。但是，雄狮食品公司果断采取措施，他们邀请公众参观店堂，在肉制品制作区竖起玻璃墙供公众监督，改善照明条件，给工人换新制服，加强员工的培训，并大幅打折，通过这些措施将客户重新吸引回来。最终，食品与药品管理局对它的检测结果是“优秀”。此后，销售额很快恢复到正常水平。

与这一案例相似，当手机产生的电磁辐射会引起脑瘤的指控出现时，手机制造商们迅速请专家直接向公众解释实际情况，公众的担心很快就消除了。

6. 扭转危机

危机管理的最后一个阶段其实就是总结经验教训。如果一个公司在危机管理的前五个阶段处理得完美无缺的话，第六个阶段就可以提供一个至少能弥补部分损失和纠正混乱的机会。

将群情激愤的危机成功地化解的经典案例，是强生公司对“泰诺”事件

的处理。当被氰化物污染的“泰诺”胶囊引发一系列死亡事件后，当时的总经理认为必须采取强有力的措施，来保证公众的安全和恢复公司最畅销产品的信誉。通过整页的广告和电视宣传，公司将3100万个胶囊从全国各商店的货架上和家庭药柜中全部收回，然后重新设计了包装，并在三个月内将市场占有率恢复到危机前的95%。这个奇迹的取得当然不是没有代价的，但与不这样做而引起名誉受损，再去恢复名誉所要付出的代价相比，就显得微不足道了。从商业角度看，“泰诺”危机的结果是强生公司再一次证明了它对其客户的关心以及它对道德标准的坚持。虽然这是一场悲剧，但悲剧过后，公司的声誉却明显得到了提高。可见，如果危机处理得当，公司反而能因祸得福。

其实，公众对商业公司的预期并不高，以至于公司在做一件本应当做的事时却会受到热情洋溢的称赞。

经营遇到难题时及时和银行家沟通

许多创业者认为不能告诉银行关于企业的坏消息，以免引起银行家的失望和猜疑。但隐瞒肯定是不可能的，一旦银行家从各种迹象，主动看出企业的不良状况，他们对企业的不信任程度将迅速上升。

对于及时提交准确的财政报告，所有的金融家在他们的合同中都会有相应的条款。当你触犯了这些条款时，他们就会认为你在试图隐瞒一些情况，此时，要想再从银行家那里贷款就不那么容易了。如果能及时了解到发生的问题和解决办法，贷款人和投资者常会显得很仁慈，让金融家参与解决问题，通常他们会和你共渡难关或是给你介绍可以帮助你的人。

金融家们讨厌惊奇——特别是当他们是最后才知道时，这在他们对企业撤资时很常见。

在应付难题时，谨记金钱不是万能的。

其实完全更正那些草率的想法，或是无法达到预期目标的行为和增加更多的资金同样重要。有时仅仅输入资金只不过是延长了企业的痛苦。

此时，及时和银行家沟通，获取银行家明智、有益的建议是非常重要的。

即使在顺境时也应与金融家交换意见。曾经有许多企业在销售情况好于预期值时也经历了失败。这是因为更多的销售通常也需要更多的存货和应收款——这会导致更多的资金需求。如果你不适时地增加投资，而仅仅是依靠你的买主或是政府这种难对付的或是不知情的投资者的话，你只有死路一条。

同样在做战略上的变动之前也应与金融家交换意见。你或许无论做什么都需要一个财政协议，金融家从来不会抱怨信息太多，他们只担心自己获得的信息不够，所以，及时和银行家沟通，不论什么时候这都是必要的。

危机管理的成功案例

1. 减时加薪，摆脱困境

裁员减薪是世界上许多大型公司对付经营危机的法宝，许多公司也的确是依靠这一招走上复兴之路的。然而，这一法宝在麦考梅克公司却失去了效用。相反，这家公司却是依靠减时提薪重获生机，最终成为国际知名的大公司。

麦考梅克公司是一家美国公司，是由 W·麦考梅克先生创办的。此人个性豪放，江湖义气浓厚。公司成立之初，发展很快，利润增长迅速，员工收入也不断增长。然而，令人痛惜的是公司后来一直业绩不佳，虽经许多年努力拯救，到最后仍是面临倒闭的危机。W·麦考梅克就是在公司即将倒闭的时候，因病去世的。

W·麦考梅克曾企图依靠裁员减薪使公司重获生机，但是，这家公司依然不见起色，而且摇摇欲坠，行将倒闭。W·麦考梅克死后，由 C·麦考梅克继任总裁。新总裁壮志凌云，下定决心要让公司重获生机。他已经看到，自己的公司陷入危机是由于员工缺乏积极性，对公司的前途缺乏信心，似乎认为无论他们自己如何努力，麦考梅克公司也是要破产的。这种失败感被老总裁减薪裁员的做法所强化，最终公司上下毫无生机，行将倒闭。新总裁认为，第一步重要的工作就是要让员工振作起来，为公司的前途而奋斗，他决

定出奇制胜。

上任伊始，他就向全体员工宣布：自本月起，每位员工的薪金都增加10%，而且适当缩短工时。这一与众不同而且与以前截然相反的做法，太让人吃惊了，员工们简直不相信自己的耳朵，在一个陷入危机的公司中，还会有减时提薪的事发生。然而不论多么不可思议，提薪一成而不是减薪一成是确定无疑的，员工们乐坏了。出于人们普遍具有的交换心理，员工们知道新总裁希望他们怎么做，不过，他们还要等总裁亲自说出。果然，随后总裁说了："本公司生死存亡的重任落在诸位肩上。我希望大家同舟共济，协力渡过难关。"员工一听就高兴了。不就是使公司摆脱困境吗？这做得到。果然，从此以后，全公司上上下下，协力共进，在短短的一年之内，麦考梅克公司就扭亏为盈，重获生机，最终成为国际有名的大公司。

公司出现危机的原因是很复杂的，也没有一个通行的解决办法。因此，摆脱危机的关键在于找准原因，对症下药，通过振奋员工的士气，使公司走上复兴之路。

2. 争取员工的支持和理解，共渡难关

仔细考察一下世界上的知名公司，似乎没有一家公司不曾遇到危机，日立公司也不例外。1965年5月，由于经济很不景气，日立公司面临前所未有的大危机。这是一个需要英雄的时候。袁君恰逢此时担任了日立公司董事长的职务，肩负起化解日立危机、重振日立雄风的重任。

由于袁君过去在某造船厂任职，所以员工对他没有什么好印象，甚至许多重要干部也不信任他，大家对他是否具有使日立重整旗鼓的能力持怀疑态度。

为了增强干部、员工对他的信心，更重要的是为了调动大家的积极性，在就职当天，袁君就采取"铁腕"作风来处理事务。他告诉员工，他来这里并非要霸占日立，而是要尽职尽责地工作，帮助日立重振雄风，同时富有挑战性地说："日立人才虽然很多，却都在睡觉，这才致使日立公司的业务不振。"

他号召大家清醒过来，认真地、努力地工作，不要惧怕失败。更使人意想不到的是，他说他要承担员工为公司积极努力工作而造成的失败的后果，进而鼓励大家向他提问题。

随即，他又使用他特用的"铁腕"作风来处理公司面临的各种问题。经

过他的强力整顿，日立公司充满了生机和活力。“挑战！奋斗！”的口号在日立公司广为流行，员工喜欢有能力的领导者，在袁君的刺激下，整个公司的员工更加积极、更加活跃。他曾激励员工说：“干部至少要用十倍的头脑来工作，职员至少要用三倍的头脑来工作。”

在袁君铁腕作风的影响下，日立公司员工的积极性大大提高，公司也很快恢复了昔日鼎盛时期的业绩。

3. 促使全公司的人员全力以赴地解决它

即使最好的公司也会有陷入困境的时候。这些困难可能是由于外界的力量所引起的。例如，新技术的出现，竞争者的技能或创新能力、经济不景气甚至影响出口市场、减少国际利润的美元汇率等。但更多情况下是公司内部的原因造成的，如一种纪律的失败、战略性的错误、组织上的“动脉硬化”等。

成功公司的一条经验，是怎样在逆境中求生存，也就是怎样在不利的客观环境和自己的错误中显示自己的技能和聪敏，并取得经验教训。

首先，最重要的是我们必须承认，最好的公司也会遇到不幸，无一幸免。有人对美国的 80 多个公司联合会会员公司作过调查，结果发现仅有自动数据处理公司 20 年来能够保持销售额和利润增长纪录。

绝大部分公司的销售额都是有下降的时候，即使那些最好的公司过去有，将来也会有。困难对那些成功者，在回首往事时，是会感到心满意足的，因为他们从逆境中学到了很多东西，而且使其公司的特征更加突出。

唐纳森·勒夫金和詹雷特（DLJ）公司经历了兴盛到衰落，最后成为卓有成效的公司的过程生动地说明了：失败并不重要，关键在于你怎样去对待它。不要被失败所吓倒，坚持下去你就是成功者。

DLJ 公司自从 1959 年由一个二十几岁的哈佛学院的毕业生创立以来，一直作为华尔街的优秀先锋受到称赞。正如该公司的总裁约翰·卡斯尔所说的那样：“投资银行的成功是占据正确的市场空隙的结果——而 DLJ 公司找到了合适的市场空隙。”DLJ 公司作为风险资本和其他投资银行及投资管理服务的创新者，它最初的目标放在机构投资者身上，然后开始建立巨大的能赚钱的部门。各部门的经理热衷于对尖端科学研究多花费资金，而 DLJ 公司因对各方面提供了很好的信息而著名。1970 年，DLJ 以与众不同的方式进行改革，成为华尔街第一个公开发行股票的金融公司。

但是在20世纪70年代中期，DLJ公司遇到困难，在1972年到1977年的5年间利润下降了3次，在1974年甚至出现巨额亏损。

以卡斯尔的观点来看，华尔街市场萧条只是1973年开始的DLJ公司发展史上的大倒退的部分原因。他说：“在最初15年内取得的巨大成功使我们过于自信，这种战无不胜的感觉也是70年代中期失败的部分原因。我们获得巨大成功，因此我们认为能够抵挡所有金融服务市场的竞争对手，这使我们犯了严重的错误。我们决定在投资银行、固定收入者和零售经济业务等成熟部门迎接强大对手的挑战，结果对宝贵资源进行了不明智的分配。总之，我们忽视了我们擅长什么，而误入了危险的竞争战场。”

“当公司的复杂性和可变性增长的时候，我们没有建立起必要的管理制度来对付创造力、个人自由发展和专业人员的创新所带来的新问题。以上这些优点对我们公司都是有益的，但是我们缺少基本的纪律使这些优点得到更好的发挥，以便在遇到困难时能继续保持获利能力。”

DLJ公司解决这些问题的办法是，把战略重点放在新开辟的市场上，并使纪律和公司的能力之间保持较好的平衡。完成这项调整工作用了几年时间，从1978年以来，该公司连续多年创造了良好的业绩。

DLJ公司重新估计它的力量，并且注意了投资趋势，来决定公司把注意力集中在哪里才能保持独特的风格。为建立对投资研究的领导地位，DLJ公司发现把投资管理作为新市场是它能获得显著成绩的一条途径，它这样做了。一方面DLJ公司在华尔街管理着差不多一半非信托公司的职工的福利费和类似的基金；另一方面在小型特殊市场上恢复了经纪业务、大宗物资交易和投资等业务。在这一市场上该公司可以建立和维持它的市场领导地位。

为了突出DLJ公司的战略重点，卡斯尔和董事长迪克·詹雷特（1973年以后还留在这个公司的3个创办人之一）开始和他们的同事一起加强公司的基本管理纪律。他们发展和设立了一套利润责任和控制制度，以补充DLJ公司的传统自由和公司精神，其中最重要的步骤是每月对全行业进行一次严格的营业检查。这包括每个事业部写出一份内容详尽的报告和每月召开一次成效检查会。

各事业部经理们无论多忙，也得参加这些会议。在会上，DLJ公司分析每一个部门的营业进展情况以及检查为实现上一个月会议拟定的计划所要采取的措施。经理们还要检查一系列详尽的盈亏报告。

卡斯尔说：“我们每个月要仔细审阅两英尺厚的盈亏报告，这简直像个流水账的深渊。但它却使我们真正了解我们公司的每一个单位在做什么。”他继续解释说：“正因为我们高度强调通过保留一系列小的、经营自由的公司单位来维持 DLJ 公司的创造和工作热情，所以每月一次的检查可以保证使每个单位的主管了解高层领导所管辖的业务范围。于是各单位主管会更加严格地开支，并力求达到预期的产销和利润指标。”

另外，该公司采取了一套奖励措施，总经理可因发展公司和控制成本做出成绩而得到一大笔奖金。从某种程度上来说，卡斯尔通过这种奖励制度，让职工拥有公司的一部分股票。

“我们还有标准成本控制目标，以保证减少那些非生产性开支。在任何时期，我们必须对正在进行的业务项目都做业务记录，每种记录都有对一个或几个业务部门的检查，特别是那些没有完成计划或者最近遇到困难的部门。这套制度我们自 1979 年开始实行，成效很好。”

DLJ 公司每年还认真执行一套战略性计划，其中包括各种应变方案，各经理可用这些方案来应付各种意外情况。这些计划特别注意困难时期遇到的问题（1982 年初，当占有市场急剧减少时，他们曾应用上述方案）。卡斯尔认为，这套计划能帮助 DLJ 公司掌握经营重点，并可避免公司重新失去其有利地位。

由于重整旗鼓，该公司职工的工资在 1978 年和 1984 年之间有了大幅度提高，DLJ 公司的利润增加了 100% 以上。

对待困难的最好的回答是像失败了的高尔夫球运动员所持的态度那样：全力以赴，富有紧迫感，加倍注意基本功的训练。

每一位球员的态度都是一样的，即我是胜利者，我不仅能解决这些难题，我还能变得更强、更好。

当遇到困难时，成功的公司不搞歪门邪道，而是：避免不正当的经营活动，如卖次货以得到短期现金；避免不正当的财务行为，如对存货估价过高，赊账给不守信用的客户，或者把重要的储备物资用光；反对眼光短浅地合并互不相关的公司；不放弃能创造明天的产品和经营的计划；不做无根据的假设：并不随便认为公司只要顺其自然，什么问题都能自行解决；公司仍按照常规办事。

当然，没有一定的公式能够使公司看到问题或者错误的本质，也没有一定的公式告诉公司如何克服这些问题和纠正这些错误。如果一个公司在竞争中取得胜利，是因为和竞争对手的经营方式不同；那么当公司失败的时候，也有其特殊原因。而当公司再度振兴的时候，公司克服困难时的方法也独具特色。

管理成效较好的公司，其摆脱困境的方法有多种形式：

（1）公司对可能出现的问题保持高度警惕，并且在公司发展到严重地步之前就尽早解决。

（2）一旦发现问题，公司毫不犹豫地正视它。觉察到情况不妙时，就进行彻底大检查，以便在清理过程中能抓住机能失调的原因。

（3）集中所有各部门的意志和力量去对待困难。在任何关系到生死存亡的形势下，没有比求生更重要的了。

（4）更重要的是，这种紧迫感需要迅速和敏捷的行动。

既然没有一种系统是十全十美的，你就必须在思想上确立这样的信念：即当困难出现时，促使全公司的人员全力以赴地解决。

将问题消除在萌芽状态

加利福尼亚州地方银行在本州内拥有的分支机构数目最多。其中许多家分支机构历史悠久，它们准备进行装修，以提供更多更好的服务。

该银行业务最忙的分支机构位于城镇中最古老的街区，长期客户占了很大比例。某一天下午，该分支机构业务特别多，有一位80多岁的老人在银行出纳员前排着队。他前面已经排了大约15个人。老人对队伍移动缓慢十分不满，高声说："我讨厌这地方，这里的服务太差了。"很多人的目光都被吸引过来。这时，经理走过来，很有礼貌地要求老人离开。但老人断然拒绝了，于是经理就招来了保安，将老人从银行轰了出去。

"这是怎么一回事，你们难道不愿意为老人服务吗？"老人一边拖着在战争中受过伤的腿一瘸一拐地走出大门，一边生气地大声说着："瞧瞧你们对我这样的老人都做了些什么？"

两个月后，分支机构的经理接到了银行法律顾问打来的电话，告诉他

"几星期前捣乱的那个老人"起诉了银行。

经理马上召集各部门负责人来共同研究对策，最后，大家在以下三点取得了共识：

(1) 应该认清公司的脆弱性和不足之处，立即采取行动加以补救。对银行来说，必须添置无障碍设施，在大厅里播放音乐。小册子和标准格式中的字体太小，以及排队等候时间过长，这些都被银行所忽视。

(2) 千方百计改善同客户的关系。以尊敬和尊重的态度对待客户是至关重要的。那位漠视客户的抱怨、只顾"埋头工作"的银行经理应该为伤害客户感情的行为受到惩罚。按理应将其撤职。该分支机构长期客户占了很大比例，因此应该想方设法改善同这一部分顾客的关系。银行可以成立顾客代表小组，或者成立一个社区居民的建议组，定期把他们请到银行，倾听他们提出的建议。银行应该通过长期支持一些适当的社区项目和活动，从而在老客户心目中树立起良好的形象。如提供赞助、员工参与社区活动、为一些老年人提供特殊的服务项目等等。

(3) 应该将问题消除在萌芽状态。根据老人的代理方的声明，银行应立刻采取行动解决这些问题。银行肯定愿意避免卷入昂贵的诉讼和引发不良的公众反应以及老人的抵制和经营上的损失。如果可能的话，银行应该以同情和理解的方式向老人表示不通过诉讼也可解决问题，以此尽早解决这个问题。银行可采用的努力包括登门拜访老人，向老人道歉，告诉老人银行都采取了哪些行动来避免类似情形的发生。银行的代表可以向老人描述一下顾客建议组的设想，并邀请老人参加。银行应该让老人感觉到对银行来讲，他是一个重要的客户，能够给银行提供很大的帮助。这样他也许就会撤诉，最终也许还会成为银行最忠实的客户。

方案四

高效务实实施成本管理

美国管理大师彼得·杜拉克说："在企业内部，只有成本。"企业管理的一个根本任务，就是如何不断降低成本，不断降低成本是企业管理创新永恒的主题。大批量的生产和销售可以降低成本，提高质量是为了降低质量成本，适时管理和信息化是为了降低时间成本，降低工资，解雇工人可以压缩成本，但提高工资和福利也可以压缩成本。

从开源和节流两个方面着眼才能赚钱

1976年，加拿大蒙特利尔市承办奥运会，亏损达10亿美元，至今加拿大人还要为此交纳“奥运特别税”，预计到2030年才能还清全部债务。1980年在莫斯科举行的奥运会，据说苏联当局也花费了90亿美元之巨。因此，对于1984年奥运会，许多国家及城市望而生畏，没有勇气接办，却只有美国的名城洛杉矶愿意接办1984年第23届奥运会。

1979年，46岁的企业家尤伯罗斯知难受命，接受这项艰巨任务，担任了筹委会主任。筹委会一成立就明确宣布，本届奥运会不由政府主办，完全“商办”；组委会是独立于美国政府以外的“私人公司”。为了筹集资金，尤伯罗斯绞尽脑汁，决定利用一切可以利用的力量。盛况空前的洛杉矶奥运会，没花东道主美国一分钱，反而盈余1500万美元的奇迹就是成功的典范。

本届奥运会最大的一笔收入，是靠出售电视转播权筹集的。组委会开出的国内独家转播权的价格是2.2亿美元。这个价格是蒙特利尔奥运会电视转播权价格的6.6倍，是莫斯科奥运会电视转播价格的20.6倍，价码开出，美国三家最大的电视广播网都认为价格过高，一时难以定夺。曾经买到过莫斯科奥运会电视转播权的全国广播公司开了四次董事会都举棋不定。美国广播公司请了几十位经济专家仔细计算，认为有利可图，于是，先下手为强，抢在全国广播公司前买下了电视转播权。

第二项大收入，是请私人公司赞助。在这方面尤伯罗斯吸取了1980年纽约冬季奥运会的教训。那届奥运会没有规定每个单位最低赞助金额和单位数目，结果赞助厂商虽有381家，却一共只给了900万美元的赞助费。本届奥运会规定，正式赞助单位为30家，每家至少赞助400万美元，在每一项目中只接受一家赞助，而赞助者可取得本届奥运会上某种商品的专供权。这样一来，各厂商为了宣传自己，互相竞争，出高价抢夺赞助权。

尤伯罗斯亲自谈判每一宗赞助合约，运用他的卓越的推销才能，挑起同

行业间的竞争。当国际商用机器公司，决定不参加赞助的时候，尤伯罗斯打电话给该公司的主席费兰克·卡利，指出赞助洛杉矶奥运会的公司，可以在下一代青年脑海中留下全球的形象。当然，他不会忘记警告对方，另一家名称只有三个英文字母的规模巨大的电脑公司也有兴趣。逼得该公司乖乖签约。

在伊士曼，柯达公司认为赞助费太昂贵，表示没有一家摄影器材公司愿意付出400万美元赞助费时，尤伯罗斯警告它们正有外国竞争者与之争夺赞助权时，该公司仍然执迷不悟。尤伯罗斯毫不迟疑地把赞助权售给日本的富士摄影器材公司。于是，日本富士公司战胜柯达，取得本届奥运会专用胶卷供应权，使柯达公司追悔莫及。

“可口可乐”和“百事可乐”两家饮料公司的竞争也十分激烈。“可口可乐”抢先一步开价1300万美元，成为本届奥运会开价最高的赞助，取得了饮料专供权，总收入1.3亿美元。

第三项大收入，是门票收入。本届奥运会的门票价格是相当高的，开幕式和闭幕式门票售价分别为200、120、50美元三种，门票总收入达8000余万美元。

还有诸如火炬接力和出售会标的商标专利权的收入。火炬接力采取捐款的办法，也是尤伯罗斯想出来的。奥运会火炬是在希腊点燃的。这一届洛杉矶奥运会在美国国内的传递仪式，由东至西，全程15000公里，沿途经过32个州1个特区，在7月28日奥运会开幕时准时到达洛杉矶纪念体育场。火炬传递权是以每公里3000美元出售。不少厂商花钱买下1000公里，雇人参加火炬接力，来宣传自己公司，仅这一项收入就达3000万美元。

通过这些办法，筹集到5亿美元。奥运会无论在哪里召开，开支都十分惊人。尤伯罗斯精打细算、厉行节约，使这次奥运会还盈余1500万美元。当然，该花钱的地方，尤伯罗斯是毫不吝啬的，但他尽可能把钱都用在刀刃上。上届奥运会花费之所以大，是因为需用很大的一笔经费去建奥运村，尤伯罗斯却是能利用旧的就不建新的，很像马克思所讲的“内涵扩大再生产”的思路。本届奥运会奥运村的建设利用了加州大学洛杉矶分校和南加州大学暑假期的学生宿舍，23个比赛场地除游泳、射击、自行车赛场新建外，其余全是就地翻新的。游泳场建成露天的，交通工具是借来的大轿车；所需器材大多是靠各国企业的赞助和捐赠。就连会上的5万工作人员有一半是不领薪水的自愿参加者。尤伯罗斯就是从开源和节流两个方面着眼，终于创造了震惊世界的奇迹。尤伯罗斯的名字，将永载奥运会的史册。

降低成本，使公司摆脱危机

成本是为了生产和销售一定种类一定数量的产品所支出的费用总额，包括原材料费用、燃料和电力费用、折旧费、工资等。公司管理水平的高低、生产设备的利用效率、劳动生产的高低、原材料的节约或浪费等等，都反映在产品成本的高低上。

降低成本在使公司摆脱危机中具有重要的作用，加强公司成本控制，是公司在陷入困境时必须采取的一条对策。

卡洛·德尔贝代蒂是意大利最优秀的企业家。在意大利战后动荡不安的商业与政治形势下，德尔贝代蒂成功地挽救了奥利凡蒂公司，他本人也因此而出人头地。

奥利凡蒂公司多年从事办公用机器的生产，战前"奥利凡蒂"牌打字机曾称霸欧洲市场，畅销世界各国。但战后的奥利凡蒂公司却显现出衰退迹象。屋破偏逢连阴雨，20世纪70年代美国国际商用机器公司生产的电动打字机开始席卷欧洲市场。奥利凡蒂公司由于经营不善、人浮于事、成本过高，处于极度困境之中，营业额巨大却没有利润，债务高达8.5亿美元，仅仅支付利息及提取偿债基金就要花去营业额的30%，而自有资本与债务相比，只是一个可笑的小数目——6000万美元。

就在奥利凡蒂公司行将倒闭之际，38岁的德尔贝代蒂受命担任总经理。德尔贝代蒂是一位年轻而有抱负的企业家，他立志恢复奥利凡蒂公司的名声，并在欧洲市场上夺回领先地位。他对公司的"病情"做了一番详细的调查：1977年，公司人均年产值约为25000美元，"而我们最强大的竞争对手

人均产值则是40000至55000美元，更不用说与国际商用机器公司相比了。在这种情况下，你该怎么办？很简单，降低生产成本和提高劳动生产率，就是我着手做的两件事。”

诊断出病因后，德尔贝代蒂采取了一系列措施来降低公司的生产成本。

他采取的第一个有力的措施，就是针对公司人浮于事的状况，大量裁减冗员。这也是许多陷入困境的公司常采用的一种降低成本的方法。德尔贝代蒂在第一年就全面缩减了约6000名员工，以后又增到22000人，这后来成了他取得成功的“22000把金钥匙”。他说：“别以为我喜欢这样干，我并不喜欢担任主要的刽子手。但我确实没有别的选择，我做出的这种决定，是我的前任早就应该做出的。他们故意推迟了这么多年而不肯做出这个决定的原因是：他们没有充分认识到产品系列由机械操作向电子设备操作广泛的大转变的含义。其中包括一个1∶10的比率，换句话说，就是装备一台电子机器所花费时间，只是装备一台机械设备机器所需时间的1/10。”

在大量裁减员工的同时，德尔贝代蒂还采取了其他许多措施，来降低生产成本。

（1）直接投入到最先进的产品上。德尔贝代蒂决定不走机械式—电动式—电子式打字机的老路。他决定跳过一级，投入巨资从生产机械打字机一下子过渡到电子打字机。此举在当时公司负债累累的情况下，是需要相当大的勇气和魄力的。

（2）改进生产过程管理，引入计算机控制系统，压缩在制品和产成品的库存，减少流动资金的占用。

（3）建立产品成本控制目标和生产责任制，并直接落实到个人。那些生产成本超过预定目标、质量不合格的员工，将领不到奖金。此举大大减少了废、次品，降低生产成本，也大大提高了产品质量。

（4）将公司分成若干个成本和利润中心，每个中心独立进行成本核算管理。

（5）严格控制非生产部门的费用支出，削减了一大笔行政费用，退掉了部分办公用房以减低房租支出。

（6）降低原材料成本。德尔贝代蒂引进了一整套价值分析管理方法。所谓“价值分析”就是一种尽量从投产产品中减除不必要的成本支出的管理方法。它通过研究产品或零部件的性能，然后寻找具有这种性能的廉价代用品，以达到降低成本的目的。具体地说，就是对产品各个零部件反复提出下列问题，弄清它们的确切性能，然后找出能够实现这种性能的替代品：

△这是什么零部件？（选定对象）

△这个零部件的价值是多少？（分析成本）

△这个零部件的性能是什么？（分析性能）

△有无具有相同作用的代用品？（收集情报、构思）

△这些代用品的价值有多少？（评估构思）

△这些代用品能否满足性能的要求及其质量条件？（试验、验证）

反复提出以上问题，制定改革方案后付诸执行。奥利凡蒂公司仅仅替换了打字机的一个小零件，就节约原材料成本300多万美元。

在三年多的时间里，德尔贝代蒂通过削减成本，提高劳动生产率，很快把奥利凡蒂公司从死亡的边缘挽救了回来。奥利凡蒂公司迅速扭亏为盈，年营业额从10亿美元上升到20多亿美元，在西欧的办公设备自动化生产厂商中首屈一指，成为欧洲最大的数据处理设备的生产厂家，并在世界电子打字机行业中雄居榜首。

寻找各种途径节省开支

1. 在生产系统实现无浪费制造

(1) 使员工先明白杜绝浪费的着眼点

不少企业已着手实施精练制造，并正推行波卡纠偏和看板管理，但这些努力却诱使员工偏离了他们的初衷。其目标是使员工在操作中杜绝浪费。为达目的，员工须先明白其着眼点。因此真正的目标应在经营中尽量不产生浪费。

许多企业发生的事情，好比让一个对体育一无所知的门外汉玩橄榄球，

却始终不让他了解其中规则，只告诉他在所谓的橄榄球运动中要把球踢过两根立柱间的横梁。对整个运动懵懂无知，不懂得何时何处起脚能得分，只是空想成为世界级的顶尖高手，怎能造就一流的职业选手！

同样，企业虽然致力于施行完美的看板管理，但却对实施的宗旨、时机、地点和方式了解肤浅。结果事与愿违，原本为消除浪费，最终反成了纯粹推行看板管理，费尽心力，而整个企业中浪费这个怪兽依然四处撒野。

问题关键仍是通过协助员工分析每种可能的浪费方式，帮助员工清晰了解并逐渐看到浪费现象。

（2）挖出潜藏的浪费现象的关键问题

要挖出潜藏的浪费现象，并查明它是如何影响企业运用世界一流制造技术和原则的，就必须回答下列问题：

△是否一切都已经安排妥当？是否已经有足够地方安排一切？重要的是为一切划定位置，包括器具、设备和库存。这样才能够营造一个更整洁、有序和高效的区间。

△库存是否闲置，能不能马上投入使用？由未能完全解决前一问题而带来的浪费是生产过剩所造成的浪费。由此而致的后果可能是，废品和返工现象随时发生，员工的时间没有被有效地用来满足客户的需要，非急需的库存使成本大大增加。

△每个流程是否有视觉辅助手段或控制措施，提供准确清晰的操作指令？缺乏适当视觉控制措施也会造成浪费，但可能不像生产过剩所造成的浪费那样明显。若员工没有清楚地认识到企业对他们的期望，他们就会浪费大量时间和精力。

△是否拥有消除生产错误机会的手段？杜绝误差手段可防止生产缺陷产品而造成浪费，从而根除废品和返工。

△每个流程安装或更换设备只需几分钟？设备安装或更换时间过长，会造成浪费，员工的时间不能得到充分利用。操作低效率为产品增加了额外成本。

△员工的工作量是否相同？如果员工间的工作量不等，带来的浪费是失衡及由此产生的低效率。

（3）踏上实现无浪费制造道路的七步

挖出隐性浪费，并不表明改进结束。它意味着踏上实现无浪费制造（WFM）道路。要实施 WFM 必须包括以下七个步骤，它们是企业真正杜绝隐性浪费的坚实基础。

第一，教育管理人员。企业经理人及其主要核心员工必须努力掌握 WFM 概念和技能。然后，持续不断地积极向公司下属予以贯彻。着重了解常见的隐性浪费有哪些，让员工找出这些浪费并加以根除。

第二，现场示范。领导 WFM 很重要的一点是示范改进。让每个流程尽可能实现高效率，最能令人明白这点。多数企业如能停产几天，让所有员工参与工作场所示范，就能收到不错的效果。这样做的主要目的是要使每个员工都开始珍视工作场地，把生产现场中于生产无益或者不能马上增值的所有东西全部清除。

第三，建立推广办公室。参与领导变革和培训员工的人员不仅要适合培训他人，还必须对所采用的工具和实施流程的益处保持坚定的信念。简单来说，他们必须是精练制造原理的忠实信徒。如果参与推广、审查和跟进流程的人对此没有坚定的信念，就不会有效地开展领导分配给他们的工作，甚至成为严重的障碍。

第四，确定核心流程。明确那些能建立起企业独特技能的流程。中心问题是你采用多少核心流程，然后提供保持在业内领先必需的智力、资源、资本和管理。许多企业就是因为不知道他们的目标，结果渐渐成了耗费资源的怪物，无法增强自己的竞争力，只能在竞争激烈的市场中败下阵来。

第五，根据 WFM 原则决策。依据原则而不是经济利益进行决策，是实施 WFM 的一个关键步骤。在大多数制造厂商中，这可能是消灭急躁冒进的唯一有效方式。

第六，充分利用设备。关键是为精选的人员授权，使他们无须正式批准，就能适时适地地移动设备。此举的目的是使设备尽快利用起来，真正能满足客户需要。

第七，建立产品单元管理。这是推行无浪费制造过程中最有价值的一步。它需要企业坚定不移地组织跨职能团队。该团队可作为每个制造单元所

生产产品的拥有者。在全面重组整个企业的员工之前，先建立“试点团队”是极其重要的。这样做不但可以取得丰富的学习经验，而且可以为建立将来的组织结构做好准备。

按照上述无浪费制造指南中的七个步骤去做，你就会在质量、客户订单、运作成本以及效率方面看到立竿见影的改进效果。更重要的是，你将为连续不断的改进打下基础。

2. 减少不必要的开支和损失

美国的福特汽车公司在20世纪30年代遭受了一场大危机，公司受到通用公司市场竞争的影响，面临1000万美元的赤字，即将陷入破产的境地。福特采取的对策非常有趣，在完成作业生产预定数的汽车之后，就完全关闭工厂。为了将产品配销运送给经销商，他研究了最快的运送手段与网路，在事务方面进行了事务的简单化与速率化，即从生产到货款回收的时间加以最大限度地缩短。令人高兴的是，公司不但弥补了当时1000万美元的现金不足，还出现了300万美元的宽裕，因此福特一举渡过了危机生存了下来。

经理人要善于发现潜在的过剩人员，降低非生产工人的比例。如果让有100%能力的人仅发挥50%的能力，则浪费了此人50%的能力，造成人事费用的损失。要因人设事，不要自我增加间接人员，省去无益的工作和不必要的重复工作。为了提高生产效率，可以进行专业化生产，适当扩大员工的职务。

一个企业不管其生产与经营如何的增加，如果作为材料采购的部门发生损失，则这样的做法就有如将水拼命地倒入有漏洞的水桶一样愚不可及。原材料费用在制造成本中占极大比重，利用革新技术实现原材料节约和原材料替代，在不影响产品基本功能的前提下，利用技术革新尽量节约原材料，也可以减少不必要的损失。

企业要贯彻重点销售与合理销售的方针，避免呆账损失、借款回收延迟的损失和小批量订购的损失。在管理中要排除事故与不良产品，要将那些在竞争中失去市场而成为企业的低收益产品消除，集中力量去生产和研究那些市场潜力大、技术力量强的产品。

另外，也要注意排除在房租或其他建筑物的折旧费、修缮费上的损失。

有效利用空间是企业降低成本、增加利润的一条捷径。

还有，企业在时间上的损失，也应加以排除。

任何有效地降低成本计划包括短期和长期两种方式。短期方式可称之为临时的应急措施，在一个月内就可以完毕，可以分三步。

第一步，分析企业的组织机构。

对组织机构分析的目的是确定公司各个部门怎样合理配置和改编，从而做到不仅降低成本而且又能提高效率和生产率。例如，你的一些经理可能承担太多的责任，而其他一些经理却没有承担足够的责任，从组织机构分析中，不能忽视每一个你要支付工资的人员——从最高执行经理到工人，每个部门，直至销售部中地位最低的人员。对大多数公司来说，组织机构可以做得简单而切实有效，因而组织机构分析，一年至少应该重复两次。

组织机构的分析要时刻把握三个重要规则：

（1）控制范围：一个经理主管下属人员数不超过 10 人，但不少于 7 人；

（2）合适的汇报层次：最影响利润的部门经理应该直接向公司负责人汇报；

（3）简化管理层次：公司负责人与基层管理部门之间的管理层次数应该保持最低程度。

这些规则看起来很简单，但在大多数公司中常常被忽视，束之高阁。

在行政管理中，部门经理的控制范围必须在 7 ~ 10 人之间。少于 7 人，部门经理未能充分利用他们的时间和能力；多于 10 人，部门经理因精力分散、抓面过宽而挂一漏万，反而增加成本。在作业复杂的车间，一个工长能对 15 个人保持控制，而在作业简单的车间，能保持控制 50 个或更多的人。

确保部门经理最佳的监督管理人数是重要的，但这些部门经理自己向合适的人汇报也同样的重要。按照“控制范围”的规则，一般不超过 7 ~ 10 个部门经理，应该向公司经理直接汇报。而在这 7 ~ 10 个部门经理中，通常应包括销售部门经理、制造部门经理、采购经理、审计主任、劳资关系部门经理等，这里边仍然有 1 ~ 4 个空位，可根据你特殊的经营管理情况确定。相对于多部门公司的总部来说，这些指导原则当然可视作以利润为中心的营运方式。

第二步，对组织机构分析后再对全部经营管理比率进行分析。

首先你需要从审计主任那里要一组公司最近5年（最好是10年）公司营运的详细数字。这些数字都是最基本的如：销售量、毛利、销售开支、一般费用和行政管理费用、研究开发费用、债务成本和税前利润等。对每一个数字你还必须知道这个数字相对于销售量的百分比，下一步是对这些数字做宏观分析，先找出毛利占销售量百分比最高的年份，找出销售成本，一般和行政管理费用，研究和开发费用和债务成本占销售量最低的年份，以上找出的都是最佳比率，你会发现，这些比率并不是集中在同一年。当然，销售量是一个因素，将这些比率都单列出来，假如它发生在同一年，比如是你毛利率最高的一年，你会发现，其他费用若用那些最佳比率来算，你的利润就会大幅度提高，从这里吸取的一个教训永远没有自满的余地。你的每一年都不是最佳的。如果有可能的话，你还应将你的数据与其他公司相比较，俗话说：“不怕不识货，只怕货比货。”让你会大有启发，接下来的一步就是确定哪种成本是在正常限度之内，哪种成本占销售量的百分比不必要增加了，这就是所谓的微观分析方法。在这一步中，你不能再像上一步那样，只列出销售成本等其他比较系统的比率了，你还应该细分，比如销售成本中你应细分原材料、固定资产损耗、人员工资、一些其他的制造费用等，其他如监督管理费、销售人员工资及佣金、仓库管理人员工资、福利待遇、固定开支、差旅费和招待费等，分门别类，应该想方设法将这些费用降低。这里反复强调的是，增加利润最好的办法不是增加销售量，而是降低成本。成本降低之时，就没有必要采用应收账款或库存量的形式增加营运资金而形成新的债务资金。格言是：销售是要花钱的，而成本降低不花钱。

第三步，在一月之久的临时性成本降低计划中，剩下的时间花在工作抽样上。

工作抽样可简化为最简单的形式，是一种任意抽样法，通过观察和应用数学概率得到有关人员活动和机器的真实情况。这是管理层的一个实用性的、然而基本上使用不当的工具。工作抽样是对工厂内或公司内不同工位的活动频率和效率进行抽样，能明显地反映出工人和机器两者的生产率以及低效率的程度。

对于成本降低而言，工作抽样是最有效、最实际、最科学的方法之一。它是既合理又迅速地精简不必要人员的最好工具，也是比较省钱并能避免付出昂贵代价的错误的一种方法。另外，它还可以替代工作标准，并能对现有标准系统和设备利用率做总的评估。

工作抽样是以一个工作抽样观察员进入车间或办公室的一个特定部位观察特定职能而开始的。该观察员记录每个人在做什么，他们做事的速度，每台机器或每个职能发生了什么。这些观察是任意的，进行几百次，绝对没有固定的时间进度表。

在进行工作抽样操作之前，使该操作尽可能地直接和非复杂化是十分重要的。应该明白，工作抽样仅仅是为了确定延迟和工作要素与完成一个项目所需全部时间之间关系而进行任意观察的一种方法。凭借这些任意观察结果，企业主管是在探知操作者或机器在安装、操作、维修保养，延迟或在休息方面所花的时间以及操作者的工作节奏。

工作抽样操作必须安排企业内部具有工作抽样经验的雇员，或者是外部的在这方面有能力的咨询专家。企业主管自己应该有行家的指导原则，与此同时，你还必须对工作抽样法的逻辑起码有一般的了解。

为了在 30 天内的最初阶段完成工作抽样过程，必须马上开始进行工作抽样。事实上，组织机构分析以后的那个星期一，企业主管和专业人员起码要花费一周时间取得所需的雇员和机器数据以及向有关雇员解释抽样过程。这样大约留下三周时间进行工作抽样实际操作。工作抽样操作也可以和改组及比率分析同时进行。

进行工作抽样仅以正常的连续标准计划中的一小部分为代价，但能提供有关企业管理三个重要方面的宝贵信息：

（1）雇员工作时间百分比；

（2）雇员工作速率；

（3）机器利用率。

换句话说，通过工作抽样，对车间或办公室的效率以及各种设备的利用水平能做出可靠的判断。

任何工作抽样研究的目标是提高效率，提高生产力和消除过剩现象。通过工作抽样你能对机器和人员的利用率做出评估，明智地降低成本，确定和维持起码是临时性的工作标准。通过抽样，你可以确定你的公司哪些工作点的人太多。

随着工作抽样的完成，你的“大有作为的一个月”也就该结束了，通过三个步骤即组织机构分析、比率分析和工作抽样，你会降低人员费用10%～20%，当然这只是临时性的应急措施，下一步要求更加深入的程序需大半年才能完成，进行下一步更有价值的成本降低计划，与此同时会实实在在地增加利润。

3. 寻找各种途径节省开支

丰田公司自1937年成立以来，经过60多年的努力，已经成为日本企业界的“皇冠”。在全世界的汽车制造行业中，仅次于美国的通用汽车公司和福特公司，名列第三。

根据日本《东洋经济》周刊的一份资料，丰田公司的纯利润额曾连续多年雄居日本各公司的首位，成为日本企业界公认的获利润最高的企业。舆论界认为，丰田公司获得高额利润的诀窍之一，就是始终把杜绝浪费当作经营管理的重要目标。

“丰田生产方式”的创造者大野耐一曾经强调说过：“丰田生产方式的目标，在于彻底杜绝企业内部的各种浪费，以提高生产效率。”杜绝浪费，对企业来说，是至高无上的命令。丰田公司之所以能在杜绝浪费方面成绩超群，可以归结为8个字：“重视、坚决、明确、具体”。现代化大企业中的浪费，是存在于多方面的。丰田公司下力量调查分析了过量生产、加工制作、窝工待料、残次废品、库存积压、投放运输和材料储备等各方面的严重浪费之后，得出结论：最大的浪费是盲目地追求速度和产量、造成过量生产的浪费。

于是，他们在生产过程中，坚持做到生产量与需要量的一致，力争使库存等于零，实行“无库存生产”。同时，在公司内提倡“爱厂”和节约精神，加强对职工的训练，改进操作方式，挖掘设备潜力。引进技术时，充分考虑经济效果，绝不盲目引进。一旦发现了浪费，决不轻易放过，彻底清查出根本原因，对症下药，措施明确，要求具体，直到确认不会再发生同样的浪费。否则，决不罢休。

譬如，在调查车间生产情况时发现，有些工序之间不够协调。工人们都想多加工一些零件，而不管下个工序能否跟得上，结果使有些中间产品要送进仓库，这就无形中增加了运输工作和仓储的费用，至少要造成 25% 的浪费。从表面上看个别工序超额完成了任务，实际上得不偿失。针对这种情况公司实行了“卡班”制。即如果某个工序进度超过了下个工序，就把它的人员抽出一部分去干别的。

在对待人和机器的关系上，丰田公司认为，发挥人的作用，调动职工的积极性，是取得提高生产效率、杜绝浪费的综合经济效果的核心。他们建立了鼓励职工提合理化建议的“提案制度”，公司每年都能收到职工的建议几十万至一百多万条。建议的内容，大都是改进管理、技术革新和减少浪费这几个方面。对采纳了的建议，通常要根据效果发给 500 日元以上的奖金，最多的一次奖金数额高达 20 万日元。近几年，每年发放的合理化建议的奖金，都在 3 亿日元以上。

对资金的管理，丰田公司也有自己的独到之处。当时的汽车行业，大都靠贷款生产。丰田汽车事业的创业者丰田喜二郎，在资金上就遇到过麻烦。由于经营恶化，公司启用了丰田家族以外、但善于理财的石田退三担任第三任社长。当时石田就发奋要争取做到“无贷款经营”。他和丰田公司全体人员约法三章：第一，增加储备金，使资本额逐年上升；第二，实行全部的固定资产偿还制；第三，设备投资一律不得使用贷款。这三条构成了丰田公司日后“无贷款经营”的初步基础。

几十年来，丰田公司精打细算已经形成自己的传统。有人认为，“丰田”的精细，甚至到了吝啬的程度，无论哪个部门、哪项生产，总是要想尽一切办法节省开支，降低成本，提高生产效率，达到增加经济效益，积累资金的目的。

丰田公司的做法是非常值得借鉴的。但是，许多老板对公司的开支不是十分重视，甚至没有预算。他们总是认为公司职员都具有责任感，在任何事情上都能做到物尽其用。年底把所有开支加起来，只要收入超过开支，他们就不会觉得有什么不妥之处。可是随着公司业务的扩大，各方面的开支也越

来越大，大有开支超过收入之势。这才意识到应该在花钱上作一些调整。细细一想，公司各方面的开支都有节省的余地。其中节省开支最多的是以下几个方面：

（1）对传真稿作了一番改动。一位部门主管认为，传真稿的第一页上往往没有什么实际内容，人们总是在第二页上才开始写正文，这样既浪费纸张，又浪费通信费用。于是美国一家大公司一位精明的老板对传真稿作了一番改动，把传真号、日期、地址、姓名等等都写在纸张右上角，下面即开始正文。由于这项小小的改动，公司一年之内就因此节省了4万美元。

（2）杜绝“凑整”。只要看到以整百、整千、整万数字形式出现的支出账目，一位精明的老板总是要对之再核查一遍。一次，他去英国参加一个由欧洲各办事处业务经理参加的会议。会后的电话费账单上标明，在此期间他们的电话费用是1500英镑。这个整数立刻引起了他的注意。电话费不太可能刚好是一个整数，其中肯定有问题。他要求查询会议期间的所有电话账单。结果证明他的预料是正确的，为了“凑整”，的确有人向他们多收了不少长话手续费。

举这样的例子，并不是让各位经理把所有的整数账目都来个一一清点，也不是让大家去市场上讨价还价。如果你觉得账单上的数目有“凑整”的痕迹，那么十之八九这份账单的确存在问题。

（3）提倡个人电话自己付费。现在，电话公司可以向客户提供每次通话的明细账单。各部门经理都应该浏览一下这些账单，看看是不是有人在工作时间打私人电话。应该提倡个人电话自己付费。要让员工懂得，对待公司的财产也像对待自己的财产一样，丝毫不浪费。

（4）控制特快专递数量。特快专递是一项收费极高的业务。这样的急件多了，能使公司开支急剧上升。人们往往急切盼望收件人早日收到自己发出的邮件，因此时常高估了邮件的急迫性。有时平信就能解决的问题也要用快递来处理。为了节省不必要的开支，在办理快递业务前，最好能做到三思而后行。这样，公司每年就会因此节省一笔不小的开支。

（5）采购时提倡货比三家。人们在给自己买车时会左挑右选，直到找到最经济实惠的车子时才掏腰包。可许多人在用公司的钱买东西时，就不那么谨慎。他们年复一年地同一个卖主打交道，虽然这个卖主出的价钱既不便宜也不实惠，可为了那张熟识的脸，他们甘愿付高价购买产品。

一位精明的老板意识到这一点后，在本公司规定，凡是购买500美元以上的产品都需货比三家。这样一来老关系户们再也坐不住了，货比三家的竞争使他们不得不卷入价格竞争。虽然还是会从老卖主那里采购产品，可价格却比原先要低得多。要知道，他们也不愿意轻易失去一个老顾客。

4. 采取多种措施降低成本

由于经营不善及经济萧条的影响，普林格公司在20世纪70年代初出现了严重亏损。此时，比尔·麦克埃文出任公司总经理。他上任伊始，即采取了一系列降低成本的措施：裁减管理人员（公司经理由原来的26名裁减到6名）和工人（从1400人裁减至1000人）；引进新的生产技术，引入新的标准化生产线；取消一些福利项目（如免费早点和工作午餐）；严格地控制成本。采取这些措施后，大大减少了各项非生产性费用，提高了产品质量和劳动生产率，最终使产品成本大大下降。成本的降低使公司产品的竞争力上升，销售额迅速增加，公司开始盈利，终于摆脱了严重亏损的局面。

大量的实践表明，公司可以采取多种措施降低成本。总的来看，公司降低成本的主要途径是降低人工成本、减少流动资金占用、加强生产控制、改善管理、提高劳动生产率等。具体来看，可以采取以下措施：

△确定成本降低目标；

△建立成本和利润中心；

△降低人工成本；

△减少流动资金占用；

△改善管理；

△提高劳动生产率；

△减少营销费用；

△其他措施。

公司降低成本的具体措施还有很多，公司应根据自己的情况进行选择。降低成本是一项系统工程，公司应该采取多种措施来削减成本。

成本降低了，公司产品的竞争力就提高了，就可以增加销售量。同时，也会促使公司更有效地利用资源。降低成本是公司摆脱困境所必须采取的措施之一。实践表明，只要公司有决心，就一定能够想出各种降低成本的新办法。

实施作业成本管理

1. 作业成本管理系统是改善经营、削减成本的有效手段

在精轧制品公司，月底结算报告亮出了红灯：虽然费用平稳不变，产量却在下降。高层经理为此专门召开会议，对各级生产经理进行严厉批评。

经过一番热火朝天的争论之后，生产经理终于说明了上司们不曾注意到的一个事实：通过当月工作类别反映出来的产品组合与上月大为不同。高层经理表示歉意，然后便要生产经理回去工作。

他们走后，高层经理都对公司的预算系统深表恼火，因为他们无法从中获取有意义的信息。于是，公司决定采用作业成本管理系统。这是一种以团队为基础的信息系统，把成本控制权交给了管理人员，而不是依赖于把细节和内在联系掐头去尾的财务原则。不论在制造业还是服务行业，利用作业成本管理，就可以跟踪运作部门中的各项作业及所有人员的情况。

这样，问题便迎刃而解。公司的预算讨论现在全都针对生产经营本身进行，如怎样改善经营、削减成本等。

作业成本管理系统提供信息，帮助你在设计、成本、企划、营销及竞争方面取得前所未有的绩效。它的优点如下：

（1）便于找出问题的起因，并自动提醒你警惕效率低下。

（2）致力于培养以任务为导向的团队管理方式。

（3）在购买新设备到寻找具有竞争力的缝隙市场这整个成本过程中，提供最有价值的信息。

（4）月底财务报表制作简便、信息准确，使你做到心中有数。

（5）通过直接与财务结果挂钩，确保产品成本核算系统提供有效的最新

情况。

2. 获得有效的成本信息

在企业运作中，导致成本的因素是什么？这个问题是成本管理的关键。作业驱动因素说明了作业对资源的消耗情况。这是企业运作中的量化指标，极好地说明了作业与成本的关系。就精轧制品公司而言，其作业驱动因素包括：轧压次数、切割准备和调整以及切割长度。

企业的目标乃是要找出与其实力最为相宜的市场缝隙。如果缺乏有效的成本信息，找到的就可能是市场缝隙的假象。例如，由于传统的成本核算系统低估了顾客定做或散单的成本，就会致使这类项目看似盈利丰厚。

发现市场缝隙、找出自身竞争优势的关键，在于熟谙产品及顾客的盈利性。传统的成本核算系统很容易使企业偏离这一根本。要加以纠正，需对现有的成本核算及信息系统进行客观的重新评估，找出曲解的根源及纠正措施。当经理人转而采用作业成本管理时，成本估算系统就通过预算使之与财务报告挂起钩来。

仅仅找出低效率之所在还不够，还应该了解并通报其产生的原因。由于作业成本管理能够提供持续有效的结果，因而非常适合用来提供一些重要的统计数据，有利于达到效率的改善和顾客服务等业务目标。

你可以一次选择几个作业驱动因素，作为降低成本的重点。不过，每个人都要注重自己的目标和具体业绩。在某些运作中，有关准备和调整的数据是效率的重要指标；而在别的运作中，却可能是加班费用。在作业成本管理中，曾一度为直接人工和间接费用等财务报表所淹没的可控成本，第一次完整地展现在人们眼前。

作业成本管理系统提供的是适时的信息。其模式可以自行得到验证，因而能为持续的经营决策提供准确、适时的数据。有了可以预见的财务信息，就可以根据观察到的作业驱动因素的数量了解所支出的成本。

获得的新信息可应用于产品设计、外购决策以及创办合资企业等。而能否充分发挥其作用，那就取决于管理者的创造性了。

3. 分析及消除低效率的方法

一旦采用作业成本管理系统，企业就不必再苦苦追寻低效率的原因。以

下是两种分析及消除低效率的方法：

（1）减少工作负荷。把低效率看作是资源的浪费。举例来说，准备和调整每次都会产生一定成本。现在，我们可以看到这种成本了。只要意识到了这种成本，就能设法减少准备和调整的次数，或者减少每次准备和调整的成本。

（2）调整生产能力。如果资源少，生产量大，也许就该加速向卖主发货、加班加点、向外分包部分生产；反之，如果资源过剩，就须考虑如何处置剩余劳动力和闲置设备、如何应付多余的原材料库存带来的额外成本。

4. 建立理想的环境

实施作业成本管理系统的理想环境包括如下几点：

（1）利用预算和指标，使企业各级员工都能看得见目标。

（2）借助激励举措及自由手法的支持，团队共同努力实现预算。这在各种企业环境中都证明行之有效，与孤立地注重个人激励形成鲜明的对照。

（3）凡事疑问、欢迎提建议的管理态度。

（4）正如所有重大变革一样，要准备面对抵抗情绪，最好的办法就是对事不对人。

（5）任何旨在改善经营的管理系统都必须让实际操作的员工参与设计和实施。否则，该系统就会像传统的成本核算一样，难以深入到运作中去。

与以往的预算不同，在作业成本管理系统中，如果预算成本与实际成本不符，人们就会调查实际成本中未体现出来的要素。只要找出一个新的作业驱动因素，往往就能找到答案。原有系统的缺陷曝了光，新的成本目标得到明确之后，作业成本管理便开始了。

5. 用活动和成本因素界定工作

无论是做预算、定计划，还是削减成本，提高效益，必先深入了解决定企业开支的因素。做到这一点，最好的办法是从与工作有关的活动出发，界定企业工作。

用活动和成本因素界定工作，首先要决定投入、产出，以及决定产出的因素。然后，反复权衡投入、活动和产出目的是看看能否找到更经济有效地完成工作的方法。投入的改变能引起活动的改变，有可能提高绩效，降低成本。大多数机构的投入、产出和活动比想象中的要多。比如，就工资管理而言，其产出包括：按时给所有员工付工资；与经营、税务及员工有关的完备的记录；所有应税人的纳税申报书；对查询和投诉做答复。其投入包括：付款和扣款指令、工时记录、电脑程序、公司政策和程序。而它的活动包括：核对并录入工时记录，录入工资和扣款变更，纠正错误，发工资，准备纳税申报书，处理查询。

各企业的工作细节不尽相同，但基本的投入、产出、产出指令类型可以作为企业考虑问题的出发点和参照物。

（1）考虑产出。基本产出往往是各类企业基本职能的直接产物，如销售企业的订单，薪酬管理部门的工资单，餐厅供应的饭菜。为描述基本产出，需要有具体指标。以工作的装配职能为例，指标应该包括：产量、规格、进度。又比如，时间记录和各种报告是信息类型的产出。还有一类是服务类型的产出，如答复查询和投诉，为其他部门提供专门知识等。

（2）产出指令。有些机构产出直接由收入决定，比如工程类型企业的产出就完全由客户的开发合同决定。产出更多由收入派生的产物决定，比如，工厂的生产进度，批发企业采购部门的欠货，电话公司的运行中一次次接转，所有这些都是订单的产物，进一步说也就是收入的产物。

除了收入，其他因素对产出也有决定作用。例如，法律和规定（如年度报表），市场要求（如不同顾客要求的产品规格不同），竞争需要（如航空公司不得不提供各种各样的折扣）。企业运行和管理方式也同样决定产出。比如，如果一个公司在不同地区拥有设备，那么它就一定有运输、税收、交流、安全等方面的产出。

投入有三种基本类型。首先是企业运行的基本物质：如电力、电脑数据、水泥。其次，每个企业都需要有来自其他单位、完成工作所必需的工具，包括电脑程序、机器设备和实际工具。最后，工作指示也是一种投入，它说明一项工作该如何完成。如：设计图、公司的政策和程序。

投入可以是实物，如装配用的零部件、零售店的商品，也可以是信息，但工作指示则是信息形式的。

（3）了解哪些因素推动成本。这是制定计划和做预算的前提。产出和产

出指令无疑都是推动成本的因素。活动和投入的选择也对成本有很大影响。这些都是完成工作的程序、步骤和方法。总得来看，有两大因素决定这方面的成本：

△自动化程度。比较一下手工工厂和自动化工厂，你就会发现前者劳动力成本高，后者只在机器安装和维护上用得着劳动力，购置设备的债务本息构成了成本的一大部分。因此，手工工厂的成本主要是由生产进度，也就是收入的一种派生形式决定的。而自动化工厂的很多成本却与生产进度无关，是“固定”的，或者说是取决于拥有什么样的设备。

△是“购买”，还是“生产”。这个决策会影响活动、相应的投入，以及成本的类型。如果多购买少生产，与劳动力有关的活动和成本就会减少，而材料和采购成本却会增加。如果购买的决策是正确的，那么总成本应该降低。

企业购买的一切都影响成本，包括劳动力和租金。在找出决定成本的因素时，首先把注意力集中到最重要的因素，即决定企业成本水平的最主要因素上。如果做月报表只是一项附带成本，就不用考虑决定月报表成本的因素。其次，从活动和成本分析过渡到这些成本的决定因素上来。也就是说，不光要找到几大类决定成本的因素，包括劳动力、原材料、租金、设备等。最后，如果一个成本因素可以有不止一种描述方法，就要选跟企业关系最大的那个。这样就能把问题集中在管理能够有所作为的方向上。比如，从根本上说，产品改型的成本既可以看成是由“经营决策”决定的，也可以认为是“竞争”决定的。在这种情况下应该选择前者，因为它反映的是通过调查研究能够降低成本的问题。

削减成本，防止浪费

杜拉克说：“成本感觉是管理者最为重要的经营感觉。”管理者应该注意以下三个方面的成本：

（1）相对于销售额花费了多少直接成本。管理者不应该单纯地看直接成本，而应该看相对于销售额的比率。把附加值比率作为指标最合适，附加值即企业活动所产生的新价值，一般来说，包括零售和批发业的商业是指销售额总利润（销售额减去销售成本），制造业等工业是指加工额（生产额或销售额减去材料费、外协费），建设业是指完成加工额（完成工程额减去材料费、劳务费、外协费），这些数字相当于附加值，附加值与销售额之比为附加值比率。这几年的大致平均值，制造业为41%～42%，建设业为27%～28%，批发业为18%左右，零售业为30%。如果本公司的数字比这些平均值低，说明直接成本花费过多。在这种情况下，努力降低进价，降低对外协作成本等等，将成为经营的重要课题。

（2）直接成本以外的成本花费了多少。指标为销售管理费，销售管理费是指销售员工资、包装运输、广告宣传、接待交际等销售费加上有关人员工资、福利保健、办公用品、差旅、通讯、房租等管理费。销售管理费与销售额之比即销售管理费比率。平均值：制造业19%，建设业约14%，批发业16%～17%，零售业约28%，超过了这个数值，则说明比其他公司销售管理费高。

（3）人事费的大小。人事费，是指关系到人的经费，合计为工资、奖金、福利保健费等。人事费与销售额之比，即人事费比率平均值为：制造业17%～18%，建设业12%～13%，批发业超过6%，零售业超过13%。人事费过大时，由于不能降低工资，只有削减人员或在现有人员的基础上，努力提高销售额。也就是提高劳动生产率，必须关注每一个人员提高了多少成果。

以上三个数字是管理者应该看的最为重要的数字。另外，还有一个不可缺少的视点——单位小时成本和成果，即公司每小时花费多少成本，获得多少成果。

比起表面上出现的数字，严格地关注单位小时成本和成果更为重要。

一个立志成功的管理者为培养这种技能，不妨首先计算一下单位小时的人事费是多少，可能的话以十分钟或以一分钟为单位来计算，算算单位小时产生了多少成果。经常检查一下，到下班时是否还在全力冲刺，是否在拖拖

拉拉地加班。

很多大型组织，包括各种各样的企业以及政府部门、医院和大学，都曾进行大幅度的裁员。但是能实现预期的成本节约的很少。在某些情况下，成本甚至仍在上升。在更多的情况下，工作绩效受到了损失，而且不断地有职员对所承受的压力及工作负担发出抱怨。

杜拉克认为，降低成本的唯一途径是重新调整工作。这样做将会导致减少从事这项工作所需的人数，而且其减少幅度甚至比最彻底裁员的幅度更大。事实上，应该经常使用成本紧缩作为重新思考以及重新设计经营管理方法的一个机会。

在开始进行成本削减时，管理层通常会问：“我们怎样才能使这项工作更加有效?”其实这是个错误的问题，正确的问题应该是：“如果我们彻底停止这项工作，房顶就会塌下来吗?”如果答案是“也许不会”，那就撤销这项工作。这样做肯定不会受人欢迎。有人肯定会争辩：“我们 18 个月以前才开始需要这一程序，并且今后的 18 个月我们或许仍然需要它。”但撤销、调整工作是迄今为止削减成本最有效的方法，而且是唯一可能通过其自身来产生持久的成本节约的方法。绝非偶然的是，在 20 世纪 80 年代末期的成本削减中真正实现节约的唯一做法，是撤销整个工作，例如，关闭一家没有盈利的子公司的商业银行。

令人惊讶的是，我们所做的许多事永远也不会被遗弃。一个非常典型的例子是旧的人工订单记账系统。这种系统一直使用到 1984 年被计算机代替为止，但它们却仍被保留着“以防万一”。另一个例子是许多医院保留的两套病人档案系统，一套用以记账，另一套则用以看护病人。每一套在不同的计算机上以不同的程序运转。总之，所有办公室与管理工作当中有近 1/3 可能已经是不必要的了，因为它们既不能为某一目的服务，又已过时。使一件完全不需要做的事情更有效率，是没有任何意义的。

关于仍能为某一目的服务的另外 2/3 工作的下一个问题是：“每一项工作应该为企业做出什么样的贡献？这样做将达到什么目的?”管理者的答案通常是明确的，但更多的情形是没人能给出答案；或答案显然是错误的；或者更糟糕的是，出现了不止一个答案。

“我们为什么检查所有销售人员的开支账目?”“当然是为了使他们保持诚实。”但这并非企业的一个目标。正确的答案是：“使销售费用处于控制之下。”而且这最好通过计算销售人员出差及在外过夜的开支标准来做到这一点。而确定这些标准，只需让一小部分有经验的销售人员保持他们每年两次为期一周的实际开支记录即可。

一家负责建筑材料供应的大型批发商的销售量在不断地增加，但是，管理者却将其销售人员从 167 人减少到 158 人。销售人员可以有更多的时间从事销售，而不再浪费时间去填写冗长的“骗人表格”。

建筑商的供货人员在回答他们庞大的后勤工作发挥什么作用时说：“我们在供应我们全国 2800 名销售商时有两个目标，我们要确保我们的销售商中没有一家货物脱销，而且我们要确保自己没有积压过多的存货。”为了达到这一目的，需要两种不同的工作。

其一是确保销售商们始终充分储备占企业销售额一半左右的周转极快的标准货物。这是通过在销售商那里储存比他们在未来 3 周中售出的这类货物多 15% 到 20% 的方式做到的。对这些物品不再有中心库存，也不再有库存管理。通过从全国销售商中选出 3% 即 84 家进行抽样，以他们的实际零售额进行每隔一周的系统化现场检查来决定每家销售商的库存量。这项工作只要有 7 至 8 位的销售受训人员就足够了。我们偶然间发现，这是最有效的培训手段。

其二是处理 20% 的“专业”产品——绝大部分是高附加值产品——占企业销售收入的一半（实质上是绝大部分利润所在）。这些物品被储存在一家空运公司的中心货栈，在接到订货后 6 小时内通过夜间航班免费运往全国各地。

旧的体制几乎要耗费相当于公司销售额 1% 的成本（而在商业中，有销售额 6% 的利润就被认为是出色的）。而新的体制总共耗费不到原来的 1/3。旧体制要让 53 个人忙忙碌碌，而两个新体制总共才聘用 20 人。而且，新的体制不仅提供了更好的服务，而且还提供了更好的库存管理。

如何组织好已重新调整过的机构以使其发挥最大的效益并将成本降至最低，只有到最后才能反映出来。使用更多的计算机更快地处理更多的数据，很难说这就是一个正确答案。当然，最终产品在许多情况下会在计算机程序中表现出来，但任务是确定需要何种信息而非如何控制这些信息。

这也许意味着，从内部数据转向外部数据，以求找出其客户向最终消费者进行销售的实际零售额。这也许意味着——尤其在以控制一个流程为目的的行动中——从依赖于计数转向统计与抽样。抽样检查不但比计数成本更低，而且更为可靠。仅仅统计性分析就能够提供有效控制所需的关键信息——在正常允许范围内的波动与“例外”之间的差异。这种例外就是需要立刻进行补救的真正失误的地方。

削减成本仅仅是开始。如果所做的只是削减成本而未进行适当的成本预防，可以肯定过不了几年又会出现成本过高，因为成本不可能自动降低。成本预防要求每年在每一项工作中都不懈地致力于提高生产率——以每年提高3%为最低目标。这就要求每隔大约3年对第一项工作、活动提出这样的问题：“我们确实需要这样做还是应该将它放弃?”这样，只有在原有的工作的确被舍弃或至少是得到修正的情况下，才能开展新的工作及活动——特别是新增职员的工作。

每一项工作及活动每隔3年还应就其服务于企业的目的和对企业所做的贡献提出问题。而且最后还应该提出这样的问题：达到这一目的的最简便的方法是什么?

现在绝大多数人已经知道，减肥比一开始就不增加体重困难得多。成本过高就是“肥胖”过度。削减成本几乎无法从劳动者本身获得更多的支持，因为从根本上来说，这意味着解雇人员。然而，缺少劳动者的积极参与，实行有效成本控制所需的措施就不能轻易得到贯彻。的确，近年来为削减成本所做的很多努力未能实现成本削减的一个原因就是：这些措施是从上面强加给劳动者的，劳动者视其为对他们自己的工作和收入的威胁。而成本预防往往能够得到劳动者积极而热情的支持。职员们知道肥胖在于何处。他们明白，低的、受到控制的成本意味着更好、更安全的工作。因此，杜拉克要说的是，聪明的管理者若早知减肥裁员有大的副作用，就应在事先注意不要轻易造成肥胖。

千方百计控制支出

很多公司都认识到，要想赢利，如何买东西与如何卖产品同样重要。他们不只是削减成本，而且对成本进行管理。他们通过控制办公费用，利用高技术设备提高生产率等手段，让每一笔钱发挥最大效用。具体有以下几种成功经验可供借鉴：

（1）广泛听取员工的建议。员工的建议里总有许多出人意料的好点子，而且往往只有行家里手才能想得出来。这些点子单个看上去微不足道，积少成多就能省下大笔钱。

例如，IBM 公司的一位员工设计了一种工具，用来在自己公司生产特殊的电脑接线。在此之前，公司要以每件 5 美元的价格从其他公司购买这种产品，现在只花几美分就可以自己生产了。这一设计第一年就为国际商用机器公司省下了 1400 万美元。为了广泛听取员工的建议，一定要建立和保持严格的员工建议体制。光设建议箱是远远不够的，要征集具体降低成本的点子，而不是泛泛的建议，把有关费用的情况告诉员工能起到鼓励作用。

如果建议被采纳，就要奖励提建议的人，而且一定要大张旗鼓地进行。不管点子是好是坏，对每一条建议都要尽快反馈，这样才能让员工知道你看重他们的建议。

（2）让自己的员工维修机器设备。培训几个员工，让他们学会修理电脑。修理费只是你能省下的钱的一小部分。由故障导致的停工和运输费都得花一大笔钱，而最破费又最危险的，莫过于把机器打包，送给零售商或服务中心修理。你根本不知道他们在背后到底干了些什么，所谓“修理”往往只是和另一台机器换个零件。可能计算机根本就没坏，而你被愚弄了。

（3）用二手货。如果不介意的话，那么使用拼拼凑凑、从旧货堆里挑出来的家具和装饰，也能省些钱。这样，装修办公室花上 500 块钱可能就够了，而同样的东西，新的也许得花五倍的价钱。

当然，如果你公司很专业化，而且想给顾客留下深刻印象，这招就不灵了。不过，如果对你而言，钱装在自家口袋里比变成壁纸贴在墙上更有价值，你就可以这么办。

留意当地报纸上公司清盘或拍卖的消息。买之前要先了解你感兴趣的东西需要多少钱。在现场，不要被误导，认准什么价钱最合理，不要多花一分钱。

戴尔电脑公司从小公司起家，成长为大公司，拥有 10 亿资产。为了避免办公费用膨胀，这家公司只买二手家具。

（4）不急于淘汰旧机器。计算机确实寿命有限，但许多公司没等它们寿终正寝，就把它们淘汰了，因此浪费了大把钞票。其实有不少办法能让这些老马再多服役几年。

比如说，多装内存条或硬盘可以扩大存储容量；配上加速板就能运行新的、更高级的软件；装了调制解调器、高性能显示器或磁盘驱动器，计算机的功能就会更多。

也许本地的计算机商就能帮你给计算机升级。要是你有兴趣自己修修补补（或聘人来干），那么可以读点这方面的书和杂志。虽然不是只有专家才能挖掘出老机器的新价值，这个方法对那些有计算机恐慌症的人还是没有什么用处。

（5）控制办公用品开支。在购买办公用品时，很多方面都能造成浪费：一个能说会道的推销员，能让你买下根本用不着的东西；有些人总是花高价一点一点地买东西；或者等到办公必需品用光了，才急急忙忙去订，还得为加急多付钱；要么就是在购货时，从不货比三家。

控制办公用品开支，需要建立一个简单的系统，用以掌握公司的采购和存货情况，列出常用物品清单以及应该保持的存货量。固定从一个地方进货，这样就可以享受整量折扣。另外，应指定专人负责所有的订货。

设计一种公司内部使用的领料单。低值、易耗的物品一次订完全年的用量，因为大量订货既能降低价格，还能避免反复订货。对季节性订货（如节日贺卡）应提早做好计划，以便争取到最好的价格。

物资要存放在一个地方，散装的货物应加锁。每份订货单都要按类别留底，货到以后再逐项核对。

（6）使用购物单。购物单是成本控制所不可缺少的。注意成本控制的公司，很少有不用购物单购货的。但也有很多公司，特别是发展迅速的公司，常常将其视为多余的手续。应该购买标准的购物单，对谁有权使用要有严格的规定。

手续是多起来了，但本质上有好处。实行购物单制度有助于在一个地方购物、由一个人掌握开支。

（7）尽量不要存货。把存货看作是放在货架上或仓库里的死钱，什么用场都派不上。存放这些过剩、滞销、过时的货物，其成本不仅包括储存费，还有保险费和税款。而库存占用的资金无法对企业发展起任何有益的作用。

要管好库存，首先要有完整的记录，没有必要的信息，库存管理就是一句空话。经常清点存货，每季度一次或每月一次。这样做既能防止顺手牵羊，也使你对手头有什么存货心中有数，从而做到减少库存、降低成本。

计算自己的存货周转次数，并把它与同行的平均水平相比较：存货周转次数 = 年售出货物总成本/平均货品金额。

比方说，如果当年卖出货物的总成本是 100 万美元，而货品平均金额为 25 万美元，那么存货周转率就是 4，也就是说，每年每批存货卖了或使用了 4 次。

（8）及时更新业务表格。更新表格，丢掉过时的表格，或将几种表格合并，可以省下不少经费。如果你经营的业务是“表格密集型”，那么需要每年清理表格，看看哪些该丢掉了？哪些可以合并？向员工、顾客、客户、供应商，以及所有使用这些表格的人请教，他们才是知道哪里可以进行简化的人。

不合格的表格在多个方面浪费钱：员工花时间改正表格里的错误，或者索要表格里遗漏的信息，他们的时间要花钱。如果表格上信息不全，还要打电话或写信去索要，这也得花钱。无论是填表人还是读表人，如果有问题不清楚，也得打电话问个明白，又增加一笔开支。而且用废的表格还得不断重印来补充。

（9）尽快收账，减少欠款。收账想要快，出货单最重要。出货单要简明

扼要，条款清楚，标的明确。要写明支票付往哪家公司。好的出货单能起到鼓励对方迅速付清账款的作用，它不仅写明拖延付款的罚金，而且也说明提前付款的折扣。

对过期欠款，要尽快打电话催收。打电话能给人以紧迫感，还可以让你迅速了解对方的态度。不必对打电话表示内疚，因为你完全有权要回自己的钱。打完电话还应该写封信确认电话内容。

对付款迅速的公司应当有所奖励。如果对方在 10 至 15 天内付清欠款，可以给他们 1% 到 3% 的折扣，这一招往往很灵。

提高员工的工作效率

员工的效率就是管理者的成绩，激发员工的战斗力，使员工保持高的工作效率，是管理者成功的关键。

但是，许多主管常有一个错误的假设：一切都在自己的掌握中，这是一个天大的笑话，主管们唯一能够掌握的，或许就是自己的时间表（有时候，甚至连自己的时间也没有办法控制）。很多主管为了控制下属，只让部下做他能够控制的事情，以达到“一切都在掌握中”的目的，这样的确可以不出什么差错。但是，这样一来，主管自己就会很辛苦、很累；而下属们则不再有自主性和积极性。

而高明的管理者知道，下属既是自己的“爪牙”，同时也是自己的“心腹”。换句话说，下属分担自己简单的工作，同时也发挥他们的智慧，为自己排忧解难。如果你希望自己的下属发挥全部的潜力，比尔·盖茨总结的下面的几点经验和建议是值得借鉴的。

（1）告诉下属明确的目标和要求。很多主管不直接告诉下属自己的期望，却希望下属能够理解，甚至下属已经理解。要知道，即使再聪明的下属，也不可能知道你所有的期望，除非你明确地告诉他们。因此，提高下属工作效率的首要原则就是：告诉他们明确的目标，以及相应的要求；防止下属出现花费宝贵的资源而形成南辕北辙的方向性错误。

（2）提供必需的资源。约翰曾经有一段失败的工作经历。他的主管只提供片面的信息，使他看起来像个完全不能胜任工作的笨蛋。事实上，如果能够获得足够的信息，他一定能够按照公司的要求完成任务。在信息不足的情况下，约翰只能猜测，结果，他不得不辞职。

千万别对你的下属犯同样的错误。问他们：是否得到了足够的信息和资源？然后提供给他们所必需的一切。

（3）解决下属不能够克服的困难。管理大师戴明说过，企业面对的问题中，有 94% 来自“制度”，而不是人。那么，在制度方面，你能够为下属做些什么呢？

你可以从两个角度来观察分析现有的制度：首先可以从“做事”的角度，也就是从工作本身出发，查看哪些制度实际上没有必要，甚至使工作变得复杂；其次，从下属的角度观察制度，有哪些制度束缚了他们的手脚？

总之，你必须运用自己手中的权力，使下属不受制于不切实际的各种制度，从而提高他们的生产力，也就是说，你可以改变一些制度。

（4）给予完成任务的下属奖励。或许你认为，完成工作是下属的本分或者工作本身就是最好的奖励。但有经验的主管都知道，提高下属的战斗力很大程度上依赖一些很实际的奖励措施，包括现金、红股、休假和升迁。

例如，设计一套科学的奖金制度，如果你不能用金钱奖励下属（或许你也无能为力），可以甩时间，当一名下属完成一项重要的工作之后，可以给他一定时间的假期……

最关键的，你必须清楚，什么样的奖励可以激励他们，同时，也不要忘记称赞，要大声、明确，而且不断重复。

方案五

职员管理要具有针对性

给下属一个明确可行的原则，让下属充分了解自己的责任，要靠实力获得他们的忠诚和尊敬。有时小组成员之间会有很严重的困难，个性冲突和急躁的行为如果没有得到公开和直接的解决将会破坏整个小组所做的努力。

“员工问题”是公司管理不善的根源

公司组织的失败不是迫于外力的作用，而是其员工致使其“停业”，因为他们制造障碍，把顾客拒之门外。

公司经营失败，罪魁祸首竟然是其员工！无论是公司、街头小店，还是非盈利性机构，这一流程无一例外。

一位顾客走进一家大型百货店，找不到想买的东西。她看见两位售货员在柜台后说话，就走到她们面前，但她们依然故我。最后，她鼓起勇气向其中一位问了一声，另一位售货员厉声打断她，说：“对不起，你没看见我们在说话吗？”

这位窘迫的顾客赶忙离去，发誓再也不进这个店了。这家商店最终关门大吉，员工则抱怨是“管理不善”的结果。

一家汽车公司的一位工程师拒绝采用最新开发的设计，尽管其价格更低、结构更坚固、外形更美观。这种事在这个公司的工程部并不鲜见。几年后，公司关闭几家工厂，解雇了成千上万名员工。而“外来竞争”成了其失败的替罪羊。

诸如此类的事情在世界各国每天都会发生，数不胜数。可曾想过，这样的公司组织怎么能生存下去？事实上，它们在劫难逃。所有公司组织的失败都是由于上述这种灾难性的顾客服务而引致的。

以上例子中的当事人有意制造种种障碍，不让顾客的钱放进他们自己或别人的薪水袋里，一点点地吞噬了他们所在公司组织的生存机会。这就是顾客服务，也是一切公司组织，自取灭亡的方式。

如果要找出所有公司组织失败的相似之处，唯有一点：所有遭受灭顶之灾的公司组织只有一点是共同的，员工问题。

知道了公司组织没有员工不能生存的道理，就会知道，每个失败的公司组织里同样有员工一直为之工作。在公司组织走向失败的过程中，他们未离左右。公司组织破产，他们也跟着倒霉。

“他们不知道有更好的办法”这一共同因素，既是问题的症结所在，也

是解决问题的钥匙。要是摸清了员工（包括公司业主和经理）不知道的东西，谁就得到了解决这一导致公司失败的共同根源的捷径。

发挥员工的才智很重要

为了牢记企业的宗旨与使命，许多企业的高层管理人员试图将之置入框架图中或绘制在T恤衫上，或者在年度报告中提出奋斗目标，遗憾的是，在日常工作中却将它弃之一边。这样的工作无异于浪费时间及精力，因为这些思想很难在工作场所及市场上产生什么影响。而有些企业则将企业目标的真正意义建立起来，使其成为该企业长盛不衰的标志。国际优秀公司已将崇高远大的情感传达到员工、顾客及其他股东那里，并从他们那儿得到发自内心的反应。当你与日兹·卡尔通宾馆、列维斯特劳斯企业或国际红十字会的员工交谈时，你会发现他们每天的所思所为已深深浸透了每个人要为企业做出卓越贡献的目标含义。

要吸引住现代员工的心智，就需要追求更伟大的值得为之奋斗的目标。公司必须在不局限于竞争的世界中建立一种新的关系。公司需要有目的地引起员工思想的共鸣并能达到非常高的经营水平。这一目的与其说是宗旨或目标，还不如说是全企业上下日常的行为举止。同样，这也不是一时的冲动，而是实际的商业举措。赫曼米勒（Heman Miuer）企业——一家著名的为工作及医疗场所生产家具的企业。目标是“提高顾客的生活质量，并使其成为企业评价质量和服务的参考标准。”

比口号更重要的也许是灌输目标的过程，这需要企业全体员工开诚布公地参与，使员工自觉地将其个人理想与企业目标联系起来。如果企业宗旨和使命本身朝令夕改，反复无常，那企业的职员及服务将会比这更糟。企业的高远目标有助于在企业内部营造一种安稳的氛围和动力框架，以使员工们能全身心地投入工作。就像列维斯特劳斯的首席执行官鲍勃·哈斯所说：“我们这么做并不是为了使自己感觉良好，尽管的确如此，也不是因为政治上的正确性，我们这么做是因为我们相信，发挥员工的才智与企业的成功息息相关。”

招聘费些劲，管理就容易

在休斯顿希尔顿酒店一楼的会议室里，何西正审视着13个女人和3个男人，思索着谁有“真材实料”成为美国西南航空公司的乘务员。他并不是要从他们身上找出乘务员所具备的技巧和经验，而是要挖掘某种极其抽象而又十分重要的东西，即活力、幽默和信心的完美结合，以便适合美国西南航空公司痴迷于为顾客服务的卓著企业文化。

过去10年里，美国西南航空一直是美国口碑最好的航空公司。它的空前成功引来众多关注。这家拥有22000名员工的企业要招收4500名新员工，报名者超过15000人。面对这么庞大的应聘队伍，招考担子落在了何西这些招考员身上。他们需要对应聘者进行筛选，从中挑出能胜任美国西南航空工作的少数杰出人才。

在开始考察今天的这组人员时，何西请这16位“种子”应聘者填写并朗读一份个人“标识”问卷。应聘者要在上面完成一些问题，如“我的幽默感帮过我一次的经历是……”“我曾达到的一次业绩巅峰状态是……”“我个人的座右铭是……”多数人的回答平平，但也有少数出类拔萃者。比如，有位男士声称他的座右铭是：“我能控制任何情况。”还有一个女士用“精干”来形容自己，其他应聘者听后觉得很好笑，何西却觉得耐人寻味。

这一天中最激烈、也最有启发性的考试是一个称为防空洞的集体项目。考官请应聘者假设他们是某个委员会成员，任务是在核战争刚刚爆发后重建文明。他们得到一份15人的名单。这些人来自不同行业，有护士、教师、全能运动员、生化学家和流行歌手。他们需十分钟内达成一致意见，决定哪7个人能躲进唯一的一个防空洞中。应聘者在辩论时，何西及其同事从房间的另一端进行观察，准备给每位应聘者按“被动”“主动”和“领导”级别打分。

面试结束时，何西及其同事对比了各份考试记录并决定请4人回来做更深入地复试。这个结果还不算太糟，因为在许多面试中总是连一个值得复试的人都找不到。他们喜欢那个“精干”的女士，这个人活跃但不颐指气使。他们还喜欢一位年轻男士的镇定自若和有主见，他在防空洞讨论结束时显示出了领导才能。不过，他们对他也有顾虑，他说自己是自助大师罗宾斯的追随者，并讲述了自己如何走过一片燃着的煤炭以建立自信。

何西不知他是否名副其实，这就要留待下一轮考试才能见分晓。西南航空公司面试的严格给人留下了深刻的印象。

没有杰出的人才就无法建立出色的企业，这一点无法否认。但又有几家企业在招聘时会像检查新电脑系统一样严格呢？况且，致力于招聘杰出人才会引出更基本的问题。这就是，在遇到杰出人才时，怎么才能知道他们是否是杰出人才呢？

这问题在过去几年里一直萦绕于一些企业。它们对区分优胜者和失败者的因素进行分析。虽然这些企业所处的行业五花八门，但结论却一样：一个人的品性比他的知识更重要。它们认为，招聘的目的并不是寻找具备合适经验的人，而是寻找具备合适思维方式的人。

硅图公司（简称 SGI）全球人事总裁埃里克说，随着公司的发展，公司的招聘观也在演进。硅图公司是一家生产电脑工作站、伺服器及超级电脑的制造商，拥有 11000 名员工，其业务发展神速。当然，公司仍需要世界级的设计师和能编写精练代码的软件程序员，但技术上的娴熟却很少是成功的决定因素，最主要的还是思维方式。

埃里克说："在面试时，我给面试者机会，让他们表现风趣的一面，发挥自己的幽默感。我们寻找的是人们的热情，是他们生活中有过的经历，如一个取得 MBA 学位的人花一年时间去演奏小提琴或周游世界。"

但不要误会。别因为招聘杰出人才主要是找思维方式、态度和个性这些"软件"，就认为招聘就在于练习使用业余心理学、管理者直觉或"气质感受"。用战略流程的高标准和严谨来要求招聘是可能的，事实上也是必要的。

美国加州工业心理学家戴维森说："贯穿其中的思想是，招聘费些劲，管理就容易些。这就是说，事先要做大量工作。"

即使最无可挑剔的招聘术最终也免不了商业生活中令人生畏的一种仪式：工作面试。有关如何做好面试的理论就像如何提出"王牌问题"和安排最佳面试场景一样，多得不计其数。所有这一切都令发展国际的总裁兼行政总监比尔很恼火。不久前，一个人力资源研讨小组在国际互联网上总结出 15 个最受欢迎的面试问题。

然而，比尔这位世界上可能最具权威的招聘专家却认为，这些问题毫无意义、不合时宜、没有法律依据。这些问题来来去去都是老一套，如你认为五年后自己会是什么样？你理想的工作是什么？你有团队精神吗？

比尔认为，确有实效的面试问题应焦点集中、精心炮制。这些问题注重刺探具体的行为特点并能找出理想员工。它们应能掏出面试者的具体经验，而不光谈一些希望和梦想。

心理学家塞莱斯却有不同的观点。他在纽克尔钢铁公司任招聘顾问，负责指导该公司的经理如何进行面试。他认为，与就事论事的警察审讯相比，面试更像文学批评，是对线索、意象、暗含的主旨和阐释进行探索。

他最喜欢的面试问题是“请谈谈你的成长过程。”他认为，人们如何描述父母和兄弟姐妹往往反映了他们如何看待自己：是成功者还是失败者？是很有动力还是备受压抑？

塞莱斯说，面试的最终目标是帮助面试者有条有理地倾吐他们的生活经历，从中找出揭示其性格的模型来。

如何倾听也同样重要。塞莱斯曾在课堂上放过一盘面试录像带，其中是一应聘者在纽克尔公司阿肯色分厂面试。他所受教育程度不高，语言粗俗，讲述了一个自己被骗买二手车的故事。他威胁卖主道：“把钱还我，否则我打烂你的头。”

塞莱斯说，看过录像的人大都认为他没被录用。但实际上他却被录用了，而且干得很好。表面上的缺点（脾气火爆）实际上是一种美德（对诚实和勤奋工作的热忱信仰）。上述一例很好地揭示了应聘者的特点。这不是说他充满暴力，而正如塞莱斯所说的：“如果你认为这个人坦白诚实，就永远不会有任何问题。”

切实花时间去评估应聘者个人才干

越来越多的管理者和员工开始认识到，如果个性或个人才干即使不比应具备的专业技能和经验更重要，起码也是同样重要。

根据才干招聘的观念已出现一段时日，但仅在近几年才深入人心。为什么？因为在一个越来越依赖知识工人的经济中，企业正日渐认识到，它们不只需要良好的制造工人或精通技术的人员，还需要能够思考产品生产前景的人，需要那些能创新、定战略并与他人合作实现生产目标的人。

个人才干受青睐的另一个原因是庞大的招聘开支。据一家人力资源顾问公司宏大国际发展公司估计，要招聘到一个薪酬高达 4.8 万美元职位的人选，企业因需要支付广告、培训和赔偿等开支，需花费 7.6 万美元。如果你打算花 7.6 万美元聘请某个人，难道不应该尽量全面地评估他/她吗？

那么，个人才干与技能有何不同？才干是基本能力，如良好的沟通能力、思维逻辑性强、具有良好的判断力或能承受压力等。这些个人能力较为长久，人们不管在何种工作中都能用得到。

相反，技能则是指会变化的具体能力，随着需要完成的工作和任务而改变。如计算季度收支平衡表或配置网络服务器的能力就是技能。与个人才干不同，技能是可以传授的。

所有工作都要求个人才干和技能的结合，因此，招聘者一开始就必须先确定一个职位所需要的才干和能力的独特组合。

以才干为基础招聘的人力资源专业人士和部门经理通常会根据过去在这些职位上做得极为成功者的条件，先做一番评估。罗拉公司是一家多元化经营的航空公司。为了更准确地确定谁最适合某一工作，它引入了以才干为基础的招聘方式。只要有空缺职位待聘，该公司的人力资源专家富尔克就会召集一个“专题专家”团队，其中包括该职位的现任职者、部门经理及同事，来确定该职位的专业技术要求以及该职位对个人才干的要求。该团队通过评估过去在该职位上工作的成功者类型来达到这一目的。

最近罗拉公司出现物料采购员空缺，于是专题专家团队便设计出了一份对该职位的专业技能要求的清单。通过评估过去成功胜任的物料采购员，该团队还列出了对该职位个人才干的要求。成功的采购员应可靠、果断、尽心尽力且务实。

那么，招聘者如何评估应聘者是否注意细节、果断、可靠且务实呢？运用才干为基础的招聘者深知一个人过去的行为就是其未来行为的唯一最佳说明。招聘者为了寻找某些才干，通常会询问应聘者以前在相近情形下是如何处理的。以罗拉公司为例，当富尔克想要评估物料采购员这一职位的候选人是否可靠时，他不会直接问“你有多可靠”，而是让候选人告诉他在无人监控的情况下他们仍能继续完成工作的经历。

成功运用以才干为基础进行面试的企业补充道，使用团队法来面试可以进一步摒除个人的偏见。“一个候选人可能会骗过一个面试者，”富尔克说，“但他（她）不大可能同时骗过三个人。”

企业要是切实花时间去评估应聘者个人才干，就会得到众多好处。

首先，他们为恰当的职位找到恰当的人选，大大减少了人员流失的可能性。其次，企业花时间评估应聘者的个性之后，能更好地建立一种统一的企业文化，使员工的个人目标与企业的目标相吻合。当员工同心协力地工作时，企业就能在竞争中胜出。第三，聘用恰当的员工还能少出令人不快的意外。

实行开卷管理，让员工成为生意伙伴

1. 把员工从观众变成参赛队员

克雷格参与很多工作。他十分注重质量和顾客服务，虽然是一名曲轴磨工，但他懂得自己的工作对整个公司意义重大。

如果你问起克雷格在这家有创新意识的柴油机大修工厂工作感受如何，他谈的很可能是如何让股票增值。因为在斯普林菲尔德大修公司，人人都了解营业收入、利润、经营成本。公司总裁兼首席行政总监杰克·斯泰克是最先倡导“开卷管理”的人士之一。然而 1979 年，在斯泰克来到这家原国际收割机公司的下属公司时，员工队伍的士气低落到了极点。

斯泰克认为，一个企业要想建立一支关心企业效益的员工队伍，必须具备两个条件：管理班子一定要有威信，员工要充满热情。斯泰克正是从这两条人手。他听取员工的意见，了解他们对工作的期望；敞开公司大门，让员工带家属来看看自己的工作环境；还组织了公司垒球赛和钓鱼锦标赛。

1983 年斯泰克和一批经理从国际收割机公司手中买下斯普林菲尔德大修公司。虽然当时公司的气氛有所改善，但财务状况非常严峻。为买下公司，他们自己掏了十万美元，又向银行贷款 890 万美元。债务与股本之比高达

89：1，面对如此严峻的现实，他们犯不起半点错误。为了避免失误，他们决定把包括财务数据在内的所有情况向每个员工公开。由于多数工人看不懂这些数据，经理就向他们讲解财务报表中每一项内容的意义。

斯泰克用垒球赛做例子说出了当时存在的困难："假如球员疯狂地满场乱跑，用棍子击打小球，而你却搞不懂他们在干什么。这跟员工不懂经营是一回事。我们尽力把做生意转化成为比赛，把大家从观众变成参赛队员。"

1983 年斯普林菲尔德还是一家债务与股本严重失调的公司，有 119 名员工，年营业收入仅为 600 万美元。而现在已经发展成为拥有 750 名员工，营业收入高达 8300 万美元的公司，股票价格从 10 美元涨到 18.3 美元。对员工来说，这可是一笔不少的财富，因为通过员工持股计划让他们拥有了公司 31% 的股份。

2. 让员工理解自己的工作对整个公司运作的意义

使开卷管理行之有效的另一关键，在于让员工了解公司为什么从事这一行，以及他们各自的工作对整个公司运作的意义。虽然有不少方式能够让员工理解自己在全局的意义，但重点都是通过大量的培训。

美国斯普林特公司是一家通讯公司，其经理组成调查小组，对全体 300 名员工了解财务状况的情况进行了调查。结果如何呢？一位名叫菲丽丝·霍夫曼的组员说，员工丝毫也不了解公司的战略计划，不清楚公司的目标，也接触不到损益表。

于是该小组制定了一个培训计划，组员亲自给员工上课，主管及主管以上的管理者参加培训，学习如何看损益表，以及如何帮其他员工理解损益表。之后其他员工也都参加了培训，学习什么是开卷管理，今后每月都会看到的损益表又是怎么回事，以及他们各自的工作如何影响损益表。

对霍夫曼来说，培训的效果立竿见影。他负责的工作需要聘用公司外的承包人，如图表设计员、出版商等为客户做计划书。现在员工理解了请外人做事会对预算表中"转包"一项有什么影响。

3. 让工作人员获得更多信息

其他一些公司也在摸索开卷管理。康宁公司艾尔文制造厂的培训专员迈克尔·莫若说："很难让前沿工人明白税前利润一类宏观指标是怎么回事。"所以这家生产催化变化器的公司把开卷管理集中在那些夜班工人能够控制的指标上，如每小时入库数量。

为了让工作人员获得更多信息，艾尔文制造厂的一部分开始实行“中心会议”，每周播放专题录像，经理讲解主要工作指标。例如，经理解释生产差额概念后，团队领导会给工作人员讲解他们怎样影响这项指标。

在实行开卷管理的公司，财务资料得到了详尽地解释。每个星期三上午，斯普林菲尔德召开“大家谈”会，有来自不同部门的代表、经理或一线工人参加。收入报表上的各项内容都有一个负责人向与会者汇报最新进展。有了收入报表做框架，在斯普林菲尔德，凡是员工工作所需的数字都经过大家的审查。

斯泰克说，这种会议从本质上说是“一项 90 分钟密集培训计划”。“我们能发现好的方法并迅速推广，也能更快发现问题。”

“大家谈”会一散，经理们就直奔各自部门，向员工发布公司的最新财务状况。有了“大家谈”的资料，经理们就能围绕具体问题，比如单位员工产出率，给员工提供非正式培训：如何计算，大家的表现对它有何影响，它又如何影响公司的盈利。

4. 高度重视对员工的培训

在迈向开卷管理之前务请注意：未有足够的培训做铺垫就突然转向，有可能使经理和员工对整个计划都失去兴趣。那些正在考虑变革的人应当慢慢起步，并定下切实可行的目标。

乔·詹金斯是詹金斯柴油电力公司的商务负责人。詹金斯公司紧邻斯普林菲尔德大修公司。乔很早就主张实行开卷管理。他于 1991 年参加了“绝妙策略”研讨会。两天的会期中，同来自其他公司的行政人员、经理和工人一道，在斯普林菲尔德公司观摩开卷管理的实施情况。

会后他马上召集各部门经理开会，提出了自己的想法：要设立标准，将来所有提职加薪都必须依据这些标准的提高；要教每个人学会阅读财务报表；公司将建立员工持股计划。

“大家沉默不语，眼中满是敌意，”詹金斯回忆道，现在他已经意识到了自己当时的错误：“我从第十步开始，却漏掉了第一到第九步。因为没有经过培训，他们看到的只有变化，随之而来的当然是恼怒和不信任。”

詹金斯变革推后六个月，然后逐步重新开始。他把财务报表发给各部门

主管，这样他们就能看到自己对损益表底线做的贡献。詹金斯要求他们对自己的预算负责，还从员工那搜集改进部门工作和公司工作的建议。然后，他才提议对员工实行利润分成，教员工读懂收支平衡表。最后，他公开了财务资料。

这家有55名员工的公司随之取得了令人满意的结果。詹金斯柴油电力公司1993年财政年度的经营结果是自1983年以来最好的。员工和经理分享利润，因此也共同浇灌了成功之花。

建立具有忠诚敬业精神的员工队伍

国际管理咨询公司帕林公司所进行的一项调查表明，员工关心的问题主要集中在管理效果上。以前，一般员工都不太了解企业的发展战略、赢利和竞争市场等全局问题。现在的企业都在与员工共享业务和财务信息，帮助他们与企业联系在一起，对他们的工作和工作方式给予更为具体的指导。

因此，影响员工忠诚奉献的关键问题有如下几个：员工是否了解企业的发展目标？他们能否直接影响企业的成功？能否明确他们的职责？

员工需要得到管理层的切实支持，给他们提供完成工作所需的信息。他们想知道自己在企业中所扮演的角色。如果每个人对此都模棱两可，员工与管理层间的关系就会破裂。

“虽然，现在的员工都明白这些。”帕林公司的主要负责人、《员工忠诚研究》一书的作者斯蒂芬·布克宾德说道，“但是这也会带来更消极的结果，即他们是否了解企业内影响他们的事情。”

调查发现，人们都觉得自己在努力工作，但并不总觉得别人也一样勤奋。过半数的被调查者感到他们企业内的员工“推卸职责”。随着工作负荷和压力的增大，员工感到需要保持住自己的技能水平和业绩。因此，如果同事工作中三心二意，有关经理人听之任之，他们就会变得忍无可忍。

“以后，将有越来越多的经理人成为业务领导者，他们的主要作用将是激励员工，然后躬身退开，”GGC公司执行副总裁约翰·查林哲说道，“员工期望的是能鼓励和指导他们，尤其是能同他们经常保持良好沟通的经理人。”

不断的沟通有助于支持企业组织目标的实现。“员工是企业的核心和灵魂”，波音公司洛迪恩推进与动力分公司的员工与交流副总裁傅特美说道。她说，该公司到2016年的远景目标是成为“世界上火箭推进器、空间动力和高能激光系统的最佳提供商。”为实现这一远景，该公司制定了二条确保成功的措施，它们分别是股值的增加与成长和培养积极参与、致力奉献的员工。

洛迪恩公司计划通过以下9个方面建立具有敬业精神的忠诚员工队伍。

（1）让员工保持高昂的斗志。斗志激昂的员工乐意接受挑战。如果企业能不断提出高标准的目标，他们就会迎接这些挑战。设立高期望值能为那些富于挑战的有贤之士提供更多机会。留住人才的关键是，不断提高要求，为他们提供新的成功机会。密歇根一家医疗设备公司深谙此道。该公司要求各部门利润年增20%，要求不折不扣。成功者喜欢这种环境，人们都希望留下，渴望成功。

（2）相互沟通、坦诚相见。不管是公司裁员、合并或出售资产，或仅仅是需要降低成本、提高生产率，公司需要让其员工了解情况。如果公司把职工蒙在鼓里，闲言碎语和谣言传闻就会盛行。这对士气和生产率的影响通常比事实真相更具毁灭性。公司必须对未来有一个令人信服的描绘，让员工明白他们能够从未来的变化中获得什么好处。西方发达国家通常的做法是公开账簿。

美国的泉城公司正是这样做的。该公司的员工流失率不超过7%。该公司每一个员工都能随时查看公司的损益表。这能让他们明了他们对公司利润有何影响，如一位需自行购买工作用品的员工能看到他的支出如何影响了公司的利润变化。

（3）稳固合作。在新的员工忠诚奉献规则中，一个有趣的内容是员工与经理人、经理人与团队之间的关系变得更加重要起来。员工愿意留在团队内，不会接受其他单位的聘用，因为他们与上级之间建立了一种牢不可破的关系，担心在其他公司可能无法构建这种关系。

所以，优秀公司越是鼓励加强员工和其上级之间的沟通，员工对整个企

业的归属感就越强。毕竟员工每天都要上班。而且与之打交道的是他们所在的团队，而不是庞大的企业整体。所以，企业越是加强和调整这种密切关系，员工与其上级间的合作就会越牢固。

员工更愿意为制胜企业尽心竭力，都希望成为胜利团队中的一员。制胜企业可以通过各种形式显示出它们的与众不同，如媒体、员工调查、基准借鉴、国家及地方奖励等。

太阳微系统公司的领导对胜利者的形象一清二楚。在电脑和办公设备业，太阳微系统公司是世界上最受推崇的厂家之一。但是该公司并没有故步自封，公司领导推出了世纪之交公司新形象的远景规划。

太阳微系统公司的方向业已确定，员工乐意接受工作的转变，愿意为实现公司的发展目标而积极主动地发起困难重重的变革。在整个太阳微系统公司，员工都可以发扬首创精神，并为所产生的结果负责。

（4）充分授权。如果说在管理中授权是一个最响亮的口号，那也有其原因。毕竟员工最喜欢这种授权赋能的公司。

至少惠普公司是这样认为的。公司负责桌面电脑的美国市场经理博格说：“对我们来说，授权意味着不必由管理人员做每一项决策，而是可以让基层员工做出正确的决定，管理人员在当中只担当支持和指导角色。”

（5）提供经济保障。很多人对金融市场账户和公共基金等所知甚少，所以只得自己为自己安排退休费用。他们极需要类似的保障。

即使很多公司不提供养老金，至少也会在员工的黄金年代给他们些现金和股票，霍尼韦尔公司允许其员工拿出不超过15%的薪金投入一个存款计划，同时还允许员工半价购买等值于自己薪金4%的公司股票。另外，员工能在公开股市上购买霍尼韦尔股票，而且免收佣金。

这能帮助员工肯定自我。如果理财有道，就能培养一批有高度自信心的员工，人们往往在感受到被关心的时候才会感到自信。他们希望这种关心能用金钱或无形的方式表示。只要他们感到你在关心他们，他们就会跟随你，为你苦干。

（6）赞赏员工。公司可以通过各种各样的方式来表示对员工们的关心，从简单的表示（如对工作干得好的员工说声感谢）到复杂的系统，例如自我评估和职业生涯规划等。

霍尼韦尔公司为提高全球5000名员工的士气，制定了一系列奖励制度。例如，行政总监迈克尔·本第格诺每年都亲自给员工颁发几个主席成就奖，员工可互相提名，奖金100美元。另外，公司每年还设有最佳经理奖（奖金为3000美元）、最佳销售员奖（免费度假旅游）和最佳技术服务员奖（奖金1000美元）。

为什么要投入巨额奖金呢？事实上薪金只能帮补员工的生活，买不来员工的忠诚。成就奖励是满足个人需要的一个重要组成部分，能鼓励员工热情工作。

（7）成果共享。迷人的远景一般会使员工创造更强烈的归属意识。但今天的员工希望被委以驾驶火车的重任，而不只是火车上的乘客。国际优秀公司都认识到这一点，他们认为，在驾驭企业的发展方向上，让员工参与越多，公司就越能更为迅速地达到目标，而且企业中的每个人都能分享胜利成果。

做到这点的一个关键措施是为变革提供场景和支持。对多数员工来说，企业重构或合并等文化变革使人感到好像企业按动了“快进”键，致使企业的发展失控。除非员工能对实际发生的一切有所了解，否则他们眼前总是模糊一片。如果他们对企业变革的秘密一无所知，便经常会产生抵触情绪。事实是多数的抵触情绪都很难觉察，解决起来甚至更为棘手，为了使任何变革努力取得更大的成功，经理人需要了解手下员工的期望，鼓励员工提更多的意见，支持并奖励员工在改进工作方面发挥首创精神，还要改善沟通，沟通和交流在企业巨变情况下更显得迫切。只要更加努力地完善和切实实施门户开放政策，员工就越能与公司同舟共济。

（8）指导员工发展个人事业。仍记得你刚加入一家公司，认准发展之路便开始攀扶的时候吗？然而，稀里糊涂地晋升和部门调动已使你迷失了方向。因此，员工需要一张地图指点迷津，免得今年做个市场经理，明年是研究主任，五年后呢？谁知道。

基本上，员工更愿意为那些能给他们以指导的公司效力。留住人才的上策是：尽力在公司里扶植他们。

埃利温公司的销售推广部主管黛布拉常在员工业绩评估和日常谈话中问员工，他们心中有什么职业发展目标，然后就帮他们制定计划以达到目的。

比如，黛布拉常与一名销售经理库尔特丽谈话，发现她想成为公司 2000 名销售员的培训员，而不想做一位生产线主管。“于是，我开始观察她在聚会中的表现，发现她的言谈举止是个十足的老师样，”黛布拉说，“这才是她至爱的职业。所以我们将她调到培训部。现在，她负责全部销售培训，工作十分出色。”

（9）让员工得到教育。在信息市场中，学习绝非耗费光阴，而是一种切实需求。大多数员工都明白，要在这个经济社会里生存下去，就非锐化其技能不可。

一家促销代理商——爱森公司为其员工开设了一间“午间大学”，当中设有一系列内部研讨会，由外部专家亲临讲授，涉及的课题有直接营销和调研。此外，如果员工要考更高学位，而这些学位又与业务有关，员工也能考到好成绩，公司则会全额资助。

该公司的行政总监杰弗里说：“我们将公司收入的 2% 投入各项教育中去。员工对此表示欢迎，因为这是另一种收入形式。知识是放权的另一种形式。”

惠普公司鼓励员工脱产攻读更高学位，学费 100% 报销，同时还主办时间管理、公众演讲等多种专业进修课程，博格说：“我们通过拓宽员工的基本技能，使他们更有服务价值。有些人具有很高的技术水平，但需要提高公众演讲能力。他们在这里能学到这些。也许有些人来到我们公司时并无大学文凭，但他们可以去读一个，这样就更具竞争实力了。我们愿资助他们的教育。”

在工作场所增强员工的自尊

人们都喜欢在使自我感觉良好的企业工作，《哈佛商业周刊》前任主编 R·坎特预言：“最善于创造良好工作环境的企业，将能吸引并留住技能最优秀的员工。”

对于听信这一预言的企业来说，现在就必须根除充满隔阂、令人沮丧和不满的工作环境，必须开办培训课程，教导管理者和员工如何共同营造提高自尊的工作氛围。

具有强烈自尊心的人更能得心应手地处理生活中的问题。他们富有灵活性，更可能具有创造性和勃勃雄心，更可能缔造积极的工作关系，更愿意尊重他人，能更多地体验到生活中的乐趣。但是，如何建立自尊？如何帮助别人培养自尊？以下介绍的 8 种行为诀窍或许对你有所帮助。

（1）让员工感到被尊重。管理者要体现出对员工的尊重，就要对员工以礼相待，满怀体谅地认真聆听，并保持目光交流。管理者应避免对员工说教，避免用一种居高临下或嘲讽的口气说话。在绝大多数情况下，人们在生活中没受到应有的尊重，因此也就不太善于尊重别人。更糟糕的是，自尊心差的人在充满压力的环境中往往变得武断、急躁和出言不逊，把他们苦心培养起来的所有交流技巧忘得一干二净。

不论环境如何，如果管理者对员工充满恶意、瞧不起或缺乏尊重，就别指望员工创造出卓尔不凡的业绩。

（2）授权赋能。“赋能”就是给予员工做好工作所需的知识和技能；“授权”就是支持员工自我负责。未经培训，员工可能一事无成；失去责任感，员工往往只管做，而不愿去动心思。被赋能的人对自己具有良好的感觉，因为他们有机会做出卓越的表现；被授权的人也具有良好的自我感觉，因为他们能对自己的一生负责，得到他们所需要的能量，即他们的才华、智慧和资源，并展现出他们在许多方面能对自己的生活产生重要影响。

（3）言行和谐一致。外在的言行与内心的感受相合时。人的行为是和谐的。一致是指人的行为发乎自己的个性，而且合乎企业组织及个人的价值观念。

如果管理层的言行不和谐一致，轻则引起员工的困惑，重则会失去员工的信任。管理者只有对员工表现真诚、坦诚不欺，才能在员工中赢得信赖。要是他们从不开诚布公地和员工交流，又怎么指望员工向他们敞开心扉？

（4）营造安全感。在一个“安全”环境里，人们感到他们可以畅所欲言，不必担心受到嘲讽或谴责。他们感到可以放心地承认“我犯了个错误”。李·亚科卡在他的《直言不讳》一书中建议：“只有主管才能创造一种氛围，让员工可以放心地说出‘我不知道’和‘但我会弄明白的’这些富有

魔力的字眼。”

人们有了安全感后，自然会变得好奇。要是失去安全感，他们就会心怀戒备，变得矜持、胆小、牢骚满腹。所有这些表现都不利于创造顶尖业绩。其实，许多管理者都可以学会去创造一种更具安全感的工作环境，以激发员工主动进取、创造性地解决问题、公开交流的积极性，让员工更富团队精神。

（5）表明个人的处事原则。多数员工从未学过如何确定同别人交往的尺度，从没学过如何得体地提醒别人的过火行为、表示自己不能接受。任何过火行为都是不可接受的。每个人都有权制定自己的处事原则。

在这方面管理者应以身作则。有时，他们需要提醒出言不逊的员工：“你的行为我完全不能接受。再这样下去你要后果自负。”对此，管理者所面临的挑战，是如何不卑不亢地表明自己的原则，以免伤害别人的人格或独断专行。

（6）查明员工业绩滑落的致因。任何行动，无论合适与否，始终与人们的下列行为息息相关：努力满足需要、力求生存、自我保护、维持平衡及避免恐惧与痛苦。

员工业绩差强人意时，即实际业绩与期望业绩之间产生差距时，首先要努力了解业绩出现差距的原因。采取措施纠正问题之前，应帮助自己和员工搞清楚他（她）对此有何看法。

（7）认真观察员工的行为，然后给予建设性的反馈。一种最有效的培训方式是对员工的业绩及时给予富有建设性的反馈。

但是，如何提供建设性的反馈是一种经过学习才能得来的技能。管理者应抓住一切可能的机会具体了解员工的业绩强项，然后提出具体的业绩改进反馈。对员工不应先入为主。员工得知这种不切实际的评价时，就会感到自己受到轻视，会心生不满。

（8）培育员工的潜力，表彰杰出业绩。自尊心不强的员工经常既害怕自己的缺点，也对自己的优点心存恐惧。

缺点使人产生不成熟感，而优点则使人害怕因此而受到孤立或自己担负责任。员工越是不敢正视自己的潜力，对管理者耐心的考验就越大。正如加州塔斯公司的前任执行董事、《走在水上》一书的作者罗伯特·鲍尔博士所说：“要与人为善，因为你所遇到的每个人都在打硬仗。”

在工作场所增强员工的自尊心，这种观念并非一个可望而不可即的梦想。但要把它变为现实，每个人都必须致力于学习新技能和创造积极培养自尊的工作场所。

管理好普通员工

弗莱德·施密斯是联邦快递的主席兼行政总裁，同时是快递运输的创始人。他的办公室有些特点让人无法把它与一个有着近200亿销售额、25万员工的大公司行政总裁联系起来。办公室几面墙上内嵌着从地板一直延伸至屋顶的大书架，里面摆满了书。那些书毫无疑问都已被阅读过。

施密斯非常富有说服力。在谈到领导的艺术，以及为什么大部分公司并未真正理解并管理好普通员工时，他似乎显得很兴奋，他说："客户服务在我们眼里总是极为重要的。我们开始时为电子和医疗业运送高优先的零部件和设备，联邦快递最初的理念就是在此基础上建立起来的。当你拥有某一个这类部件，而这时某一台电脑刚好坏了，或者某一家医院正急需物资，你就要很好地履行你的承诺。这一思想的精华现在是公司永存的精神。"

"我曾经资助过好莱坞的两个年轻人，也就是我投资奥肯娱乐公司这笔生意。普林斯顿的两个小伙子来找我，并向我推销他们认为能够在电影业里、以前未曾尝试的方式而能够有一番作为的玩意。我觉得很有意义，因此决定支持他们，他们让我想起了年轻时的自己。"

"我对时间的管理是非常严格的，优先处理那些真正重要的事情，即'高影响'的活动。这个词并非是我创造的，但我经常借用它。我也是这样经常跟下面的经理们说的：要把时间花在一些具有高影响的活动上，那些影响力不高的活动则授权给他人去做。"

施密斯认为，人们刚进入一家公司，他们就想知道："你对我有什么期望？我能获得什么？我必须要怎样做才能领先？如果我在组织里受到不恰当待遇，应该到哪里寻求公正？"他们需要反馈。而且他们想知道他们正在做的事很重要。

如果你遵循这些领导艺术的基本原则，并且反复不断地回答这些问题，你就会在与人打交道方面做得很成功。企业管理中最缺乏的是真正懂得如何与普通员工打交道的人。

帮助员工进行职业规划管理

为了迎接越来越激烈的市场竞争，改组、裁员、组织变革等做法已成为管理中的固定内容。大规模裁减工作职位和汇报层级加重了经理和专员们的工作量，同时还有很多岗位的工作要求发生变化，需要更多能力的综合，压力总是无穷无尽。

很多员工想跟上这些变化，但由于工作要求更高，感到力不从心。他们往往疲于应付，对工作失去满足感和成就感，担心收入是否有保障，不再感到自己的贡献有意义。

最普遍的紧张就是每天生活在捉摸不定的状态下。人们受到诸如此类问题的困扰：公司会再次改组或裁员吗？对我有怎样的影响？还会有我的位置吗？我将向谁汇报？我的部属将何去何从？

多数员工期望一个更加井然有序的世界——未来相对来说是可以预料的，而且从事某项工作可能取得某种成就。但我们今天所看到的是普遍的担心，因为人们试图应付一个当前捉摸不定、未来几乎是完全不可预测和控制的世界。面对这么一个长期捉摸不定的局面，他们的个人价值感将丧失殆尽。

公司面临的挑战是帮助员工处理好这些压力，恢复他们的价值感。员工需要感到在自己的岗位上做出了真正的贡献，对自己和公司都是有价值的。

公司可以在这方面做些什么呢？这里有三点建议：

（1）新的雇佣约定。没有任何公司能够保证为其员工提供终身就业保障，但是公司能够而且应该确保其员工有市场竞争力。公司所需做的是支持员工管理自己的职业生涯规划。忠诚不再能够通过承诺提供保障而收买，但是可以通过给员工以尊重和尊严而获得。

（2）辅导自我评估和职业规划。除了鼓励员工管理自己的职业生涯规划，公司应该为其提供适当的工具。员工应该有机会进行自我评估，制定自己的目标。这有很多种方式，从在职辅导培训、职业规划专题研讨会到一对一的咨询等。

（3）辅导职业规划。这似乎是一个自相矛盾的建议。对很多公司和行业来说，未来有太多的不确定性，为何还要推行职业规划管理？这种捉摸不定的局面使职业规划如此重要。职业规划管理帮助员工超越对现有工作和职位的认识。员工不再将自己视为填补一个特定的岗位。取而代之的是，他们认为自己具有某种技能和经验。不管是在公司内还是在公司外，他们可以不断改进这些技能和经验。

向受到变革冲击的员工提供自我评估的机会，在促进个人和公司的复兴方面也大有裨益。职业规划通过重新唤起员工个人的成就感，能够培养信心和提高自尊，增强其市场竞争力。

有了职业规划的经历，员工就会确信他们有能力在未来的组织中事业有成。不管公司会变成什么样子，或者即使他们失业了，他们拥有的技能仍可用在其他工作中。这使他们不那么处于守势，更愿意接受变革。

在公司的变革中，重要的是公司要确保员工不会被安排到错误的岗位上。通过帮助职工了解其能力和增强其信心，职业规划减小了职工为了保住工作而乱抢空缺的可能性。相反，他们会了解自己最适合干什么工作，以及什么样的工作会促进自己的成长和进步。

为职工在变革期间提供职业管理支持的方式很多，如企业大学、领导力学院、管理培训课程或学习中心等。职业规划应在如下方面帮助员工：

△制定有意义、实际可行的职业和生活目标。

△了解自己独特的工作风格和偏好。

△学会如何超越自己的职位，明晰完成未来工作所需的关键技能以及公司新的发展所需的新技能。

△对自己未来的工作安排和职业发展做出明智的决定。

有效的职业规划管理有何用场呢？去看看一家金融服务公司的经验吧。这家公司已经进行了裁员，准备出售一家分公司。于是召开全公司的会议向职工通报这个情况。尽管不可能对工作保障做出许诺，但是管理层希望职工

明白，公司已经意识到员工的担忧。

接下来，公司提供了一系列自我职业管理研讨会。通过召开这些研讨会，职工能够恢复对自己市场竞争力的信心。这个计划对于员工士气有着明显的直接影响，高级管理层收到了数十封自发的感谢信。

显然，公司会从给其员工提供自我评估和职业规划援助方面获益匪浅。员工变得更加灵活、适应性更强，士气和责任感得到恢复。然而，更重要的或许是公司有机会表明，他们的确关心员工在困难时期的遭遇，通过给予一些回报表明了他们的重视，而他们所得到的是员工的高效工作。

妥善处理各种人事问题

在处理人事问题时，抓错重点和做错事没什么两样，都会让管理者很快陷入困境。人事问题的重要程度各不相同。当问题不止一个时（事情常常如此），关键是要解决最严重的问题。在处理人事问题的时候，以下建议可供借鉴。

（1）员工态度不恭，得罪了一位重要的供货商。阿尔特不善于同人打交道，这一点作为他上司的你早就知道，但对顾客大喊大叫还挂断电话，他做得就太过分了。不管这么做有何原因，这种行为都是错误的，必须让他主动去找这位客户，挽救局面。如果阿尔特能成功重建关系，就可以从宽发落他。但一定要让他明白，他的这种行为是不能容忍的。

如果阿尔特不愿正视问题或不帮你解决问题，那就要采取强有力的措施。先去找那位客户，向他保证这是个偶然事件，今后绝不会再发生。然后处理阿尔特。基本问题是：他以前是否一直表现很好，如果不辞退他，以后会不会有用？

如果答案是肯定的，处理方案的严厉程度应该只比辞退稍微轻一点：停付工资留用察看、降薪，或调任别的工作。如果答案是否定的，那就辞退他吧。

（2）员工不听从指挥。如果这位员工认为你让她做的事情不安全，那么权且接受这个理由，但要她解释明白。如果她认为你那么安排是故意挑她的刺，而你确信自己对她和其他人一视同仁，如她确实那么想，就不宜制裁，你们就应该开诚布公地谈谈。如果她再次拒绝服从安排，你就会对她采取行动。

如果她只不过是不喜欢这项工作，也不打算做，你就得同她认真谈谈了，看她对继续做这份工作有多大兴趣。不服从管理者都要接受包括辞退在内的严厉惩罚。记住，其他人也在小心观察事情进展，等着看你做什么样的决定。

（3）一位平常工作出色的员工弄糟了一项重要工作。你请手下最可靠的员工克拉克写一份报告，你第二天就要把它交给上司。结果克拉克交给你的报告却是一堆垃圾。眼下最紧迫的问题是马上修改报告按时上交。但对克拉克该怎么办呢？

问问他是怎么理解你交给他的任务的，看看与你的意图有什么不同。如果能消除其中的误解，就能避免这种情况再次发生。

如果原因是克拉克不能有效地分清轻重缓急，就应经常同他一起检查他的工作，帮他调整工作重点，分清主次。

如果是私事使克拉克分心，你要表示理解。但也要让他知道。你期望他能处理好这些事，恢复过去在公司所起的作用。

（4）员工做事没有条理，经常误期。格拉迪斯眼看又不能按时写出员工简报了。她说，要是有人能帮她就能按期交卷。你只能长叹一口气。其实她需要的不是别人帮忙，而是使自己有条理起来，不再像无头苍蝇一样东碰西撞不知从何入手。

你需要花些时间观察格拉迪斯，并同她多聊聊。找出她究竟是怎么个没条理法。

处理这类问题要注意，你自己必须有条理。不然的话，你的坏习惯就会传染给包括格拉迪斯在内的其他员工，你是否一直采取默认的态度？当真如此的话，问题的根子在你。

（5）员工不喜欢自己的工作。查克不喜欢新分配给他的工作。他从不叽里咕噜向你抱怨，活儿干得即使不算出色也还过得去。然而，从他那无精打采的样子可以断定，他实在是宁愿去干别的事情。

你可能认为员工高兴与否是他们自己的事，但帮助他们适应环境或另找一项工作却对你有好处。如果一个员工不喜欢一天八小时的工作，一年250多天的工作就不太可能很有成效。时间长了，工作就会出问题。

如果查克对新分配的工作不能得心应手，务必搞清楚他是否知道应该怎么做。如果他根本没兴趣，就要帮他另找一个更符合他的兴趣的。但要说清楚，在找到新工作之前，他必须尽量做好现有工作。

（6）一名员工向好几位同事借了钱却不还。很多办公室都有这样一些借钱不还的人，他们东借一点西借一点，然后“忘了”还，以为别人不会觉察，但人们的眼睛偏偏很尖。很多人认为这种行为表示这个人不值得信任，因而对这类人采取相应的行动。当借钱不还的行为开始影响同事工作关系时，你就应该出面了。

要让这名员工知道，你已经发现他有借钱不还的毛病，这是一种不良行为，有损他的工作表现，你要告诫他，虽然你不能强迫他还钱，却可以衡量因他损害同事间关系对工作产生的不良影响，而且你是言出必行的。

一个人偶尔向同事借点钱无可厚非，但经常向别人借钱就可能出问题。借钱不见踪影虽不会像被情人抛弃那样让人恼火，但也会引起大乱。如果有员工开始不断向人借钱，在引起麻烦之前就要制止。

（7）员工内部存在严重冲突。在两种情况下不能对内部矛盾掉以轻心：一是员工受到了不公平待遇，或员工感到不公平；另一种情况是员工强烈不满，觉得他们被打发来做毫无意义的事情，没有发展前途。

如果是第一种情况，要找出不公平情况的根源。是制度造成的吗？比如工作分配、升工资、晋级等方面有问题。还是你做的什么事情引起的？

然后让员工了解规章制度，让他们知道过去你是如何应用这些制度的。如果没有规章制度，就应针对易产生冲突的问题制定一套指导原则。一旦员工了解了你的准则并相信你遵循它办事，他们的不满多半会平息下去。

如果有章未依，解决办法只有一条：按章办事。如果不公正是上级造成的，那就应当向他们指明，这对士气和生产力有不良影响。

如果内部冲突的原因是员工对工作不满，就应设法改变工作的组织方式使其更有意义，或给能力较强的员工更多的晋升机会。

（8）你新接手的一批员工原来的工休时间太长。如果过去没人告诉过你员工午饭和工休时间不能太长，那么你就应该估算一下工休过长浪费的时间；然后把这个时间换算成产值、利润或任何一种有实际意义的量值，再制定工休和午饭时限，要求人人照办。

如果工休时间较长是为了缓解工作紧张，就应该对工作要求做些调整，找出紧张的根源。但解决这些基本问题时，对工作规章要尽量少做变动。

祛除非激励因素，增强激励效果

在《超级激励》一书中，作者斯百泽指出，70% 的员工不如以前受激励；80% 的员工如果愿意的话，可以有更好的业绩；而 50% 的员工只是为了保住饭碗工作。

你的公司提供了很好的健康计划、退休计划和每年四周的休假，但员工仍未展现出一流业绩。你应该知道，优厚的薪酬、有薪假期，甚至加薪都不具有激励作用。它们只能用来留住员工，却不带有任何激励因素。

各大公司提供很好的福利往往是为了吸引并留住优秀员工。随便考察一家公司，都会发现一个员工对公司的价值越大，所享受的福利待遇就越好。

现在你该相信，只靠为员工提供更多假期和福利，并不能达到你想要的激励效果。假设你的公司让员工周末免费用公司车，甚至每周五下午为员工提供免费点心，所有这一切会为员工带来高度的激励吗？

遗憾的是，不能。上述种种可称是提高员工士气的法宝，以便让员工对自己任职的公司产生良好感觉。但提高士气并不能增强激励，因为它们没有与员工业绩直接挂钩。

士气高涨的员工不一定是备受激励的员工。比如，某位员工每天兴致勃勃地来上班，先花上一两个小时交游，他可能士气高昂，但在部门里的产出却最低。

如果很好的福利计划不能激励员工，那什么才能显出奇迹？为了激励员工，你该去改变员工还是改变你的公司？

答案是：改变你的公司。改变一个人要花费太多的时间和精力，并且对其他员工毫无帮助，不能带来长久效果。

员工都有自我激励的本能。你要做的就是利用他们的这一本能去激励他们，甚至不需花费分文。说句实话，金钱只能降低员工的激励度和业绩。要激励员工，第一步就是祛除公司中阻碍员工自我激励能力的负面因素；第二步是在企业中开发真正的激励因素，引导所有员工受激励。

员工自我激励能力基于这样一个事实。即每个人都对归属感、成就感，及驾驭工作的权力感充满渴望。每个人都希望自己能够自主，希望自己的能力得以施展，希望自己受到人们认可，希望自己的工作富有意义。

以下是阻碍员工实现自我激励的 10 大要素：

△企业氛围中充满政治把戏；

△对员工业绩没有明确期望值；

△设立许多不必要的条例让员工遵循；

△让员工参加拖沓的会议；

△在员工中推行内部竞争；

△没有为员工提供关键数据，以完成工作；

△提供批评性、而非建设性的反馈意见；

△容忍业绩差的员工存在，使业绩好的员工觉得不公平；

△对待员工不公正；

△未能充分发挥员工能力。

要利用员工自我激励的本能，不仅要摒弃以上不利自我激励的做法，而且要发掘真正的激励因素。以下这些激励因素有助于利用员工自我激励的木能。记住，这些东西不需要涉及金钱。因此，你应该专注于如何在公司内部进行一些有效的改革，以获取员工的激励。

△如果员工的工作单调，试试给工作添加些乐趣和花样；

△对于如何做工作，只给出一些提议，由员工自己选择去做；

△在公司里提倡并鼓励责任感和带头精神；

△鼓励员工之间的互动与协作；

△允许在学习中犯错，避免粗暴批评；

△提高员工工作中的自主权；

△为所有员工建立目标和挑战；

△多加鼓励；

△日常闲谈中多表示赞赏；

△设立衡量标准，以反映出绩效和效率的提高。

通过祛除非激励因素，增加无成本激励因素，你即可利用员工的内在欲望，促使他们实现最大的激励度和生产率。

把薪酬和企业的盈亏直接挂钩

美国俄亥俄州欧康公司的奖励与资源项目总裁理克·威尔指出："没什么比把员工的工作同他们的个人利益适当连在一起更能激发员工的积极性。也没什么比把薪酬和企业的盈亏直接挂钩更能提高员工的士气、业绩和降低目前的成本。"欧康公司新实行的浮动工资和福利灵活项目"奖励与资源计划"就是基于这种经营哲学。通过采纳"清盘"方式，该公司彻底更新了现存的每个福利计划，增加了一个奖励股份及认股权的全球股份计划。这一方案在支持人力资源战略及总体经营规划的同时节省不菲。

欧康公司是由欧文斯公司、康宁玻璃公司组成的合资公司。除生产和销售建筑用品，该公司遍布全球的 17000 名员工还开发了技术先进的家居及工业用材料。

1992 年，公司行政总监海纳接手时面临的是产品滞销和企业资产净负债。员工素质和士气低下，研究开发也不景气，同时资产负债表上全是因企业重构及巨额的石棉诉讼储备金所带来的重重债务。

海纳认为，公司潜力还是很大的，只是为了激励员工的积极性、盘活企业发展所需的资金，公司显然有些问题要解决。

至 1994 年末，企业改造铺开，业务流程得到了改善。生产率得到最大限度地提高。新上任的高级人力资源经理汤姆森制定了战略部署，重塑公司文化、改变员工态度并实现了较难达到的财务目标。

欧康公司原有的福利方案不符合新战略，也没有反映出公司的核心价值。相反，各式各样的福利方案只意味着一大笔固定开销，一点也没起到调

动员工积极性的作用。总之，原福利机制僵化且变成了一种理所当然的收入。医疗、牙医和寿险等福利项目都是“人手一份”。

所以，公司决定，转变的第一步是授权给员工，让他们能够像公司的主人那样去思考、行动，这样他们更愿意承担可能产生的商业风险；然后是更新薪酬和福利结构，使其与总体战略规划相吻合。

欧康公司花了约一年的时间重新设计整个薪酬和福利方案。新的方案给予员工部分企业股份，旨在强化一直在向他们灌输的创业信息。同时，该方案把公司的支出与公司业绩挂钩并保留了现金。员工得到的保证少了，但公司运作良好的话，他们将挣得更多。

下面即是该奖励和资源方案的新内容：

（1）全球股份计划。这一计划把股票分红和非限定认股权结合起来，后者规定公司高级职员可在长达 10 年时间内以市场价或低于市场的价格购买本公司股票。每个员工根据公司的业绩每年可以参加公司股份分红，得到价值相当于其年薪 0% ~8% 的公司股份。业绩达到既定目标，这种分红为员工薪酬的 4% 。另外，不管公司业绩如何，员工每年还可以获得相当于其薪酬 4% 的认股权。

（2）储蓄和利润分享方案。该方案减少了公司的福利配比，然而却增加了利润分享成分。所有员工都可以参与利润分享，而且不受个人在这一方案中存入多少的影响。二年后，该计划的储蓄账户完全归员工个人。

（3）现款结存方案。公司为员工的账户存入其薪酬的 2% 。存款超过 30000 美元的再加 2% 。达到一定年龄或服务年限的员工，还可得到年资奖金。

（4）选择权。这是一个灵活的福利方案，为每个员工提供信用来购买不同方案中合适的项目。在此方案中，员工有选择权，包括 4 种卫生保健选择。

因为奖励与资源方案与企业业绩相关，欧康公司便建立业绩目标以决定每年的奖励水准。为了给员工建立共同目标，它运用总业绩标准来决定全面股份和利润分享方案中的奖励水准。

为了增加可信度，欧康公司采用了与经理激励项目同样的奖励标准。这些标准是每股收益、销售增长量和现金流这 3 个参数的加权平均数。目标业绩代表由这种加权平均数测定的预期业绩。

公司还放弃使用“酬金”和“福利”等术语，代之以“奖励”和“资源”，以便切断与过去的联系。这不仅仅是术语的更替，奖励和资源的内涵指的是分享成功以及争取最大个人灵活性的机会。

公司的奖励包括员工服务期间获得的含工资、奖金及福利在内的所有酬报。资源指的是由公司兴办的各种方案，员工可以通过这些方案花掉或积攒他们获得的奖励。这些方案给员工提供了购买财富及收入保障的机会，或投资于个人财富积累。当然，员工还是具有很大的灵活性，可以把他们的大部分奖励转换成直接使用的现金。

现在，员工成为了股份持有人，在自己公司成长和繁荣中有着既定利益。如果公司达不到最基本的业绩水平，他们就会比以前挣得少。但是，如果达到目标业绩的话，员工一般会比以前挣得多。达到最佳水平的话，他们挣的就要多很多了。

对于公司而言，新的结构在财务上带来了积极的直接影响，因为奖励水准与公司业绩挂钩，而且公司的薪酬开支会随着业绩的好坏变化。在下一个5年中，与固定奖励水准（不包括现金报酬）相关的支出在新的方案中预计比以前低约40%，这也代表公司的业绩在这段时间内没有达到基本的业绩水平所带来的全部开支。在这同一段时间内，如果达到目标水平的话，该方案的全部开支将比以前高约15%。员工达到目标业绩时应获得更高的奖励水准，这种有意造成的结果正符合这一点。

当然，奖励与资源方案也确实有风险。如果企业的股票没有吸引力，在员工福利方案中大量使用公司股票必然会适得其反。欧康公司很幸运，它的股票在过去的几年里表现十分不俗。

另一个风险是，如果大量的浮动奖励基于不现实的业绩标准，员工会认为这是对他们的掠夺。把早已在管理层实施的业绩标准套用到适用对象更广泛的方案中，欧康公司做了很大努力防止员工产生任何这种不公平的消极念头。

方案六

注重长远规划
抵御资金风险

成长几乎是所有企业梦寐以求的目标，但没有计划的成长最终则可能破坏企业的底线收益，包括它的资金储备、周转率、信用等级以及其他一些关键要素。投资是任何企业持续发展的永恒的主题，因为没有投入就没有产出。管理企业的关键就是要注意成长的可持续性。成长的速度不仅要符合企业需要，还应该使你能避开前进道路上的陷阱。所谓过犹不及，企业成长也一样，成长太快并不一定是好事。

计划好你的支付能力

当你的公司开始经营运转时，总有一笔财务支出要经过一段时期才能收回。在这期间，已经开始了从投资、生产、库存到销售的经营运作过程，在这一阶段中，投入的资金会以各种多样的形式出现，因此存在着技术和经济贬值的风险。只有通过销售阶段，也就是通过市场，资金才能重新收回，然后进入下一圈的循环中。

对创业者来说，这意味着投入的资金需要一段时间之后才能重新收回，用于新一轮的投资，从投资到重新收回投资这一段时间他必须想办法保持足够的资金，首先，应该能够应付可能出现的延期付款，许多公司破产都是因为无法应付这类情况，这其实是完全可以避免的。尤其是当公司的客户只有一个或很少时，尤其要防备延期付款的发生，否则你会面临被动的局面。

延期付款将会导致三角债，创业者站在债权人（贷款方）和债务人（未及时付款的客户）之间左右为难。因此，为了避免支付危机，必须遵循流动资金 = 到期应付款项这一原则，这一等式是经营警报系统的指示灯。必须保证供货商随时能得到应得的货款，因为没有足够的流动资金而导致无力支付以致破产的例子，远远要比赢利不足而导致破产的情况常见。

每个创业者都希望能够尽快收回初始投资，并获得相应的资产增值，以保证企业的支付能力不受损害，随时都能支付每一笔应付的款项。

这里指出创业者应注意的 3 个问题。

（1）从创业初期开始就把固定资产投资限定在最小的范围，及早预防支付危机的出现。

（2）尽可能用租赁的方法替代直接购置。

（3）必须准备足够的储备金，以度过创业初期的试生产阶段。

保持债务和所有者权益的平衡

资本结构由负债和所有者权益两部分组成。两者不同的比率反映了不同的资本结构。也影响着公司的获利能力和风险的大小。

最理想的情况是企业负债和权益的混合应使总的资金成本最小化，股权收益最大，风险最低，对企业的控制权和弹性最大。但因为情况不总是理想的，企业所有者不得不通过制造交替损益来寻找一种适当的混合。而在通常情况下，由贷款人提供或其他权益所有者允许的杠杆平衡条件可能限制产生交替损益的范围。

大多数的企业通过把负债权益率控制在0.5（每50美分的负债对应1美元的所有者权益）到2（每2美元的负债对应1美元的所有者权益）之间，使其筹资成本费用最小。

当使用适当的集资途径时，每种资产的成本费用会低一些：房地产和通用设备应采用借款或租赁，特殊设备或营运资金采用负债和权益相结合，产品开发则使用无固定利息的股票。

融资工具不同，成本费用也不同，如股票的成本就要大于债务成本，从朋友和亲属那里筹资的成本低于这两者，而获得开发融资项目的成本又低于从职业投资者或商业渠道筹资的成本。

股票筹资被认为是花费最高的成本，因为投资者可获得股利且不用交税。另外。他们所拥有的股权，导致了企业家股权利益的减损。

股票投资者常常要求20%的年利率，这时，1000元的投资3年后值1700多元。至于对小企业和更高风险项目的投资，他们所要求的年利率会更高。如果其他投资者能找到年利率为20%或更多的投资项目，你应该确信，你的资金在风险投资中也能获得同样多的利润。

股票筹资成本比债务筹资成本更高。因为付给代理人或筹资银行家的费用高于出售股票所得。另外，进行股票筹资前，可能需要专家的评估以确定企业的价值。因此，计算成本时，评估成本也要计算进去。如果股票投资者决定在股票达到最高价值前出售企业股票（这样他人可将股票变成现金），企业家获得的利益会少于其股票的价值。另一方面，如果决定企业控制权的股票被卖出，那么同时企业的控制权也可能会失去。

利息支出可以看作是成本支出，它可以抵减税收，但不管企业是否赢利或者有无足够的现金，利息是必须支付的。如果企业不能按期支付，贷款人有权要求关闭企业；如果企业家为贷款做个人担保，则他们会失去自己的财产。

贷款利率是可固定也可以是变动的。当利率固定时，贷款人可能根据风险波动来设定利率大小。如果利率上升，贷款人不会增加利率；如果利率下降，贷款人也不会减少利率。当利率可变时，投资利率的波动风险将转移到借款人身上。如果利率上升，贷款人会多付利息；反之则少付。你最好能拿到合理的具有固定利率的贷款，如果想在利率上投机，你就应该从事金融职业，否则，不要去试图猜测金融家的心理。在 20 世纪 80 年代，当利率达到 20% 时，许多拥有可变利率贷款的企业因此而失败了。

债务成本费用除了利息外，还包括其他的组成部分。它的全部成本包括：贷款利息、贷款人所取的报酬以及借款人的合法的会计费用。另外，贷款人希望借款人在账户上保持一个最低限度的平衡。

健全财务管理，加强财务控制

资金是公司正常运行的主要因素，良好的财务管理是公司成功的必要条件之一，也是有效防范与化解危机的关键所在。

失败的管理者最明显的失误往往表现在对公司财务控制不力上。当一个公司缺乏对现金流量的控制、没有完善的成本核算和会计信息系统时，往往会陷入公司财务控制不力的状况。财权控制上的失误又将导致公司在投资方向、遭受损失的原因及应该采取的对策等问题上处于混沌不清的状态，这是公司陷入困境的一个最常见的原因。

当公司因财务管理松弛而陷入经营危机时，必须采取种种约束措施，例

如加强现金流量管理和预算控制，提高财务信息质量，加强间接费用控制，建立一种现代化的财务制度，使公司摆脱困境。当然，不是所有公司陷入困境都是因为财务管理混乱，但为了减少开支，降低成本，加快资金周转，更有效地使用资金，也应该健全财务制度，这是使公司摆脱困境的一剂良方。

米力波尔公司是美目高科技产业中一家顶尖的公司，专门从事物质分离业务。从开始创业的1960年到1979年这短短的20年间，公司取得卓越的业绩，销售额从不到100万美元增加到1.95亿美元，盈利从不到10万美元增加到1960万美元。

可在1980年，米力波尔公司的盈利开始下降，随后两年又出现了严重的亏损，公司处于一片混乱之中。米力波尔公司遭遇到的挫折虽部分原因是由于它的主导市场变得严重低迷，但是内部因素才是真正的祸根。由于公司成功得太容易，子公司增加过快，董事会高估了自己的能力。他们一心追求业绩，却忽略了财务制度的完善，使公司无法掌握资金的流动。公司一位高级主管在其回忆录中，做了如下描述：

“各子公司不受控制地采购超过他们实际需要的原料和零配件。”

“各子公司的拨款也无法控制，每个经理的申请都得到最大限度的满足。”

“公司董事会上很少研究讨论财务问题，没有专门分管财务的董事，而财务经理又完全是个门外汉。”

“公司财务信息系统漏洞百出。各子公司无法及时提供反映他们最新现金状况的会计资料，总公司也缺乏对子公司的财务指导和控制。”

“公司审计人员效率低下。”

总之，财务管理制度的不健全、财务管理的混乱，是公司衰退的根本原因，它直接导致了米力波尔公司经营状况的恶化。为扭转这种局面，公司领导层采取了一系列措施来加强对公司的财务控制。

在总公司和子公司都引入电脑财会信息管理系统，实行联网操作，以便更迅速地得到各子公司的财务信息，也便于总公司对各子公司的财会控制。

实行严格的现金管理制度。公司定期编制严格的现金收支预算。目的在于利用尽可能少的资金，产生出最大限度的效益。总公司给各子公司都分配一定的现金额度，并要求各子公司每天上午9：30将其全天现金需要量上报，以便严格控制当天现金流量。除此之外，总公司还严格按照现金需要量对各子公司拨款，以加快现金流转速度。

公司制定了全面系统的比率考核指标，作为检验各子公司财务状况的标准。这些比率考核指标主要包括变现能力比率、债务与产权比率、资源运用效率比率、流动资金周转率、现金流转速率、财务收益率、资本利润率等。每年年终，总公司根据各子公司的指标完成情况给予不同的奖励或惩罚。

公司又推行一种全新的零基点预算法，它是以既无成本也无收益的零点作为起始，然后根据公司各部门的职能范围，将该部门的业务开展程度划分为若干层次。以最必不可少的业务量及因此发生的费用作为第一增量。接着按照业务轻重缓急程度，依次列出第二、第三增量，在此基础上逐级上报，最后编制出整个公司的预算。这种零基点预算要对各项增量的成本收益都做出具体分析，虽工作量有所增加，但是，它能更好地发挥出各级人员的创造性，而且可以为公司领导层提供几种可供选择的业务和费用水平。

公司董事会委派一名董事专门负责财务管理事务，并完善了财务机构的建制，撤换了公司财务经理，赋予财务部门更大的自主权。

董事会定期召开会议，审核各子公司提供的财务资料，包括一份与预算值对比的盈利或亏损状况的报告，以及原材料采购、间接费用、销售额、直接劳动力成本、毛利润等有关情况和资金平衡表，还包括对未来三个月的财务情况预测及主要财务比率的计算值。

米力波尔公司加强财务管理后，很快扭转了公司盈利下降、亏损持续增加的局面。从 1983 年起，公司盈利开始回升，到 1984 年，米力波尔公司创造出了破纪录性的成绩——盈利比上年上升了 48%，销售额比上年上升了 24%，并从此步入一条健康发展的轨道。

还有许多在这方面取得成功的公司：英国的罗塔弗来克斯公司、乡村资产公司都通过健全财务的办法使公司渡过了难关。米歇尔·怀特在任罗塔弗来克斯公司总裁后采取的一项主要措施就是引入财务管理信息系统，从而更迅速地获得各子公司的财务报告，在此基础上进行谋划，促进了公司管理水平的提高。乡村资产公司本来已有一个财务报告和控制系统，但在公司遭遇危机时，这套系统显得很不适用，于是公司对这套系统进行了更新，从而使得公司总部可以及时了解公司各方面的财务状况，为加强财务监督和控制起

了良好的作用，帮助公司摆脱了危机。

公司通过健全财务制度，加强财务控制，可以迅速增加公司的收入，可以减少开支和浪费，可以及时获得一手信息，为公司决策提供可靠的依据；也为公司及时发现问题提供了基础，从而有利于公司及时采取相应的对策。因此，公司在陷入困境时应该将健全财务制度、加强财务控制作为一项重要的摆脱困境的手段。

公司可以从哪些方面来健全财务，加强财务控制呢？一般包括以下几项措施：

（1）对现金流量进行预测；

（2）建立资本预算系统，加强预算控制；

（3）建立管理会计数据系统，改善财务信息质量；

（4）加强间接费用控制；

（5）要求下属有关部门或子公司向公司最高层汇报关键财务比率；

（6）将先进的信息传输和处理技术引入财务系统。

但需要提醒公司的是，由于每个公司陷入困境时所处的具体情况不同，所要解决的问题存在差别，因此，公司在采取上述措施时不应不分主次，而应该进行选择，有所侧重。

做好资源重组以避免资源分配的问题

如果资金和财务资源充足，资源分配就不成问题。但在大多数企业，资金都有限，资源的分配就成了棘手问题。许多企业分配稀缺资源时面临着某些问题。这些问题在编制预算过程中屡屡出现，因为预算过程通常是资金分配阶段。即使真正的问题出在别处，“预算”流程也总是被当作替罪羊。现在，想想你自己公司的资源分配流程。设想一下预算周期。该怎么调配资金？你做起来轻松自如，还是备受折磨？员工是否抱怨这些决策做得太武断？你对棘手的决策能否快刀斩乱麻？

为了避免问题的出现，你的资源分配流程，包括预算和规划，在保证原有职责的同时，该考虑“重组”了，以便做出周密的业务决策。考虑更新资源调配流程时，以下指导原则可供参考：

（1）保证决策人在企业使命和战略目标上达成一致。如果决策层不能群策群力，会阻碍以后的资源分配工作。

（2）先确定用于企业运作和资本预算的企业资源总量，再着手重大项目的预算。此举限定了管理高层可调拨的支出和资本总额。

（3）让企业的所有主要决策人参与进来。这个跨职能团体应负责提供各自职责范围内所有项目的信息，在资源调配时密切配合，以及共同制定运作计划确定今后几年内向哪些项目拨款。

（4）确定支持每个战略目标的项目。每个重要的举措都要按“项目”分类，以保证不偏离战略目标、便于拨款讨论：应根据如下两种支出水平做决策：一是用于支持最低服务水准（必需的）；二是用于改善或提高服务水平（可自由决定）。这样就会把资源调配的重点放在重大改良项目上，必需的项目也会自动得到拨款。

（5）要衡量每个项目对实现战略目标作用的大小。例如，争取市场份额的具体目标有多高？该怎么衡量目标实现进展状况？每个项目都要问下面两个问题：这个项目对它所支持的战略目标有多大帮助？如果不给这个项目拨款，对上述目标有什么影响？

（6）按所有项目对实现战略目标所起的作用列出优先次序。如果某一时期收入有限，此举可决定哪些项目可不再拨款。但对每个项目的作用要达成充分共识，以便能最终确定项目的优先次序。

（7）协调各部门和整个企业的资源分配长期计划。这种达成共识的计划限期至少是三年（一年是预算水平，两年是规划水平），其中应包括同意按优先次序拨款的项目和支持战略目标的项目。长期规划每年都要更新，这是规划流程的一部分。

（8）有了这种长期规划，就可以准备下一年的具体预算。这就简化了预算编制流程，因为每个项目所需的资源总量都已预先审批过。

（9）确保分配给整个项目及其各部分的资源能够实现上述战略目标。如果不能，则要提议增加项目或扩大项目规模，这往往需要更多的资源。

（10）让经理负责实现不同拨款额的目标。一定要监控每个部门经理所

做的努力，资源分配应尽可能考虑周全。通过彻底更新资源分配流程，企业就能最大限度地充分利用有限资源，更好地实现自己的目标。

何时该考虑缩减、推迟或取消项目

根据普华永道公司的报告，有 1/3 到 1/2 的项目在完成之前即被放弃。而埃森彻咨询公司发现，企业在软件项目上如不加以控制，花费往往会超支 100% ~200% 。

纽约一家项目管理培训和咨询公司——兰宁公司国际研究所高级副总裁兼产品发展部主管皮特格斯盖说：“在很多情况下，项目经理只重视完成具体工作，而不去考虑完成这个项目对企业是否有价值。这就要求财务人员在这方面起到制约和平衡的作用。他们应该不断地考虑这个问题：项目的资本收益率是否值得企业冒着种种风险去实施?”

在一个项目的实施周期中，到底应该多久进行一次财务分析，各种理论对这一点众说纷纭。但是项目管理顾问与财务管理人员对如下几点均已达成共识：必须建立一个机制，定期监察项目的支出与收益；所存项目在实施中都应随时注意市场的变化。对项目定期进行财务检查的根本目的就是要消除各种意外因素的影响。

一旦财务分析确认了项目的可行性，财务经理人员就应该着重于长远规划：从长远来看，这一项目会对企业具有何种意义？它将如何影响企业未来的财务与经营模式?

现在，许多企业正在实施电子商务的项目，这类项目就需要宏观的计划与长远的考虑。皮特格斯盖说：“实施一系列的项目、建立电子商务的基础架构或许非常有利可图，但是这一计划的收益在两年之内可能不会实现。因此，财务人员就应当告知企业的其他员工，公司必须埋头苦干两年左右的时间才能看到回报。这可能还会涉及到股东方面的一些问题。财务人员完全清楚项目的长期发展情况，但他们在制定项目预算时，有时却会忽略这一点。”

即使财务部门对项目实施进行了专业的帮助，项目的进行也可能步履维艰。专家认为，电子商务的引入与业务程序重建项目最有可能遇到延期和超支的问题。皮特格斯盖说，比起改进外部产品或服务的项目，企业内部的改造项目更容易出现问题。一家企业推出新产品时，其收益取决于这一产品的销售情况，因此通常能够做出明确的预测。“而我们在进行内部项目时，却很难从一开始明确证明这一构想的价值。内部项目的产生往往是这样的：某人提出了一个好点子，并得到大家的认同，因为他们觉得这是件了不起的事情。”

他认为，在有些情况下，应该用现实性的考虑推动项目的实施。比如，如果你不使用商务智能系统，不出两年就会被竞争对手挤垮。财务部门的任务应当是把每一个出色的构想用投资收益分析的形式表达出来。这样一来，项目决策人员就会清楚地了解这些决策对企业的影响程度。

有时，项目投资者会听任项目的实施情况不断恶化下去，这是因为他们觉得已经为项目投入了太多的时间，金钱与精力。你会听到这样的话：“我们既然已经花了这么多钱，干脆还是把项目继续下去吧。要不然，那些钱就算是白扔了。”这种把处于困境中的项目进行到底的决定可能是正确的。但是即便如此，也绝不应当从这个角度来考虑问题。你要问问财务主管人员，在过去的一年里，公司的项目中有多少已经大大超支了。如果他们六个月之前就能发现问题的话，会对其中的多少项目进行调整——缩减规模或干脆取消？弄清这个问题并不困难，只要问对问题就可以了。

项目经理和财务经理经常面对这样一个问题：是否放弃一个陷入困境的项目？在讨论这一问题之前，他们必须知道，有些超支的情况是正当、合理的。有时诸如新技术的应用等外在因素会使项目支出成倍增长，但同样也会令项目的收益大大增加。皮特格斯盖说：“评估一个预算超支的项目，并不是简单地比较我们本来预计花费多少钱，而实际花费了多少。应该考虑的问题是继续这一项目是否值得。收益还能否抵偿额外的花费？财务部门的任务是搞清楚企业能否得到与投入相应的回报，然后再评估无法获得回报的风险。”

决定放弃一个项目是相当困难的。对成功的预期使得人们在项目中投入时间与经验，甚至把职业前途也拿来孤注一掷。一旦开始实施一个项目，人们就会为了成功而倾注大量的热情与精力。他们付出了辛勤的汗水，自然希望获得成功。所以当遇到一些小问题时，他们总是竭尽全力克服困难继续前进。

然而，当出现下面这些情况时，就应该考虑缩减、推迟或取消项目：

（1）持续增长的支出。如果每一次你收到进度报告时，项目经理都会说：“噢，对了，这里还要多花10万美元。”这可不是个好现象。这说明项目执行人员无法控制项目的进行。如果预算以5%的幅度不断增长，那还不如一下子明确项目完成时将超支50%。一旦你发现预算支出在持续增长，你就应当回过头来对项目进行一次充分的回顾和总结。

（2）士气低落。除了对数字的掌握之外，还应留心项目执行人员有没有意志消沉的迹象。他们是否搔着头皮、一筹莫展？他们是不是在日夜工作？企业其他部门是否因为这一项目消耗了公司几乎全部的资源与精力而苦不堪言？通过对项目执行人员的表现的观察，你能够在项目开始出现问题时觉察出来。你还要尽量引起领导层对这些蛛丝马迹的重视。

（3）缺乏交流。在项目的运作中，项目执行人员与企业的其他部门应该保持不断的交流。当某个使用这一商务系统的部门表达自己的愿望，希望对项目进行部分更改时，项目经理就应该耐心解释，这样的更改会对项目预算与完成期限产生何种影响。项目执行人员与企业其他部门之间缺少交流会导致员工士气低落，并对项目的价值产生疑问。

（4）频繁改变方针。项目执行人员遇到困难时，常常会改变方针。如果这种情况成了家常便饭，就需要对项目的整体构想进行重新思考与设计。

如何退出已有投资

1. 投资退出有利于改善企业财务状况

对企业来说，投资总是做“加法”容易，做“减法”难。企业通过投资、再投资壮大规模后，往往面临着如何退出已有投资的问题。不少企业正是由于没能在投资的进入与退出之间取得较好的平衡，因而在市场竞争中陷入被动。

1999 年 10 月，李嘉诚旗下的和记黄埔公司将其拥有的 Orange 公司 48% 的股权卖给德国的电信巨头曼内斯曼公司，成为全球资本市场关注的焦点。早在 1994 年，和黄公司以约 60 亿美元购入英国 Orange 移动电话公司，加上其他移动电话业务，和黄公司建立了强大的移动通讯王国。1999 年移动通讯业务炙手可热之际，和黄退出了 Orange 的投资。在这一交易中，和黄连同所获票据及曼内斯曼约 10% 的股权，不仅赚得 130 亿港元的利润，而且成为单一最大股东。

握紧拳头是为了更有力的出击。投资项目只有做到有进有退，才能回笼资金或腾出资源抓住新的投资机会，顺利进入下一轮投资计划，实现投资的良性循环和增值，进而优化投资结构，控制投资总量。

投资退出有利于确保企业现金流量的平衡，改善企业财务状况。一方面，以高溢价退出投资项目，可为企业带来可观的特殊收益和现金流；另一方面，退出经营不善及负债高的项目或业务，可让企业有效重组债务，达到止血消肿的目的。

投资退出作为一种收缩战略，也是企业优化资源配置的重要手段。如企业可通过投资退出盘活沉淀、闲置、利用率低下的存量资产，从而完善和调整现有的经营结构，提高资产组合质量和运用效率，达到优化资源配置的目的。

企业通过减持或降低在投资项目的股权比例，可以引入专业或策略投资者共同经营投资项目，不仅有利于项目公司形成多元产权模式，健全项目公司治理结构，而且为项目公司重新设计科学、合理的股权结构提供了可能。

企业还可以借助投资退出来进行战略调整，集中资源专注发展核心业务和主导产业，提高核心能力。

2. 慎重部署投资退出

综观企业退出投资的各种情况，大致可分为自然退出、被动退出和主动退出三大类。企业研究投资退出战略的重点，应是主动退出。它是指在投资项目公司存续的情况下，企业基于退出条件、项目盈利能力、战略调整等种种考虑退出所投项目。

就退出条件而言，企业没有不可退出的投资，只有不能满足的要价。企业应当密切配合市场条件和时机的变化，从价值最大化角度出发，以较高溢价退出优质或正常经营项目，实现投资增值，创造特殊收益。

项目盈利能力可能是企业考虑是否投资退出最直接的因素。除了那些经营不正常或连年出现亏损且扭亏无望的投资项目要积极部署退出外，企业还应对目前虽能维持经营、但项目盈利能力较差的项目主动考虑退出。

此时，企业有必要根据投资项目的资金来源及经营地域预先设定盈利标准。可供参考的盈利指标主要有：项目论证阶段预期的投资回报率、企业整体在近几年的平均净资产报酬率、国内外长期债券利率、国内外银行贷款利率、加权盈利指标等。

从战略调整角度看，企业选择主动退出投资主要包括以下情形：投资项目与企业发展目标、产业导向或核心业务不相符；企业难以取得投资项目的管理控制权和发展主导权；企业内部因资产整合、重组，需要退出相应投资；企业根据目标负债及自身现金流量情况对投资总量进行控制，当投资总量超出上限，或负债率超过目标水平，或财务、现金流量出现困难时，主动退出有关投资；投资项目公司因合并、分立、购并及引入新的合作伙伴等事项使资本规模、股权结构或合作条件发生重大于己不利的变化；投资项目公司因违反有关法律、行政法规造成短期内无法消除的重大影响。

总之，企业应建立和健全对投资项目的监控机制，动态掌握投资项目的进展及经营情况，对投资项目定期进行分析，慎重部署投资退出。

3. 选择退出途径

投资退出其实也是一种资产经营活动，因此需要借助资本经营手段来完成。一般说来，企业退出投资往往是在产权的流动中实现的，主要手段不外乎通过转、售、并、停、关，其中以转、售、并最为理想。从资产经营角度看，投资退出主要有以下途径：

（1）公开上市。这是投资退出的最佳途径，具有成本低、高增值的特点。企业应当充分利用证券市场的价值发现功能，推动投资项目公司到证券市场直接或分拆上市。

（2）整体出售。和公开上市相比，出售可以立即收回现金或可流通证券，既可以立即从项目公司中完全退出，也可较快取得现金或可流通证券的利润分配。就效应角度而言，整体出售具备收购方对一般兼并收购所要求达到的效果，但整体出售可能存在市盈率偏低的情况，难以取得较高溢价。

（3）改制、重组后退出。将项目公司改制、重组成股份合作制企业、股份公司直至上市公司，通过资产或股权转让、出售退出投资。如协议转让给投资项目公司其他股东；协议转让或定向配售给战略投资者；通过技术产权交易所进行转让等。

（4）物色收购投资项目的对象。直接或通过专业性的经纪、中介机构物色对投资项目感兴趣的公司收购、兼并项目公司，实现投资套现。收购、兼并的对象可以是整个投资项目，也可以是部分股权或资产。

（5）股份回购。当投资项目为上市公司时，则可通过将股票卖回给项目公司而回收全部或部分所投资金。如果是普通股，企业可和项目公司签订股票卖回的卖方期权，直接将股票卖回给项目公司；如果是优先股，则需通过制定强制赎回条款进行。

（6）托管和融资性租赁。托管经营是指托管经营公司与企业所有者经过协商，通过契约方式，以保全并增值受托资产为前提，对受托企业进行有偿经营。托管将企业经营者从企业要素中分离出来，成为新的独立的利益主体，其实是一种间接退出投资的方式。

（7）企业内部合并、转让。这一方式在控股公司或企业集团中运用得十分普遍。企业内部通过协议转让或划拨，对同类业务及投资项目进行专业归并；企业内有上市公司的，可将非上市的业务注入上市公司套现；将难以退出的不良资产从有关下属企业剥离，通过其他下属企业或由母公司进行消化、盘活。

（8）关闭、破产、清算。清理也是投资退出的一条途径。企业一旦确认项目投资失败或成长太慢，不能获取预期回报，就需要果断退出。当投资项目无法通过其他途径退出且无必要维持时，也应关闭、解散，通过清算退出。

上述有关退出投资的方式并不是相互独立，而是紧密联系的。企业应当综合运用这些方式进行投资退出的部署。

4. 实现顺利退出

企业如何能够顺利退出？以下四点建议可供参考：

（1）客观评估投资价值。投资项目的作价直接决定了投资退出是否成功。资产作价的重要参考和基础是资产评估价值，因此企业在投资退出时应进行资产评估。资产评估要在综合考虑资产原值、净值、重置成本、获利能力等因素的前提下，选择相应的资产评估方法，包括收益现值法、重置成本法、现行市价法、清算价格法或其他评估方法。

（2）未雨绸缪，投资时就考虑退出。企业在项目投资初期，就应高度关注投资权益的流动性和变现能力，提高投资的证券化程度，为日后正常、高效和低成本退出创造条件，降低壁垒。

企业应争取在项目公司合同条款中通过“卖股期权”等灵活安排，就投资退出的时间和方式做出意向性规定。条件成熟的，可争取改制为股份合作制企业、股份公司和上市公司。

企业在核心业务以外的领域进行投资时，不宜以追求控股及大股东地位为目标，而应以策略性投资为主，通过引入战略投资者，形成投资主体多元化格局，以方便日后的退出。

（3）精心设计投资退出策略。如项目整体退出有难度，可分阶段减持或退出；如整体转让有难度，可对业务或资产进行分拆转让或直接转让；出售有难度，可通过以股换股、以资换股、资产置换、托管、资股转债等方式间接退出，或将部分资产通过资产管理公司进行融资性租赁、抵押后间接退出，力求以现金或票据（如债券）方式回收投资，在这一方式有难度时，也可以根据企业的实际情况以股权、资产、负债或其他方式回收。

（4）财务上做好准备。以高市盈率退出优质项目时，对企业来说没有什么财务压力。但如果退出经营不善或长期挂账的项目，企业就可能需要大幅撇账。此时，企业应充分考虑投资退出对其财务承受能力及现金流量的影响，以在时机选择和策略应对上做出相应部署，同时要事先对可能的损失、清理出来的不实资产及坏账做好财务拨备和核销。

运用信息化技术来管理财务

公司运作过程中所有环节的人财物变化都可以通过财务绩效体现出来。但要想达到这样的要求，必须有三个条件：首先公司运作的所有环节必须与财务是紧密联系的；其次，公司运作的所有过程状态都必须实时反映到财务上；最后，财务结果必须尽快反馈到公司各级管理者，使其能够迅速反应，改善业务或管理，提高绩效。然而这样的条件如果没有信息化手段（ERP）的支撑是难以做到的。国际上，这样的例子很多，例如，ADK 公司实施信息化之后，这三个条件发生了变化：

（1）成本核算更加准确。准确的成本核算是财务管理的基础和重中之重。ADK 是计算机制造公司，部件成本占到总成本的 80% 以上，因此准确掌握各种物料的存货状态和及时计算各种物料的当前价值就成了成本控制的关键所在。这些若没有信息化手段的支撑是根本做不到的。

1999 年公司 ERP 上线之前，产、供、销各个环节都和财务隔离，各种作业信息都是先在自己的部门内流转，对财务不透明，最后“批处理”地反映到财务的账目上。这样财务就仅仅只能起到一个记账、核算的作用，不仅起不到对业务的支撑作用，甚至有时还会干扰业务负责人的判断和决策。例如，采购入库单、产成品入库单都不是实时，而是“批处理”地传到财务，这就造成了成本核算的滞后。

更严重的是从原材料到在产品再到产成品这一段对财务是完全不透明的，这样财务就只有按“上月在产品＋本月材料出库－本月产成品”这样来计算在产品金额，并据此做账。ADK 的财务总监 Lisa 女士曾说过，正是这个原因再加上产品的配料单不精准，只考虑主料、不考虑辅料——辅料走生产费用，造成 2700 万元辅料领出了库，但生产部门并没有计生产费用，于是财务就把它算作在产品了，这“定时炸弹”就抱上了。所以说，没有信息化手段很难让我们采购、生产、库房的每一个作业都实时地反映到财务去，

当然更谈不上以实时的成本数据去支持业务的决策。

ADK 智能化立体仓库实现了 ERP 系统和仓库管理系统的无缝连接。这一仓库可存放 10 万台电脑所使用的物料，通过信息系统的控制，可自动完成物料的辅储。仓库中所有机械放置提出由电脑控制，全面实现机械自动存取。

回过头来看，ADK 过去的成本核算完全是模糊的、事后的，是先有销售、再有成本。因为成本核算只能在每个月的月末结账时才能算清楚，而且是混在一起的大成本，难以细分。业务部门看到报表，可能会发觉国际公司高层认为赚钱的产品却是亏损的，而认为亏损的却赚钱了。

实施 ERP 之后，情形完全不同了。财务不但能了解销售、采购、库房、生产的全部过程，而且伴随着它们的每一个作业，财务都有相应的反应，同时还有监控。在采购订单通过供应商协同系统发送给供应商的同时，财务也得到了这个信息，库房按订单收货后，信息同步传到财务，产生应付账的同时已按订单价格计入成本。

由于 ERP 要求不管是主料还是辅料都要进入产品的配料单，研发部门每推出一个新产品都会准确无误地去维护这个配料单，否则领不了材料。因此在公司信息化再造后财务部一是可以放心地将出库的原材料计入在产品；二是产成品一入库立即可以准确地计算该批产成品的成本，供销售参考，产成品一出库就会计入销售成本，产生应收款。信息的畅通、透明保障了成本的准确，使实施核算成为可能，杜绝了“客观造假”的隐患。

（2）资金管理更加严格。ADK 把自己的资金优势和融资策略看作是支持销售的一种手段，因此公司应收账并不都是在每一笔销售时才进行审核的。国际公司针对长期跟自己做生意、有一定规模、有很好信誉的代理商或是最终客户，会事先就核准一个“信誉金”额度，这个额度主要根据和公司业务往来的时间长短、每年和公司的业务规模、以往的信誉记录等要素动态调整。客户订单出库前，只要资信审核在部门主管核定额度剩余值之内，则库房可以立即发货。

同时，客户还可以选择不同的还款期，分别可以得到不同比例的奖励。这样可以鼓励他们快速周转，也减少公司自己的资金压力和风险。当然对逾期也有相应的处罚；另外，不同产品的还款期限不同，外地与公司总部所在地用户期限也略有不同，因此这是一个复杂的计算模型。

信息化之前，ADK 公司经常出错，也经常引发纠纷。ERP 上线后，不但财务能够准确、实时地知道每个客户当前的账目情况、历史信誉记录，而且系统自动执行能否发货的资金审核，减少了人为控制的难度和随意性。此外，用户可以通过电子商务系统了解他的账务情况，并根据公司信誉记录选择最适合的还款方式，而不必像原来只能按照先进先出的原则，按时间顺序进行核销。

应付账的管理也许更能说明信息化给 ADK 公司带来的流程变革、效率提高以及业务监控的加强。

信息化之前，ADK 公司采购和财务完全是隔离的，采购计划财务不清楚，财务只是在采购入库后才通过库房传来的入库单知道这笔采购已经发生，从而产生估价应付，以后采购根据公司自己掌握的付款条件去财务借款、报销，财务再分别产生借款、核销借款和应付。

在这样的流程中财务完全是被动的，不了解采购计划、到货计划，当然无法有效地实施应付账管理和合理地安排资金，而且还有不少管理的漏洞。在 ADK 公司就曾发生过采购 100 块硬盘，100 美元一个，总价 1 万美元，但到货后发现坏了两块，采购员怕索赔麻烦，擅自或经他上司同意，把单价和数量一改就入库了的情况。这还不算恶意的，上级主管也经常听说有的公司采购卷了应付款就跑。这些都是因为流程中没有财务的监督，没有形成互相制约的机制造成的。

公司信息化以后的应付款流程变为：事实上采购员在提交完他的采购订单后，就没有任务了（当然他要负责催货）；货物入库后，系统会自动产生应付，以后财务按照采购订单的付款条件直接付款给供应商，供应商寄来发票后财务再自行核销。

信息化不仅大大简化了原有的流程，减少了采购与财务之间的穿梭往来，极大地提高了效率，而且由于采购和财务之“墙”的推倒，使得财务能够掌握采购计划的全部信息，不仅能够做好资金和付款计划，而且有效地减少了漏洞，也就是建立起了采购和财务之间相互制约和监督的机制。

（3）财务报表更加便捷。能够做到事中实施监控，就意味着比较容易做到事后的准确和快速核算。ERP 实施之前，公司每到月末，财务部得有 70 人加班加点做核算，即使这样也要 30 天才能得到一份并不十分准确的报表。

今天，ADK 公司共有 30 个独立核算法人单位（或独立分支机构），12 个独立核算的事业部，160 个利润中心，25 个职能部门，1200 多个成本中心。每月产生二十几亿美元的营业额，四万多张订单，四五千笔采购，三四千笔费用。现在每个独立核算法人单位（或独立分支机构）的月报表在月末结账后 0.5 个工作日就可出来。总公司按法人单位统计的横向合并报表和按事业部业务统计的纵向合并报表，在月末结算日以后的第 5 天就可完成。

不但如此，这个信息系统也能支持多种组合的核算方式。比如，ADK 公司是先分业务群，业务群下是事业部，每个事业部还有多个产品。这就要求系统能够支持到公司直至产品的核算。能够弄清公司的每一种产品的利润情况，当然也可以给出按事业部和业务群的核算结果。另外，由于公司的各业务群业务性质不同，有的按产品核算，有的还要按项目核算。由于公司实施矩阵式的管理，业务群还会在很大程度上共享公司的某些资源或平台，比如各地区的分公司就是总公司统一建设的，但是各业务群都可以在这个平台上开展业务，因此在核算时同样的人力资源成本和费用就会被分别核算进本地区平台的报表和相关业务群的报表。这些复杂的核算和报表计算，没有强大的信息系统支持根本是不可想象的。

在 ADK 公司的柔性生产线上，每一个工位都有电脑，每台电脑都连接到公司的网络系统上。员工从信息系统可以接收客户订单、读取作业指导书，还可通过网络系统上的数据库验证操作的正确性。

（4）预算管理更加精准。财务应该对公司的业务起到事前预算、事中控制、事后准确核算的作用。信息化使得国际公司能够在历史数据的基础上，准确地去做好各业务、各地区、各产品、各部门、各费用科目的预算工作。并且能够做到按月分解和及时调整，这样就使国际公司每一块的负责人都有一定的经营压力，不管是创造收入的销售部门、产生利润的事业部门，还是只有支出的职能部门，在国际公司的经营观念里，经营意识和客户意识是最核心的两根支柱。

公司很早就有预算，由于不能实时地对照、检查，所以不能很好地起到对业务的指导和制约作用。随着信息化的逐步深入，目前许多公司已经完全能够做到让每一科目的费用都实时报告到应该承担责任的部门负责人，并且可以和预算进行比较，及时提出预警或禁止信息。业务部门负责人可以在月中任何一天获得截至当时的收入、毛利、净利的粗报表，便于及时了解经营情况，做出判断和决策。这就做到了财务对业务的实施监控和提供决策支持。

（5）财务集中控制。公司使用一体化的下级对上级透明的信息化系统，因此，无论是全世界哪一个地方发生的业务或是开支，不进入系统就无法实现，而一进入系统就能被总部财务所跟踪；各地方分支或核算单位可以在自己的权限范围内形成自己的报表，同样的报表可以同样在总部同步生成，这样除了在原始凭证上做手脚外，在其他账目环节上弄虚作假的可能性大大减少。此外，还有一个有利的监控因素，就是所有的原始数据一旦被录入就不好更改，更改就会留下记录，而且容易回溯。如果进一步实现了电子商务，大多数的销售单据都是在用户端形成的，销售人员根本不接触销售票据和资金，采购订单一发出就由财务监控和执行，更加减低了做假账和腐败的可能性，大大降低了国际公司的经营风险。

削减流动资本，加速流动资金回转

被誉为“全球第一 CEO”的杰克·韦尔奇把削减流动资本扩展为一场运动。他认识到，通用电气公司的行政总监这样做不仅可以解冻资金，还能加快生产。

削减流动资本的重要性体现在以下几个方面。首先，从库存中节省的资金增加公司现金流通，而现金流动为提高公司生产率提供必要的资金。其次，流动资本像所有资本一样都是具有成本的。因此削减流动资本总是能够增加收入。

削减营运库存迫使公司按照更加灵活的生产进度加速生产。过去充满存货的仓库以随时满足更多的客户需求。这样公司不仅可以成为低成本生产商，还可以原来无法比拟的方式为顾客服务。

按照惯例，如果公司不提前几个月，至少也要提前几周做出内容广泛的长期预测来调遣生产。很多制造商正是通过这些存放的货品来完成顾客的订单的。通用电气在肯塔基的家电企业也一样，隆冬季节计划生产的产品要在初夏才能送到顾客手里。

现在，通用电气将生产和订单挂钩，每天用一套制造设施小批量生产各种型号的产品。这样他们只需要花过去 15% 的时间来计划、生产和交付产品。结果库存削减了一半，为公司节约了大约 4 亿美元，通用电气家电部的最终目标是：10 天内完成生产和交货，并将库存再降 50%，降至 2 亿美元。这样能更好地为顾客和公司服务，同时经营资产收益率也大大提高。

认为削减流动资本只能引起公司待业的怀疑论者，只需看看凯尔西海斯公司的运作就会知道这是切实可行的。该公司生产广泛用于当今汽车上的防抱死刹车系统和刹车部件。从 1990 年至 1993 年，它的销售额大约翻了一倍，而生产时间却从一个月降至一周，流动资本从 1990 年的 7000 万美元减少至 1999 年的负 1800 万美元。现在，它只是在收到订单后才马上开始生产，却依然能够在顾客需要时交货。

在削减流动资本的同时，公司还应该对账簿上显示效益不佳的机器、设备、不动产及其他固定资产的效力和效率实施一次全面检查。现在普遍的做法大多是死守着这些玩意儿，想“没准哪天会用得着”。

旧机器和旧设备不同于葡萄佳酿，一般不可能随着储存时间的增长而增加价值。不管现在把不用的东西换成什么，通常远胜过一两年后换到的东西。此外，在这一两年中不可能利用这部分资金，而且对这些废弃不用和不再能最大限度地发挥作用的设备，也不需要纳税。

最后，作为削减流动资本工作的一部分，就是减少应收账款。钢铁制造商纽克尔有一项严格的 30 天付款政策，并只允许销售款拖欠 30 天左右。公司总裁约翰·卡恩提这样解释道：“我们不向供应商借钱，也不想顾客用我们的钱。我们不做银行业务。纽克尔公司的政策不允许向任何购货 60 多天后付款的顾客发货。”

学会催款，减少坏账损失

没有人是为了做收账员才搞销售的，但现在许多公司要求销售人员处理逾期账目。对于其主要任务是寻找并满足顾客、向顾客推销的业务员来说，没有什么活比这更痛苦了。

这是因为收账只有一条稳妥途径：“不怕失去一些客户”。《信中无支票》一书的作者斯克拉说道：“对业务员来说，这真是难于上青天。”无论困难与否，减少坏账已变得同拓展新业务同样重要。让业务员兼做收账员？美国收账协会副总裁尼克认为：“恐怕不得不如此。应收账款已成为商业经济环境中长期存在的问题。”

由于企业都在加紧同势头日盛的欠账风做斗争，结果现金流动而不仅是销售额，就成为衡量经营成败更重要的标准。企业均采取了一些应付手段：业务员的客户出现坏账，即扣其根据结款多少所发的佣金，或停发其佣金直至客户付款。企业已注意到，他们往往付出了佣金，而交易却未完成。

在资深业务员看来，这些做法促进了销售状况的改观。1989 年以来，服装个体业务员马歇尔一直在拼命地努力工作，他认为客户的信用问题是欠款的主要原因。六年前，因此产生的欠款占其销售额的 4%，如今却近 12%。

业务员应该怎么办？

（1）把收账看作销售工作的一部分。先用经实践检验过的技巧来武装自己，然后挽起袖子行动。WTMX 广播电台的销售经理巴迪声称：“从卖出产品的那一时刻起，收账行动就开始了。”

公司的逻辑是，既然业务员与客户的接触最多，他们当然能对收账状况有很大影响。许多深受启发的业务员对此也表示赞同。

（2）积极防范拖欠的发生。的确，从一开始就注意了解细节能够免于陷入收账困境。日常管理杂乱无章，如账单写错收件人或地址等，常会导致客户拖欠账款。要防患于未然，专家建议业务员应当“熟悉客户的财务圈子。”

应确保联系人的姓名、地址及信息号码正确无误，核对客户公司的法定名称及业务名称。弄清客户是独立经营还是合营，有助于了解其法律责任，询问客户的从业时间。

另一个财务要点是：业务员有必要了解自己公司的信用政策，并把它们明白无误地传达给客户。专家强调，不要为了争取客户而含糊其辞。有些客户一听信用审核就很反感，同他们打交道时，不妨着重说明业务过程中要求信用申报及提供有关资料是很普遍的事。

如果潜在客户过于推三阻四，你完全可以暂时不向他们推销。收账专家和销售人员一致认为，由业务员评估客户的信用最为合适。

商用温室生产商阿格拉技术公司销售经理科尔曼建议：“不要一下车就径直走进客户的办公楼。在工厂周围转转，看看是否有货正在装运？机器是否运转？办公室里的工作人员忙不忙？”科尔曼继续说道，“我不觉得询问客户经营状况有什么难堪。不然的话，我很可能使公司陷入经济困境：我不能那样做。”

业务员必须警惕以下红灯：

△客户没有讨价还价。这表明他们可能无意付款。那些会按时付款的公司总要费尽口舌尽可能争取最合算的价格。

△信用申请不完备。一些简单事项，如开户行名称被漏掉了。

△仅列出主要供应商做信用推荐单位。应当找些同自己公司规模相当、地位相仿的公司作为推荐单位。

（3）如果已经造成拖欠，一定要及时催要。选择收账时机至关重要，时间拖得越久，越难收回。

销售人员常担心收账会得罪了客户，其实不然，收账专家说道，只要技巧运用得当，收获策略可同时兼作客户服务战略。可以把收取逾期账款作为与客户沟通的机会，比如说一句：“顺便问一下，你们的订货一切顺利吗？”

投资信贷系统公司的马克认为：“客户服务出现问题常会导致欠账。如果产品或服务出了差错，客户可能不付款以示不满。”

业务员在采取行动之前，先要弄清造成拖欠的原因：是疏忽、不满，还是故意敷衍，这样你起码可以做到心中有数。催款应该直截了当，“收账没有任何妙语，”斯克拉说道：“要求付款的最好方式就是有话直说。”

最大失策之一是要求先付一部分。专家强调，应该要求全额付款。拿到一点是比一点没拿到最好，却不如全部收回更多。

应向客户说明，当初给他的报价是基于双方接受的信用条件的。可以再增加点压力，指出拖欠账款会对客户自身的信用记录造成不利影响，使他将来为发展业务争取银行贷款的可能性受到威胁。

资深业务员指出，技术进步也带来一个常用的借口。“我的电脑坏了。”常常成为客户在面临催款时的托词。语音信箱也是令人头疼的问题。

亲自登门催收货款往往效果很好。如果客户仍在上班，那么他们仍在营业。只要还在营业，“他们总得要付给人钱。”

（4）采用别出心裁的催账方式。格伦为一产商龙尼公司推销冰淇淋。他想起一个例子：一位同事因受够了某客户总是不付款的气，便带一帮朋友来到该客户的饭店要了一桌豪奢大餐，佳肴既丰，价格自然可观。吃完了饭，拒绝付款。该客户威胁说，要报警。“请便吧。”业务员边说边从口袋里掏出对方欠他的账单。问题弄清楚之后，双方当晚就互签了支票。

投资信贷系统公司的马克为销售人员提供了另一种解决方法。即取消欠账客户的信用优先权，对他们只采取款到交货的交易方式。但问题是：这些客户常继续拖欠原来的余额。

马克建议同客户协商，要求每做一单款到付货的生意，客户都要同时付一部分旧账。他对客户解释道：这样你能继续得到供货，你的公司也因此会受到双方的称赞。

对面临欠账问题的业务员和公司来说，最致命的陷阱是，认为只要卖出更多的产品或服务就可以“弥补”坏账造成的损失。

不过专家们也同意，同客户保持长期的关系有利于收回拖欠账目。正如WTMX 广播电台的销售经理巴迪所说：“谁都不想跟朋友闹翻脸。”

适当涉足风险投资

1. 英明的风险投资对企业的快速成长是至关重要的

风险投资追求的是短时期内的高回报率。通过进行风险投资，公司不但可以获得企业快速发展所急需的资金，更为重要的是还能从风险投资公司获得管理上的扶持。由于风险投资家一般对于所投资的领域，具备丰富的经验和卓越的见识，许多风险投资家以前就是大型企业的高级主管，手中还握有各类人才网络，这就保证了获得投资的公司同时能够在管理方面得到及时的指点和所需的人才资源，而这对一个企业的快速成长恰恰是至关重要的。

风险投资主要来自于风险投资公司，还有就是跨国公司和投资银行所设立的风险投资基金。

2. 风险投资的类型

在企业的不同阶段，风险投资在注资额度和扮演的角色方面各有不同。

（1）创业投资。这个阶段，根据创业者的商业构思，或某些先进技术的雏形产品，风险投资提供创业投资，作为企业的启动资金和早期运作资金。尽管所涉资金较少，但由于市场不够明朗，投资风险最大，很大程度上是一种赌博。创业投资主要取决于风险投资家的个人判断和决策。

（2）开发投资。此时企业已有雏形产品，但需开发成定型产品。这时企业需要以可靠的技术资料和有说服力的市场数据，要求风险投资公司提供开发投资。此阶段企业尚不能做到收支平衡。风险投资所介入的大部分公司往往在这一阶段被市场淘汰。

（3）发展投资。本阶段企业基本做到收支平衡，但为在市场上确立地位，往往需要风险投资公司的发展投资。只是此时由于市场已经明朗，要谁的投资，投资条件如何，企业握有主动权。

（4）拓展投资。企业已经进入获利阶段，需要谋求更大程度上的发展。此时企业可以非常有利的条件，得到拓展投资。一般企业在这时应考虑公开上市。

对于风险投资公司而言，真正的风险在于创业投资和开发投资阶段。而对于创业家来说，引入风险投资难度最大的也就在于这两个阶段。一旦冲过这两个险滩，则风险投资家和创业者皆大欢喜，都能获得好的收益。

3. 获取风险投资必须考虑的因素

创业家在设法获取风险投资时，应该从何着手呢？

首先需要了解风险投资公司的背景，目标中的风险投资公司对你所从事的行业是否了解。如果他们不了解的话，一般不会进行投资。再者，他们是否曾经在这一领域的一些公司中参与投资。凡此种种，都有助于你的初步判断。

在企业和风险投资公司初步接触、风险投资公司对企业产生一定兴趣之后，企业应该向风险投资公司递交一份比较正式的企业规划书。其中应包括以下几个部分：

企业简介、企业前景分析、管理队伍介绍、投资情况和风险投资公司的投资回报方式，风险投资退出方式，企业最后是公开上市、出售还是由企业家回购股份，需要在这里约定。

需要强调的是，风险投资公司在审核风险投资申请时，对创业者本身的素质以及管理团队的组成极其重视。所以创业者在企业规划书中必须在这方面阐述清楚。因为对于创业型企业而言，人力资源是决定企业命运的最重要的资本。而如果要想获取海外风险投资，你的管理团队必须是国际化的。

对于许多雄心勃勃的创业者来说，获得风险投资是事业有成的象征，也是迅速致富的可能捷径。但要获得风险投资家的青睐是要付出代价的，包括突如其来的严格监控和苛刻的新要求，创业者一人大权独揽的日子也会一去不复返。获得风险投资可能是你最好的事，也可能是你最坏的事。你可以得到最聪明的人们的建议，但风险投资家们可是坚持按他们的游戏规则行事的，甚至有可能不再带你一块玩。有人把风险投资家比作中小企业的园艺家。他们像园丁选择好苗子一样，找出那些他们认为有远大前途的企业，注入资金，施肥、浇水、间苗，然后坐等秋天丰美的收获。也许对于许多创业者来说，在寻找风险投资，努力使自己茁壮成长时，首先要做好日后被修剪的准备。

做好投资规划和预算

拥有出色的决断力使管理者在一些项目上取得巨大的商业成功，而其他公司则可能会认定这些项目回报率低而拒绝投资。对资本的更充分利用将增加单个项目的预计回报，并且将公司的一部分财力解脱出来用于其他项目的投资。

1. 确定公司的资金来源和构成

在企业的筹建阶段，通常被认为当你为资金的来源和使用制定第一份财政预算后决定性的一步，为企业以后的发展确定了方向。在制订财政预算的过程中，关键环节是创业者的财力与计划投资之间的矛盾。为了对你创业的初始状况有个客观的评价，你必须向你的银行顾问及税务顾问请教。

创业启动资金决定了创业者的财力，这笔资金既是创业启动投资的基础，也将是企业初创阶段中主要的资金来源。

为了对一个创业者所能动用的最高金额有一个了解，银行一般要求创业者的资金组成为1/3的自有资金和最多不超过2/3的外来资金。如果自有资金不到1/3，根据经验，往往银行和创业者本人都要承担更大的风险。因此，每位创业者都要尽可能多地自筹资金，确保自有资金达到一定数额。

2. 按投资规划分配资金

首先要做的一件事是尽可能早而翔实地列出计划开支，这就成了第一份投资计划。完成一份投资计划的前提是全面了解必备投资内容的购置情况，保证足够的流转资金。

除了确定必备的投资款项之外，还有必要预估企业初创阶段的储备金。储备金是规划中非常重要的一点，不过要确定它的数量是有一定难度的。

投资款项和公司储备资金首先应计划从公司预算中提取。在进行财政预算，估计自己的融资潜力时，把外来资金和自有资金的比例预估为2：1已经足够，即在一笔10万美元的自有资金的基础上，你最多能得到20万美元的外来资金。

在企业初始阶段，需要把投资范围缩小到最小。如果可能的话，你可以选择租赁或分期付款的方式，而不是非得去购置新资产。你可以考虑把业务转包给别人，而不是先雇用员工。此时有可能连续几个月没有收入，而开销却很大，所以还得做好透支的准备。

3. 保持合理的资金预算

合理的资金预算能保证公司的支付能力，避免出现无力支付的窘境，帮助公司走上规范化的经营轨道。

除了长期追加投资的资金需求之外，为生产过程的前期投资保留一部分企业储备金也是必要的，因为在创业者收到客户的第一笔支付之前还有一段时间，必须保证这一时间段的资金支付。在进行所需资金预算时，你必须考虑以下几方面内容：

（1）劳务工资；

（2）能源和运输费用；

（3）广告和销售中的费用；

（4）预计拖欠债款；

（5）租金和押金；

（6）办公和管理费用；

（7）利息；

（8）私人生活费用。

4. 确定最佳资金构成

最佳的资金构成需要在投资总金额确定后才能明确。区分自有资金、外来资金和公共资助金的方法是可行的，至于资助金是归为自有资金还是归为外来资金，则取决于资助方。可以借助第二份财政预算，确定公司各项投资金额。

创业者在制定财政预算时必须注意以下两个方面。

（1）银行在投资中会特别注意“日期的一致”，而年轻的创业者往往会忽视这一点。他们不是使用归还期限与资产使用期限一致的贷款去购置货物，而是常常投入短期贷款去购置耐用品。至少有54%的贷款人会犯这类错误。

（2）分别从乐观估计和悲观估计两个角度制定一份财政预算。

方案七

创新持续不断更新产品

产品不是技术的产物，而是管理的产物。从本质上看，产品创新也就是管理创新，管理创新是创造市场的基本动力。如果死守这样的陈腐观念："我们一直是以这种方式生产的，它应该继续有效。"那么在今天激烈竞争的环境里，这类组织将失去立足之地。不管是私人企业或政府机构、大公司或者小企业，我们发现要创造与维持卓越的经营绩效，只有两个方法。第一个方法是通过完善的服务和卓越的品质，给予顾客特别的照顾；第二个方法就是不断创新。

创新是公司保持长期生命力的关键

“要么创新，要么死亡”是流行一时的名言。而创新又难免有新的危机、新的失败，甚至失败多于成功，因此，创新与危机管理有着密不可分的联系。

实际上，许多公司虽然潜伏着许多危机，但这些缺陷可以摇身一变成为创新的源泉。少数具有创意的大公司如 IBM、美国的明尼苏达矿业制造公司（以下简称 3M 公司）、德州仪器、惠普等，它们的领导人具有追求创新的精神，同时一直认为创新想法得来不易，必须刻意培养，主动寻取。此外，这些有创意的大公司采用下面一些策略来维持其领先的地位。

△设立创新的目标，譬如，在 3M 公司，每一个部门每年的 25% 销售额必须来自五年前没有存在的新产品，换句话说，3M 的高级主管最有兴趣的不是现存的而是新颖的产品。

△鼓励各级主管强调与透视长期目标。

△创新产品或服务一旦成功之后，公司一定提供巨额的红利和奖金。

△接受因冒险创新而可能遭受的失败事实，认为它是成功的代价。

△通过行销部门的安排，鼓励工程师与做研究的科学家与产品使用或购买者多方面沟通，以求产品的改善。

△不需经过高级主管的核准。其他各级经理人员有权资助创新的研究，譬如德州仪器公司有创新观念（IDEA）的计划，在这个计划之下，40 位计划专员有权核准公司的长期研究项目。

△定期举办顾客会议，以从中获得创新的概念，惠普已经把这种会议正式作为公司作业的一部分了。

总之，大公司在具有优势的客观条件之后，必须采取坚定的立场，制定长期目标，强调创新的重要，努力追求与发展具有创意的产品和服务，如此，才不至于被自己辛苦建立的制度所束缚，失去生机。

以创新作为战略重点的企业在竞争中始终领先一步

持久创新是优秀公司在竞争中获胜的重要武器。新产品推出的种类和速度是企业竞争的主要内容，优秀公司在创新方面走在前列。

在竞争激烈的全球市场上，来自企业内外的各种力量正在推动企业创新并创造独具特色的产品。其中之一是不断变化的顾客需求。顾客日益要求企业生产新的产品以满足他们的要求，特别是那些公认的市场领先企业。

另一股力量是迅捷的技术变革。新技术能创造新产品并快速淘汰现有产品。从电脑到小汽车、从玩具到炊具，多数产品的技术含量越来越高。这两种力量迫使大大小小的企业制定新的产品战略。新的战略应能使企业长期保持健康发展和竞争力的内在渴望得到实现。

管理者的职责在于确保产品创新战略成为企业的优先目标，一定要达到推出新产品所要求的高标准。同时，在企业的宣传资料中表明新产品收益的新目标，深刻把握如何充分实现收益目标。

在开发新产品时，要重视以下步骤在企业成功开发新产品过程中的重要作用：

（1）致力变革制定新产品战略，开展一切创新活动，都应在企业的战略框架内进行。应使企业目标与总体战略保持一致。

（2）为将来制定明晰的远景，挖出企业要改变的领域。坚持宣传企业远景目标，赢得企业上下的认同。要检查影响企业的各种问题，不妨问问如下一些问题：

产品战略是否与企业战略相符？新产品的收益是多少？公司能否像3M等一流创新公司一样，做到30%的收益来自开发不到四年的产品，10%的收益来自开发不满一年的产品？新产品的成功率是多少？公司是否熟悉新产品的开发流程及其影响？

如果回答不了上述问题，或公司的业绩没有达标，管理者就得认真反思企业在新产品开发方面所做出的举措。

（3）编制变革路线图，分析整个企业以确定变革的基线。关键的第一步就是让每个人参与变革。找出那些导致员工工作产生困难的因素。可以就企业待改进的领域征询员工的意见，问问他们企业的文化是否利于培养富有创意的创新型思维。

下一步就是以业内最佳企业的流程为借鉴基准，比照自己的企业检查对方的优势，并确定出它们是如何克服员工劣势的。

详细核对所收集的信息，并以这些信息作为确定企业创新方向的基础。这样使企业可以更轻松地集中资源，开展真正重要的活动。

企业的变革路线图必须清楚地表明企业在文化、运作和流程等方面的具体差距，及企业如何弥补这些差距。确定每个员工应负责的范围，对过程进行不间断的监控。创新是集体努力的结晶，不只是个人或某个部门的职责。

（4）确定产品开发流程。新产品开发流程的建立很大程度上取决于企业的性质以及企业的推动力。例如，以竞争对手为驱动力的企业可能只有四个阶段，以市场为驱动力的企业则可能拥有八个以上阶段。通常，最好由部门代表组成的委员会来设计整个流程，因为他们最清楚企业的具体要求。

将灵活性融入产品开发流程，这点非常重要。做到这一点的基础是把握产品的演变和利用共同管理的能力。其目的在于，在项目开展过程中了解顾客的需求和可供选择的解决方案，然后将获得的信息整合到不断完善的项目设计中。

（5）一次做对。应密切关注创新的酝酿阶段，这对整体结果可能产生显著影响。如果迟至设计或原型生产阶段再着手，那时60%的资源已经投入进去，做起来既耗时又代价不菲。开始阶段不修改，往后推代价会更高。

（6）预测顾客需求。国际优秀公司往往能在产品开发初期就能了解顾客的心声。他们拜访最早的用户，建立顾问委员会，对顾客进行交叉拜访，分解顾客供应商价值链及进行顾客调查。他们认识到新产品的成功非常有赖于顾客参与。

（7）与顾客群建立广泛联系，包括建立让许多顾客试用产品或服务的联

系，及选择部分重要客户体验产品或服务。这些顾客不一定来自企业外部。国际优秀公司有时利用内部员工测试正在开发的新产品。

以网景公司（Netscape）为例。由于网景当时正在同微软（Microsoft）进行激烈的竞争，对他们来说不断获得顾客反馈尤其关键。在兰斯迪和麦可马合著发表在《哈佛商业周刊》上的一篇文章中介绍说，网景向其整个顾客群广泛发送多种测试版产品，使用户在不断完善的产品设计过程中起了关键作用。

“同时，这种办法使网景公司得以测试极其复杂的技术产品。虽然并不是所有的网景用户都试用过测试版，但网络浏览器的高级用户却无一例外。因为他们自己正在创造的产品需与 Navigator 浏览器版本兼容，达到天衣无缝的程度。用户的反馈显然深具影响，在第一次发行测试版后，相当分量的新编码、功能和技术融入了再次发行的新版本中。”

现代企业必须追求持续不断的创新

管理专家彼得·杜拉克认为，每隔三年左右，企业必须对自己业务的方方面面进行一次全方位的严格评估，这点至为关键。他要求企业善始善终地仔细检验自己的产品、流程、技术、市场、分销渠道和员工活动。然后自问：在现有的市场、客户、资源和远景下，我可否达到目前光景？如果答案是否定的，那就要停止挥霍自己的资源，转而继续寻求变革。

这一过程是否很困难？当然很难！不过，和其他事物一样，经常实践就可以变得容易些。正确的问题应该是“这样做是否值得?”答案是绝对值得！从现在起开始用这种方法进行企业管理，否则你可能会抱憾终生。因为唯有你能领导你的企业走向前。

你不妨试试如下方法，帮你和你的企业在当今全球经济中赢得更大成功：

（1）设法结交其他行业中具有创造力的思想者。经常待在自己的小圈子里，会导致“自我封闭”。制造商需要和饭店老板一起打打高尔夫球，室内装潢设计师则可以邀请工程师共进午餐。尽力广泛征求各方建议，然后仔细选择并加以采纳。一旦你能够利用别人的思想激发自己的灵感，你就会惊讶地发现，自己的创造性思维能力大大提高了。

一家医院无论如何都吸引不到打算做整形手术的富有患者，医院主管为此一筹莫展。但当他与从事饭店业的朋友打网球时，却找到了出路。他听从那位朋友的建议后，使医院很快就占领了整形外科手术市场。医院开设了豪华轿车接送患者服务，在大门口装上了天篷并聘用了一名门卫。患者进门后，侍者会把患者的行李送到他们的房间。房间里配有整篮的水果、提供房间服务和最新电影以供患者欣赏，就像在豪华酒店里一样，人们自然乐意享受无微不至的服务。

（2）学习本业之外的知识。挤出时间博览群书，学习影响你业务的各种知识，正如运动可以增强体质，读书能开启心智。应当开拓思维，掌握你业务的基本技能，如解决问题、决策、谈判和员工管理等。

（3）树立管理整体观。把你的企业看作是一个统一机体。质量问题会影响到销售，管理不善又会降低产量。你的决策和行动看起来只限于解决出现的问题，其实最终会影响到你的顾客，并因此对销售产生影响。

（4）立足长远思维。日本人曾制订百年商业规划并对其定期更新。结果只用了短短三十年，就从战后的满目疮痍一下子走到了世界工商业的前列。管理一定要面向未来，保持一贯的质量和品格。

（5）把顾客投诉看成是改进的机遇。从错误中可以吸取到价值不菲的经验教训，因此不要怕犯错误。用心寻找那些前途光明、能激起你热情、合乎你的远景并能发挥你所长的领域。一旦找到就不遗余力地投身进去。

（6）重视不寻常的要求。多数企业只选择最简单且自己轻车熟路的东西。提出特殊要求的人们通常会被拒之门外。千万不要对他们置之不理，要和他们交朋友，从他们那里汲取灵感。他们可能有助于你预测未来趋势。如果你不这样做，自会有别人去做。追踪顾客寻找替代产品的要求，找出顾客想要却自己无法找到的产品。要弄清他们的生活方式和趣味，设计能满足他们的方式。灵活调整你的工作时间，或者为那些无法在你正常营业时间光顾

的忙碌顾客提供特别服务。

(7) 关注你真正的资产。由于企业主不愿对员工培训进行投资，他们每天都在使员工的价值缩水。学校教育和员工以前工作的企业提供给你的绝不会是可随时上手的成品人才。通常，你聘到的都是颇有前途的新手。如果你够精明的话，就会聘用肯学会学的人。你不对员工进行培训，而你的竞争对手却会。诚然，培训会费时耗钱，但是不对员工进行培训，你就要被竞争淘汰。若打算在商场上站稳脚跟，就必须对最宝贵的资源进行投资。

(8) 拥抱失败。创造力不是什么超然能力，人人皆可创造，只是有些人勤于创造而已。托马斯·爱迪生研制灯泡时历经上千次失败，才最终获得成功。创新并不神秘。这是一项需要持之以恒的系统性工作。失败能提醒你认清自己思维和观念中的偏差，挖掘创新机会，重新审视你的工作程序。你们如何完成工作？你的产品或服务是怎样提供给顾客的？凭借工作程序创新，你可以大大提高企业的效率和利润，从竞争者中脱颖而出。

当然，并非每个创意或行动都能如愿成功。但是，人的创造力如同肌肉一样，锻炼越多，你的创造力就会越强、越能得到游刃有余的发挥。缺少这种优势和准确性，你的企业就会失去活力，最终灭亡。随着持续不断的创新，你一定会使顾客满意并引来更多顾客。

不断研究新技术，迅速开发新产品

预见新技术会产生新需求的能力，是企业保持强大竞争力的关键。日本立石电机公司遵循一条重要的经营原则：根据市场需求的预测，应用新技术研制适应这种需求的新产品及改革旧产品。当其他企业尚在生产机械性或电气类产品时，立石已展开了应用新兴电子学技术生产同类产品的研制工作。

如用电子数码温度计取代水银温度计就是出色的一例：立石公司预见并已激起新需求的闻名产品是“电子旅馆”。立石把自动售票机和自动取款机的制造原理扩大到整个旅馆。旅客只需把押金插入自动服务台里，电脑控制的服务台就会递出一张磁卡，可用它开门、开灯、就餐和购物。旅客离开之前只需把磁卡插入自动服务台，就会取回结算后的押金余额。公司的另一个杰作就是信用卡核准机。信用卡虽然应用广泛，但其检验方法迄今却很落后，信用卡核准机的问世，使查清持卡人的身份和信用状况等工作瞬间得以完成。立石公司在分析日本人口老年化时意识到，日本人口患病率会上升，这会导致医疗设备的价格和医疗费用上涨，从而将会有更多人宁愿自行诊断身体状况。于是公司就大力研制各种家用诊断器。它推出的葡萄糖和乳酸盐分析器、家用血压计、数码温度计等，很快畅销于日本市场。

立石公司的大部分产品都有一个共同特点，即都采用了最新的科技成果。这是该公司又一条重要的经营准则。立石公司善于制造未来市场畅销品，除了具有对市场分析的远见卓识外，更重要的因素是它拥有非常雄厚的技术力量。公司5700人中就有近1/5的人专门从事产品研究开发工作。其中200人搞基础科研，500人从事新产品设计，还有500人遍布各生产部门，专门负责改进现有产品质量，应客户特殊要求修改产品设计。立石公司全员13000人，其研究开发资金占销售额的比例，超过了日本和国外同等规模的电子企业5%之多。立石的做法是基于这样的认识：激烈竞争缩短了许多产品的生存周期，保持企业竞争力的唯一办法是不断研究新技术，迅速开发新产品，在其他公司涉足和蚕食新市场前获取丰利。

创造公司的创新环境

美国旧金山的南端以斯坦福大学为中心的硅谷，多年来一直是世界各国发展高科技产业的学习榜样。40多年前，有八位工程师在这里利用硅这种材料，制造出半导体，接着，一个个成功的故事通过传媒传播到世界各地，为硅谷建立起“金手指”的形象，使之成为世界首屈一指的高科技产业园区。但是，到目前为止，还没有哪个国家或地区敢夸口说它已把硅谷的全套经营管理经验学到家了。

美国硅谷有一个独特的创新环境和氛围。硅谷精神是：鼓励冒险、容忍失败、顺其自然。硅谷创业成功者的共同特点是思想特别活跃，不仅敢想而且敢干。硅谷没有任何优惠政策，也不是什么高科技开发区，美国政府没在硅谷进行任何投资，然而它取代了底特律成为美国第一财富中心。统计资料表明，硅谷是全世界单位土地面积和单位脑袋产生财富最多的地方。假如有人要把美国的汽车工业全买下来的话，大概花一千多亿美元就可以了，但把硅谷买下来需要五千多亿美元。

硅谷的发展模式是这样的：一两个、几个人创立公司，然后风险投资过来，再后来公司上市产生财富。美国大约共有 600 家风险投资公司，其中半数在硅谷，一年会投上百亿美元的资金给创业型的公司。一家风险投资公司每年要收到 1000 多份申请，但只能资助四五家。当技术发展特别快、整个发展方向不明确时公司充当“敢死队”，向各个方向冲过去，有的半路死了，有的什么也没找到，但有成千上百的敢死队，总有几个发现金矿，于是创新的主流都会朝这个方向去。风险投资公司就是为“敢死队”送“干粮”的。通过风险投资公司投资，创业者能够得到非常巨大的收益，新财富迅速产生。这样一种机制使硅谷赢得了长久的技术领先优势。

创新日益成为企业竞争取胜的关键，随着 21 世纪的到来，各企业都面临着许多战略性挑战，如变化的速度加快，竞争的加剧（特别是全球性竞争），技术的迅速进步，劳动力更加多样性，以及经济从工业型经济向以知识为基础的经济转变。要么创新，要么消亡。如果公司要想在 21 世纪生存下去并兴旺发达，必须创造创新环境和培养创新精神。

创造创新环境主要是指在公司内建立一种有利于创新者的宽松、自由的氛围，有以下几点：

（1）自己决定是否创新。公司要鼓励员工的自我创新精神，而不能试图指定某人来创新。

（2）不转交别人。公司要将员工的创新工作交给一人干到底，而不要在创新过程中将项目转交给另一个人。

（3）不干扰创新者。公司要允许创新者用自己的方法工作，而不要让创新者经常停下来解释他们的行动，并请示批准。

（4）放松控制。公司要给员工一定的探索自由，来使用他们一部分时间，从事自选项目的工作，并拨出资金，让他们用来进行新设想的探索。

（5）允许冒险、失败和错误。创新要想成功，不可能不冒险和不犯错误。成功的创新过程中，一般也总是包含有若干个错误的可能。

（6）长期的资金支持。创新有时需要用足够长的时间，甚至要几十年。

（7）避免内部冲突。由于新设想几乎总是不受公司现有规模的约束，所以由妒忌所引起的内部冲突会阻碍创新。

（8）小组人员构成多元化。公司内成立由各职能部门有关人员组成的小组，可以解决创新中的许多基本问题。

（9）制定明确的和切实可行的创新战略。

（10）奖励创造力和创新。设立公司研究员，对富有成果的创新者以高薪和相应的权力，使其可利用公司的人力、物力从事他们所希望的研究工作，设立公司内的“诺贝尔奖”等。

（11）训练创造力。训练员工进行创新的方法并鼓励他们使用这些方法。如横向思考，以及抓住和解释各种创新的奇思妙想。

（12）建立有利于创新的企业文化。如微软公司的管理方式是使经理人员尽可能不影响软件开发人员。公司总部就像是一个大学校园，员工既可忘我工作，同时也能玩得痛快。

思想上的创新才是最重要的

优秀公司的创新有两种形式，一种是“注重管理的”，另一种是“开放的”。这两种形式都能带来很高的经济效益，“开放式创新”的形式取得的收益更为显著。在对进行革新的公司的调查中，足足3/4的回复者采取的是“开放式”，这中间包括经营业绩排名位于前5%的公司。

在“注重管理的”公司中，创新是在一个很明晰的过程中进行的。对于处理事务的新途径和新的项目，有一个系统的搜寻过程。革新的过程被明确

的定义，优先次序也经过了认真的思考。资源得到合理的分配，有着很明确的审批程序和目标。组织根据员工对变革的贡献给予经济上的奖励，因此创新的动力是外来的。在这种模式中，最重要的是对未来的理性探索，而非凭激情或直觉行事。而在“开放的”模式中，创新的约束相对较少，但并非没有纪律。这种进程更多地由个人热情而不是公司的激励来推动。创新的动力是内在的。挑战一切的欲望在企业文化中根深蒂固并被大力推崇。变革被视为是自然的、必要的；创新则被看作享受生活的方式。有一定的规则和程序把公司从危险边缘拉回来，在这种模式里，激情和直觉的作用比理智更为显著。

大众软件公司的首席执行官戴夫·杜菲尔德是偏爱开放式创新管理模式的企业领导人的一个典型。他非常清晰地表明个人的价值观，这为雇员提供了努力目标。像“激情”这样的词经常出现在他的谈话中，含义很明显：在寻找新的创意时，内在的动力将发挥很重要的作用。

“开放模式”是以“注重管理的模式”为基础的。它保留了后者的理性分析，但它的核心思想认为思想上的创新才是最重要的。成功的创新需要在理性分析和直觉判断之间保持合理的比例。每一位首席执行官都必须在“开放式”和“管理式”两者中做出选择。

创造新客户是一种商业创新策略

“创造新客户”这种商业策略所推动的产品或服务项目可能不是创新，比如邮政业务，本身就是一项非常古老的行业，大约已有两千多年的历史了。但是某种商业经营策略将这项古老的行业转换成了面目一新的新行业。这种商业策略改变了原有产品的功用，原有的价值，及其原有的经济本质。虽然产品的物理状态并未改变，但从其经济价值来看却成了另一种新的产品。

杜拉克强调了“创造新客户”是这类策略的基本特点。而“创造客户”

正是所有商业手段的目的，同时，也是所有经济活动的目的。尽管这些商业目的是相同的，它们却有不同的方法。

1. 创造“实用性”

1836年，罗兰德·希尔“创造”了我们今天的邮政事业。他对邮政事业的科技层面并没有什么贡献，也没有发明任何新产品。他也不会因改革某一项技术而得到专利权。当时，邮差是向收信者收取费用，而费用的标准又根据路的远近及信件的重要而定。这种制度使得信件的速度不但慢，且费用昂贵。假如你要寄信的话，你就必须先到地方上的邮局去称一称所要寄的信的重量，然后才来决定到底要收多少钱。于是，希尔就建议统一邮资。在英国国内，不管路程的远近，发寄信件的费用一律统一。而且，必须先付钱，也就是寄信人必须付钱，而非收信人付钱。最重要的一点是：寄信的费用是以一种“印花”也就是现在邮票的前身来代替。这种印花曾使用在各种课税上。一夜之间，英国的邮政由烦琐而复杂变得非常简单而方便。寄信的数量不再限于某一个范围了，由于邮资降低，信件数量自然大增。

这就是说，希尔创造了“实用性”。刚开始，他一直问自己：“顾客需要什么样的改革，才能使邮政事业成为真正的服务事业呢?”杜拉克认为，在所有的商业策略及改革方法中，这总是第一个我们必须问的问题。这样我们才能够创造实用性，满足顾客的价值观，并改变经济活动的本质。事实上，降低了80%以上的邮资费用并不是最重要的事情。最主要的改革目的在于使每一个人都能享用邮政服务。从此，信件不再仅限于书信与作品。裁缝师现在也可以邮寄账单。由于信件的数量大增，寄信的费用一再下降，以至于后来人们觉得寄信好像不花钱似的。

该策略的主要目的是使顾客满足自己的需求，其重心在于使客户能够完成自己的目的与目标。这一策略之所以能够成功，主要在于推行者问清了一个问题：什么才是真正的服务？对顾客来讲，什么样的服务才具有“实用性”?

“创造实用性”可以使顾客用自己最喜爱的方式来满足自己的欲望及需求。例如：如果寄信还是像以前那么烦琐不堪的话，裁缝师就不可能利用邮政系统来寄账单给他的客户。他必须把信带到邮局，排队三个小时，直到邮

局的职员称出他信的重量，这封信才可能被寄出去。而这封信的邮资又是由收信人付，说不定邮资的钱和顾客那套衣服的价钱差不多，那么世界上大概不会有那么傻的顾客会去付这份钱，而且也不会有这么耐心的裁缝会到邮局排队三个小时，只为了寄一封信。

希尔并未在当时的邮政事业上增加任何新奇的东西。改革后的邮政事业仍然由同样的一批马车及同样的邮差在送信。但是，希尔改革后的邮政系统却是一个真正的邮政系统。因为，它能够满足客户的需求。

2. 价格创新

彼得斯认为，刮胡刀片的来历是“价格”策略手段的典型例子。

吉列刮胡刀片不同于传统的刮胡刀，它是一种舒适安全的刮胡刀片。在19世纪后半期，有五六个人不约而同地制造了安全刮胡刀片，而且也都标上了专利权。在1860年以前，只有很少数的人，像贵族、商人以及高级职业人士，才有时间与金钱来修整他们的脸，而且他们可以请一个理发师来替他们刮胡子。但后来，突然之间欧洲商业复兴，许多人诸如普通商人、书店老板、职员，都想使自己看起来高贵一点。但由于当时的剃刀笨重而且危险，他们不愿使用剃刀，而他们又没有足够的钱去请一个理发师来替他们整修脸部。就算有钱，上一次理发店也必须花很长的时间排队。当时，有许多发明家发明了“自己来”的刮胡刀片。然而很奇怪，他们无法卖出这些新发明的刮胡刀片。因为，到理发师那里刮一次胡子只不过花十分钱，但一把最便宜的安全刮胡刀却需要5块钱——当时的1块钱是一个工人一天的工资。

吉列安全刮胡刀并没有任何比其他品牌高明的地方，并且其成本比其他品牌都要高。但吉列公司并不是“卖”它的刮胡刀，而是“送”它的刮胡刀。吉列公司把价格定在55分钱，这还不到它制造成本的1/5。但吉列公司将整个刀座设计成一种特殊的形式。只有它的刮胡刀片才能适合这种特殊的刀座。每只刀片的制造成本只需1分钱，而他却卖5分钱：上一次理发店刮胡子是10分钱，而一个5分钱的刀片大概可以用6次左右。也就是说，用自己的刮胡刀片刮一次胡子的费用还不到1分钱，只相当于1/10的理发师费用。

吉列公司是以顾客的心理来定刮胡刀座的价格，而不是以制造成本加利润来定刮胡刀座的价格。结果，顾客付给吉列公司的钱可能要比他们买其他公司制造的刮胡刀更多。因为，其他公司的刀片一只只卖 1 分钱，而吉列的产品却卖 5 分钱，因此其他公司的产品会最终更便宜。顾客当然也知道这一点。顾客总比广告商及我们想象的聪明。但吉列公司的"降价"出售刀座使他们感到愉快，他们觉得他们是花钱来买一个刮胡刀座，而不是一件昂贵又不合理的东西。与上理发店刮胡子相比，吉列公司出产的刮胡刀座及刀片又更便宜。与传统式的剃刀相比，吉列公司的刀片及刀座又安全舒适得多。所以，不管从哪一个角度来看，吉列公司的产品总是比较合算。自然地，吉列商标就闻名全球了。

大多数供应商从未想过"价格创新"这一战略。而"价格创新"可以使消费者购买到其心目中产品的价值，而非供应商自己所决定的价格。吉列的刮胡刀座和刮胡刀片就是如此。杜拉克提醒道，有一点我们必须注意到的是，顾客最终所付出的钱几乎都是相同的，甚至，"价格创新"使顾客付得更多一些。但是，付款的方式不同。"价格创新"是根据顾客的需要及价值来销售产品，而不是根据生产者自己的决定与利益。"价格创新"是根据顾客的实际利益来制定的。简而言之，"价格创新"代表了对顾客原有价值观的改变，而非厂商成本价格的改变。

3. 依客户的现实状况作适当调整

杰克·韦尔奇认为，美国通用电气公司在蒸汽涡轮机方面的领导地位主要得力于：它根据客户的处境灵活地调整销售方法。

蒸汽涡轮与一般的活塞引擎不同，它是利用水力来生产动力。蒸汽涡轮比较复杂，需要更高的引擎技术，以及更高的建造与安装技巧，这不是一般电力公司所能够做到的。一般电力公司大约每 5 年到 10 年，当它兴建一个新的电力发电厂时才买一次蒸汽涡轮，但所有的技术却需要不间断的资料，以供建厂时使用，因此，制造蒸汽涡轮的厂商不得不建立一个技术咨询机构，以供一般电力公司来做技术查询。

不久，通用电气公司发现一般的电力公司无法支付咨询费。根据美国法律，这项开支必须征得公共事业委员会的同意，然而委员会的意见是这些电力公司应该独立地完成这项工作，而不需再花什么咨询费向大厂商请教。通用电气公司也无法把咨询费加在蒸汽涡轮的价格中，因为委员会也不同意这么做。而这些电力公司没有详细的指导又无法兴建电力发电厂。

一个蒸汽涡轮的使用寿命很长，但它的刀叶必须时常更换。更换时间大概是5年到7年，而且，这些更新的刀叶必须来自原厂。因为，每一家涡轮厂商的产品形式都不一样。通用电气公司建立了一个世界第一流的电气设备咨询机构。尤其在水力发电这一方面更堪称当时的权威。尽管通用电气建立了一个如此庞大的咨询机构，但它并不称这个机构为询问处。因为，它是免费的，它只是卖涡轮时的一项附赠品而已。通用电气的蒸汽涡轮的价格和其他厂商的价格差不多。它将咨询费用加在更换刀叶的价格中收取。也就是说，刀叶的价格包含了当初安置涡轮时的咨询费用。在10年之内，美国所有的蒸汽涡轮大厂商都转向这种价格体系，模仿通用电气公司的做法，将咨询费放在更换刀叶时索取。在10年之中，通用电气已获得了世界大部分的市场份额。

生产厂商经常爱犯一个毛病，即把一些顾客称为“不懂道理的顾客”，就好像心理学家和伦理学家经常把正常的人误判为“不合逻辑的群众”一样。事实上，世界上根本就没有“不懂道理的顾客”。正如一个古老谚语所言，“世界上只有懒惰的生产者，没有愚蠢的消费者。”我们必须假定每一位顾客都是很明理的、很精明的，尽管他们的经济利益观点或许与生产厂商的观点不大相同。例如：对美国的涡轮电气业者来讲，美国政府的公共事业委员会拒绝拨付咨询费是一件不可理喻、无法想象的事情；另一方面，由于电力公司必须受其法规的管制，因此，咨询费的欠缺对它们来说，是一项冷酷的“事实”。

因此，这项“创新”的策略要诀在于将这些冷酷的现实转化为销售产品的部分要素。也就是说，我们不能以自己生产者的立场来衡量事情，而必须站在消费者的立场来考虑整体情况。不管消费者买的是什么，或以什么方式购买，我们都必须以现实环境为基础，否则就无法得到市场的认可。

4. 满足顾客的价值感

杜拉克曾列举过下面这个例子：

在美国中西部，有一家中型企业专门供应推土机及挖土机用的润滑油，并占了整个润滑油市场的一半。这些推土机及挖土机大部分是用来修高速公路的。除此之外，这些润滑油也提供给其他类型的客户使用，例如：用来搬运矿坑设备的机器、搬运煤炭的大卡车及矿坑里的小火车系统。这家公司当时与许多其他石油化工公司进行竞争，这些公司又都拥有许多化工人才，它们可以在短时间内召集各种类型的专家。在这种情况下，公司并不“卖润滑油”，而是出卖“润滑油供应契约”。因为，对客户来讲，润滑油只是一种手段。他们主要的目的在于维持机器正常的运转，譬如说，维持推土机及挖土机正常的操作等。如果在一小时内它们的机械停止运转几分钟，如果工程的进度慢了一点，这些运作大机械的厂商都会遭受到极大的损失。一年下来，这些因机器故障而导致的损失将是非常惊人的，而且绝对不是润滑油的价钱所能够相比的，他们之所以能够承包工程，完全在于他们是否能够按照规定时间完成工程。在这种情况下，他们必须谨慎地计算施工进度，加紧工程的速度。这也就是为什么他们的机械不能出现故障的原因。故障就意味着工程进度的减慢，而工程进度减慢就会影响到完工的期限。无法按时完工将会使下一次的投标难以成功；下次如果失标，这家公司就可能要倒闭了。这家润滑油公司所提供的只是替承包商分析维持机械正常运转需要哪些产品和技术。然后，该润滑油公司提供给承包商一个为期一年的保养计划，并且保证他们的机械除了一年几次或一年中有几个小时由于自然原因——如零件磨损而停止运转外，不会因为润滑问题而停止操作。在这个计划之下，这些承包商当然是采用这家公司生产的润滑油。但实际上，这些承包商买的并不只是润滑油，它们还买了一个工程计划的保险。而这个保险对这些承包商来讲，着实具有无比重要的价值。

管理者应该问自己一个问题：“顾客所付的价钱应如何同时满足他自己的期望及生产者的期望?”而顾客之所以会付钱，主要在于物品的价值。他们可能认为某项物品对他们来说，特别具有价值感。物品之所以吸引顾客，主要在于它对人类对顾客本身的贡献，在于顾客的期望与价值观。

价格本身并非是一种目的，它也不能代表价值。因为有了这样的觉悟，吉列公司才能在刮胡刀市场称霸 40 年之久。通用电气公司也是如此，它之所以能够在蒸汽涡轮界获得长时期的领导地位，主要也是由于经过长期观察顾客的心态。在每一个个案中，凡是使用这一策略的公司都获得了巨额利润，但也都经过了一番奋斗。而它们之所以会赚那么多钱，主要在于它们满足了顾客的价值观。换句话说，主要在于它们让顾客觉得钱花得很值。

向富于革新的公司学习

彼得斯非常赞赏许多现代电脑公司管理者的创新精神。

“淘汰自己的产品。”这个标题对于微软的产品规划者、策略制定者、产品工程师、产品开发者和产品经理是十分清楚的概念。他们从第一天上班的新进员工说明指导中就开始灌输这个概念，之后也经常地在他们各个工作层面中不断强化这个观念。如果你刚完成了一项伟大的产品开发，你的目标就是继续开发更好的，你前一个开发很快就成为老旧而废弃的产品，如果你不这么做，就会有人帮你让它成为废物的。例如，微软的技术人员肯·尼克尔森很得意地说，就是微软的 Win95 成功地将一直保持最佳销售的 MS-DOS——微软的另一操作系统变得老旧退化的。

事实上，新经济体系的主要动力是创新，包括对于产品、系统、流程、行销、工作者的持续改良和更新。我们不妨拿此观点和那些大型主机热衷者的观点来做比较：早期的 IBM 为了保有其所建立的电脑王国，而周旋于 DOS 系统的个人电脑、开放式作业系统以及主从式的电脑结构之间。它们的目标不是去淘汰，也不是去创新，而是去保存，并且反抗。它们不愿意报废自己的产品，它们让竞争者替它们做了这件事，而且，整个结果已在商场上毫不留情地展示了出来。

有趣的是，在工业化以前的经济中，“创新”早已占据举足轻重的地位了：每一把枪或是每一双鞋的制作都是独特不同的，都是由创作者手工打造出来的。每种产品的单位产量也是非常小的，往往只是一个单位的产量，要是这把枪或是这双鞋需做修理，这名工匠将会新创一个方法来解决。在工业化的经济中，每种类型产品的单位产量，都转变成标准式的大量生产制造。

到了新经济时代，大量生产又转移成大量订做式的产品和服务。如同汽车大王亨利·福特以标准化的大量生产，制造出的每辆车都同样是黑色、同样的形式。

在创新的公司中，产品生命周期的定律崩溃瓦解了。日本的汽车制造业者以两年为一个产品的生命周期循环；日本的电子消费性产品制造业者，则以三个月为一个循环。在某些市场上的金融商品却只有几个小时的产品生命周期，时候一到，竞争也就立刻赶上。微软集团的副总裁，也是和比尔·盖茨合写《未来之路》的作者尼森·麦尔渥特曾经这么说："无论你的产品有多好，18 个月之后产品就过时了。"IBM 的执行总裁罗·郭士纳则指出，IBM 产品的种类大大地增加了。而与此同时，个别产品的生命周期却陡降。与产品生命周期一致的改变是产品制造的劳力投入法则崩溃了。平均制造一项产品由 2500 人次全天的投入量，降为每 2500 人次 3 小时的投入需要。即使是表面上看起来稳定且低技术层次的啤酒制造也需要有创新，如今美乐酒厂中有 90% 的收入是来自 24 个月前并不存在的产品。

彼得斯说："创新就是生命。"新产品、新技术开发是企业持续发展的动力源泉。它不仅包括有形的新产品研制与新技术的运用，而且包括对未来趋势的准确预测和把握。

英特尔总裁安迪·葛洛夫出过一本书《只有偏执狂才能生存》，"偏执狂"在这里指对事物的高度敏感，对市场而言就是不断开发新产品，走在别人前面。

独霸电脑芯片市场 10 余年的英特尔公司，在新产品与技术开发战略运用上可谓经典。20 世纪 80 年代初，英特尔公司就敏锐地觉察到半导体将成为电子、计算机和通讯产业革命的基石，于是决定研制生产微处理器芯片。1985 年，开始供应 386 芯片。1986 年，386 系列芯片全面上市。作为全球 386 芯片的唯一供应商，英特尔公司赚足了利润。1988 年仅 386 产值高达 10 亿美元，而英特尔没有因此而"冲昏了头脑"，丝毫没有放慢 486 系列的开发步伐。1989 年 4 月如期推出 486 系列。此后英特尔推陈出新的速度越来越快，不久 586 系列诞生。1997 年，英特尔又推出 Pentium Pro MMX 系列芯片。英特尔这种在产品成长期就开发推出新产品的"快速折旧"法，使竞争

对手“跟之不及”，疲于奔命，自己则牢牢掌握了市场主动权，雄居芯片霸主地位。

彼得斯说：“市场面前人人平等”，谁不注重新产品、新技术的开发运用，谁就随时可能被淘汰。这是市场的竞争规则，就连微软这样的软件巨头也不例外。

真正促使彼得斯从事革新公司品质研究的起因是英荷壳牌石油公司的常务董事们邀请他去帮他们主持一个有关革新的为期一天的讲习班。为了满足壳牌公司要他提供的内容，彼得斯给“革新”这个词选了双重含义。除了一般都会想到的那层含义，即“由富有创造性的人去研制可以应市的新产品和提供新服务项目”外，他还补充了一层对许多管理者所关心的对大型机构的改革来说十分关键的含义。彼得斯认为，一个具有革新性的企业，不仅要在生产那些在商业上有利可图的新玩意方面不同凡响，在对环境中各种变化不断做出反应方面，也应特别突出。这些公司在环境发生变化时，是会随之发生变化的。顾客的需求改变了，竞争对手的技术提高了，公众的情绪起波动了，国际贸易中各方面的力量重新组合了，政府的法规变动了，这些公司就会紧紧跟上。转向、修正、调整、改造并适应这些变化。总之，它们具有革新性，是就其整个文化而言的。

彼得斯认为，这种关于革新的概念，勾画出了真正杰出的经理或管理班子的任务。只有在他看来，在革新方面确实取得了那种成效的公司，他才冠以“出色公司”的称号。

彼得斯曾专门组织了一套人马，去研究他所定义的“出色企业”——也就是不断表现出革新性的大公司——这一内容全面而丰富的课题。这项研究主要是由麦肯锡咨询公司资助的，该公司有几家对此项目感兴趣的客户也做了一些贡献。当时彼得斯挑出了 75 家颇受公众重视的企业，在 1979 至 1980 年间的冬天，对这些公司中的约半数进行了深入、详尽而系统的调查采访。剩下的那些公司，他们开头主要是通过间接渠道，即利用报刊书籍以及最近 25 年来的年度报告，来进行研究的。后来他又对其中 20 多家进行了详细采访。

研究结果表明，出色的公司在各个基本方面都表现杰出，其明显程度远非他们当初所企望的。各种手段的具备并没有代替思考，讲学识并不是说不要才智，强调分析也不是说不能有行动。相反，这些公司总是极力在复杂的现实中求简单并且持之以恒。公司所坚持的是最佳的质量，并努力赢得客户的欢心。公司也听取职工们的意见和呼声，把他们当作同辈人看待。它们给自己的革新性产品和服务方面的“闯将”们以充分的施展余地。而且，只要能有迅速的行动和正规的试验，即使出现些混乱，公司也在所不惜。

彼得斯指出，出类拔萃而且富于革新的公司都表现出了以下八种品质：

（1）注重行动。要想把事办成，就得干字当头。出色的公司在决策方法上尽管可能仍然采用分析的方法，但却不会因此而寸步难行。这些公司中有许多家的日常工作，都是按“干起来，再整顿，再试验”这样的典型步骤行事的。例如，数字设备公司的一位高级经理就说过：“我们这里每回碰上一个大问题，就找上十来名高级人员，让他们在一间房里待上个把礼拜，一等他们拿出什么主意，便由他们去贯彻。”此外，这些公司又全是顶呱呱的实验家。它们不会让二三百名工程师和市场专家，闭门造车地搞上十四五个月来攻一项新产品，而是组成一些 5～25 人的小分队，到一家用户去试验他们的想法，而且用的往往只是一些成本低廉的原型样品，所花时间也不过是几个星期而已。引人瞩目的是这些优秀公司所采用的那些讲求实际的手段，它们就是靠了这些手段，才使企业得以步履轻捷，并避免了由于规模扩大而常常难免出现的臃肿和迟钝。

这些公司能够集中力量迅速解决问题。其中一个方法是指定一名“总监”，由他专门负责某个方面的问题。例如，在数字设备公司和惠普公司，都设有软件总监，专门处理用户对软件程序设计的要求，因为满足用户的要求是公司未来发展的关键。当杜邦公司发现运输费用高达八亿美元时，便设置了一名后勤总监。其他公司还设有生产总监或能源总监，他们有权越过生产部门自行处理有关事宜。

另一个方法是组织研究人员。但是，这些公司使用研究人员的方式很特别。研究人员被授权解决实际问题，而不是提出报告和评论。研究小组由志愿人员组成，应召而来的一般是高级管理人员而不是低级职员。管理部门支持“繁忙成员”的理论，即：我们不愿意选择那些希望长期成为研究小组成

员的人参加研究小组。研究小组只选择那些解决问题后马上回到原来岗位的人。

（2）紧靠用户。善于管理的公司从用户需要出发，而不仅限于技术、产品和战略。经常与用户接触可以了解市场需要，有利于指导公司的下一步行动。一位经理说："你从哪里开始呢？应该走出去和用户打交道，而不应关起门来埋头进行市场研究。"

在 IBM 公司和数字设备公司，高层管理人员每年至少要花 30 天时间与主要用户交流意见。在 IBM 公司，除了法律、财务和人事部门以外，在办公室任职的管理人员的任期不得超过三年，因为公司认为长期坐在办公室里的人无法经常接触用户，很难适应形势的变化。

两个公司都采用"用户满意率调查法"来弥补管理方法的不足。还有一家公司拨出研究与开发预算的 20%，作为工程技术人员访问用户的经费。研究开发部门的经理每年有两个月的时间和用户在一起。拉尼尔商业用品公司是一个迅速成长的公司，它的 20 名高级管理人员每月对用户进行一次专访。

与用户保持密切联系，意味着销售和服务并举。IBM 公司的高级管理人员配有专门负责在 24 小时内处理用户意见的助手。数字设备公司、强生公司、IBM 公司、3M 公司都花费大量的人力和物力组织一支训练有素的销售队伍。凯特皮勒拖拉机公司被认为是一家管理十分出色的公司，管理部门总是努力实现公司的信条，即"在 24 小时内把零件送往世界各地"。

这些公司把用户看作经营中不可分割的一部分。一位早年在强生公司当过会计的银行高级职员回忆说，虽然他当时在财务部工作，也被派去访问顾客，这是为了保证他能够理解顾客的看法，使他在处理某项建议时能设身处地地为顾客着想。

（3）营造革新气氛。有革新性的企业在它们整个组织内培养了大量的领导人才和革新家。它们是我们称之为"闯将"们的荟萃之所。人们形容明尼苏达采矿制造公司是"如此热衷于革新，以至那儿的基本气氛，与其说像一家大公司，倒不如说像一串松散的实验室，里面聚集着狂热的发明家和无所畏惧的想开创一番事业的实业家，他们任自己的想象海阔天空，纵情翱翔"。它们不想用一根短短的缰绳把每个人都束缚住，使他们的创造力没有施展余地。它们鼓励人们讲求实际的冒险，并且对值得进行的尝试予以支持。

（4）对个人的尊重。优秀公司总是把普通职工看作提高质量和生产率的根本源泉。它们不培植那种我们、你们泾渭分明的劳动态度，也不把资本投资当作提高效率的根本方法。国际商用机器公司的小托马斯·沃森在谈到他的公司时说："国际商用机器公司的哲学，大体上可以概括在三条简明的信条里。我想首先要提到的，也是我认为最重要的，就是我们对个人的尊重。这是一条简单的信念，不过在本公司里，我们经理人员在这方面却要花去大部分时间。"德克萨斯仪器公司的董事长马克·谢泼德在谈到这一信念时是这么讲的：每一位工人都"被看成是有头脑、能出主意的，而不是只凭一双手干活的人"；该公司建立的9000个以上的"职工参与运动"小组（即它的质量管理小组），确实每个都对创造该公司辉煌的生产记录做出过贡献。

（5）管理者深入现场。小托马斯·沃森说过："一个企业的基本哲学对成就所起的作用，是远远超过其技术或经济资源、组织结构、发明创新和时机选择等因素所能起的作用的。"沃森以及惠普公司的休列特等，据说都常常去厂区车间走动；麦克唐纳快餐公司的雷·克洛克就定期巡视各店，并从质量、服务、清洁和价值四方面，对各店进行考评，而这些正是该公司所最为重视的几点。

（6）不离本行。约翰逊公司的前任董事长罗伯特·约翰逊是这样说的："绝不要搞一家你不知道怎样去经营的企业。"普罗克特－甘波尔公司的前总经理爱德华·哈涅斯也说："本公司从来不脱离它的根据地。搞什么样的企业都可以，可就是不搞跨行业的联合大公司。"虽然说例外不是没有，但看来往往数那些与自己所熟知的行业保持着相当密切联系的公司的成绩最出色。

（7）精兵简政。尽管许多杰出公司的规模很大，可是出色的公司的基本结构形式和体制都异常简单。最高层班子很精干，公司一级的职能人员不足100人，却管理着营业额达数十亿美元的企业，这种情况是并不罕见的。

爱默生电气公司、3M公司、强生公司、飞利浦公司都划分为小承包单位，这些单位的经济规模虽然小却经营有方。在惠普公司，每个单位的雇员不超过1200人。德克萨斯仪器公司设有90个产品用户中心，每个中心都拥

有相当大的自主权。

在这些承包单位的内部，又划分为结构简单、易于管理的小组。在达纳公司，小组负责提高生产效率；在技术公司里，每个拥有自主权的承包小组以一个名牌产品为龙头，十分注意将革新构想上报公司各层行政机构，以保证这些革新构想能迅速得到公司高层管理人员的重视。

（8）紧中有松，松中有紧。优秀公司总是既集权，又分权的。一方面这类公司都把自主权一直下放到车间或产品开发组。另一方面，对于他们所珍视的为数不多的核心价值观来说，他们又是狂热的集权主义者。明尼苏达采矿制造公司的特点就是一片混乱，几乎没有什么组织，而这种混乱都是围绕着它的那些产品革新闯将们展开的。在数字设备公司，这种混乱已几乎难于驾驭。难怪有位高级经理说：“连自己顶头上司都不知道是谁的人实在太多了。”可是数字设备公司锲而不舍地坚持产品可靠性，却达到了任何局外人无法想象的程度。

随时做好应付各种变化的准备

汤姆·彼得斯指出：“想要成为尽善尽美的公司，就要随时做好应付各种变化的准备，这样才能在混乱中振兴起来。成功的公司是那些总在进行不懈努力的公司，而不是那些靠吃老本过日子的公司。”

商业环境瞬息万变，这种变化是由一系列因素引起的。管理者想要应付这种变化就必须秉持创新精神。具体可采取如下方法。

1. 倾听消费者的心声

彼得斯非常重视公司加强与消费者联系的重要性，他多次强调商业机构为自己的产品开辟新的销售市场和招揽新客户的必要性。管理者必须从以下三方面着手：

（1）排斥大量生产的想法，要求尽可能成为某一方面的专家。管理者要决心为消费者提供质量最好的产品。管理人员必须明确改进产品质量的重要性，头脑中要时刻想着，如果顾客看不到产品质量的变化，那么，所有的努力都不会有结果。在强调质量的同时，还要努力发现顾客对某些商品或服务的特殊要求，并以此来改进产品或改善服务。

（2）应努力开拓新的市场，说服顾客购买你的产品。比如，苹果电脑公司在打开电脑在教育领域中的销路时就是这样做的。

（3）一定要使你的产品或服务与你的同行竞争者有差别。在这个竞争异常激烈的世界里，一个公司要以与竞争者不同的形象特别是比竞争者更好的形象出现在人们面前。你要使自己的产品质量略胜一筹，使你的服务更有特色。

怎样才能做到这三点呢？彼得斯提出了三个建议：

（1）虚心听取意见。要从客户口中尽可能多地获取信息，不要只听你愿意听的。而且，你应登门拜访不满意的顾客，与他们促膝谈心，认真听取他们的意见。然后，要按照你获得的意见去改进，并将你做出的努力反馈给顾客，使他们相信他们的意见已受到了重视。

（2）把生产变为销售的工具。生产是产品（包括质量、创新和做出反应的时间）的枢纽。要让销售和生产相互作用、相互补充，要允许生产部门在商业机构的决策过程中发表意见。

（3）使销售和服务人员成为功臣。如果必要的话，可以对公司的重要职员“进行超额投资”，使他们在报酬、培训、支持以及听取他们的意见所花费的时间等方面与其他人有所不同。销售和服务人员处于与消费者相互作用、相互影响的第一线，对于潜在的顾客来说，这些人对公司的形象起着至关重要的作用。进一步地说，这些人是获取信息、了解顾客爱好、收集顾客关心的问题等方面的主力军。

彼得斯号召，“发起一次消费者的革命”，这是指商业机构必须为客户着想。商业机构既要招揽新客户，又要让老客户高兴。每失掉一位顾客就减少一份收入，为顾客提供热情服务不仅可以维系住你的客户，还可以帮助你从那些不注意听取客户意见的竞争者手里争取到一部分客户。

2. 进行快速创新

彼得斯指出，在这个迅速变化、纷繁复杂的环境中，要想有效地进行

“大”规模创新几乎是不可能的，因为事物变化太快，任何大工程还来不及开始就得结束。与此相反，一些小工程已成为重点。创新不一定包括整套新产品的发展和服务，在日常出售的货物方面进行不断的创新，也能体现出创新的精神。

彼得斯说，有四项具体管理策略可以促进其技术更新。

（1）采取专业小组和发展服务项目的做法。这需要发挥各方面专业小组的作用和“局外人”（如客户、供货商和产品经销商）在企业发展过程中的作用。

（2）全力支持小规模试验。潜在的新方案不要只限于纸上谈兵，而是要先进行调查或做出样品。运用先期考察的方法，可以大大缩短一项创新从设想到实践的过程。

（3）创造性地模仿。要学习借鉴其他机构成功与失败的经验，避免“不是自己发明的”消极观念，学会利用别人的工作成果。提高产品质量，完善现有服务，这样的创新过程，比从支离破碎的题材中自行搞出一套完整的体系要节省许多时间。

（4）造成共同创新的局面。机构中的每一个人（从研究开发人员到理财能手以及中层领导）都必须参与创新。创新是一门难学的本领，组织要在这方面做长期的努力。

3. 下放权力，增强灵活性

为了实施创新策略，机构中每个人的全力支持与参与是必要的。彼得斯指出，一个机构的座右铭应该是：“一个选择得当、训练有素和得到支持的人，特别是有着奉献精神的人，充满着无限的创造力。”要形成一种鼓励创新的局面，鼓励机构中的人都来参与机构内的各项事务，参与技术创新。要实现这个目标，彼得斯建议，应以团队为中心进行自我管理并把团队作为机构的组成部分。自我管理团队的发展使第一线的监督失去作用，取而代之的是团队领导。这些人与几个团队的人一起工作，发挥上情下达、下情上传的作用。

有五项措施鼓励人人参与议事：

（1）倾听意见、表彰先进、慧眼识人。这就是说，要自始至终倾听别人的意见，帮助大家借鉴成功的经验和失败的教训，并互通信息。表彰先进要求不仅要表扬做出重大贡献的人，也要表扬做出小贡献的人。

（2）肯花时间招兵买马。不仅要雇用技术能手，还要雇用那些适合在机构中工作的人（那些热心工作、热心创新的人）。与新雇员一起工作的管理人员要积极参加聘用和甄选工作。

（3）重视人才培训和人才选拔。商业机构中的工作人员是非常宝贵的资源，在工作中要认真对待他们。公司要花时间培训他们，以使他们发挥最大的能力。除了技术培训外，公司还要努力把他们培养成社会需要的人，这样，他们的价值观才能与公司保持一致。

通过培训，员工会逐步认识到创新的重要性，并且逐渐明白自己在创新方面可以做些什么。如果员工在培训方面成绩显著，就应该得到相应的补偿。

（4）以公司的主要收入来源（如生产力、利润和产品质量提高带来的收入）为基础，公司应拨出一部分资金作为奖励性工资，实行奖励工资制。

（5）管理者要“保证就业”。如做出就业保证、规定工作做到何种程度员工就可升职，这样，员工就会有安全感。要在不断变化的环境中做到这一点，必须要精心计划，还要靠全体员工的灵活性。

4. 建立相应的体系

彼得斯认为，要建立一种简便易行的评估体系，以便大家能在更大程度上参政、议政，获取更充分的信息。要对那些重要的事情（如产品质量、顾客的满意程度和开发一种新产品所需要的时间）进行评估。改变行政领导进行控制的方法，特别是在执行情况的鉴定方面、对客观环境以及对工作的看法等方面。灵活性比死板的控制体系要好得多。体系应该像万事万物那样，处于不断改善的过程中。

方案八

时刻把客户放在第一位

在企业领域，最需要衡量的三件事情是：顾客的满意程度、员工的满意程度和现金收入。如果你能增加顾客的满意程度，全球市场的占有率一定会跟着提高。为什么说使顾客满意对公司是生死攸关的呢？因为公司的产品主要销售给两类顾客：新顾客和老顾客。吸引新的顾客要比维系老的顾客花费更多的成本。因而，保持顾客比吸引顾客更见成效。保持顾客的关键在于使其满意。

建立在顾客满意的基础上

松下幸之助认为，要想搞好销售，首先就是不把销售当销售。这似乎说不通，实际上确实有它的真理性。

销售，就是要把自己的产品卖给顾客。用松下的经营理念诠释，就是给社会大众提供物美价廉的货品。所以，销售的基点应建立在顾客满意的基础上。要使顾客满意，就必须有优质的货品，有优秀的服务。松下曾说，“不论是多好的顾客，若缺乏完整的服务，就无法使他满意，并且也会因而失掉商品的信用。”

松下关于服务，有许多独特见解。诸如：

（1）生意要在服务所及的范围内来做。举例来说，如果有五件工作，你只能提供三件的服务，那就只做三件好了；即使生产部门能够生产出来，也应如此。就是说，应该以服务能力定产量，而不是反其道而行之。松下说：“不管在任何场合，都应在服务的范围内做买卖。唯有以这种经营姿态，才能带来蓬勃的发展。”如果对于销售的产品无法做完全的服务，这时就应该考虑把销售的范围缩小。

（2）服务必须是多方面的。为顾客服务，比较容易理解。但仅此还是不够的。除此之外，还要为社会服务，这是松下经营理念中基本的一条。而且，作为员工，更应该首先从为自己所在的公司或商店服务做起。松下的“先服务自己人”的理念，独辟蹊径，可以说抓住了现代经营管理的关键问题之一。如果不懂得这个方向的服务，那就可能连优质、充分的货品都生产不出来，何谈服务顾客。

（3）服务的方式是多种多样的。有时可以用笑容当作服务，有时可以用礼貌当作服务，甚至有时可以透过更确实的工作为别人服务。在公司的一些集会中，松下曾多次谈到一些细小的服务，这对现代企业经营管理者仍有启迪意义。比如：在公司的走廊遇到人，都该打招呼，或者点头、微笑致意。松下认为这是做人起码的教养，而且，来公司的人，即使不是顾客，也总是和公司有些关系的，都必须热情招待，千万不能视而不见。松下不仅要求向在公司碰到的每个人致意，而且要向走在路上的人们致意。这是因为松下电器遍布社会，这些人或许已经是公司顾客，或许是公司潜在的顾客。

打招呼的服务还可以用在售后，即当碰到买了公司产品的顾客，打声招呼："去年你买的电扇还好用吧?"等等。这种招呼虽然不能马上解决问题，却会让对方高兴，且对你的公司树立起信赖。这样，生意没有不兴隆的。

（4）笑容是最有力的竞争武器。经营包括着许多层面，设计、制作、销售、原料……但在当代社会，最为表面化的是销售，竞争最激烈的当然也是销售。因此，无论是厂商还是销售商，纷纷在这一领域里做文章，殚精竭虑，千方百计，什么厂价销售、让利销售、有奖销售、配送销售、降价销售、大甩卖……花样翻新，层出不穷。

在松下的时代，这种种促销技巧已很是流行。此外，当时还有招待中奖顾客各处旅游观光的促销法。对于这形形色色的促销法，松下不全然反对，但也不决然赞成，他以为这些都是促销法的皮毛、枝节，根本的、主体的则在于服务。

以上的诸般促销，都没有离开售价这个营销中的环节。不论是何种方法，标榜的都是请顾客少拿多买，以低价买到货品，或以同等价格买到所要货品和额外的货品、优待等。这与顾客的要求和愿望并不吻合。顾客希望的是买到优质的货品，额外的赠子或优待并不是他们所预期的；同时，他们希望在购买的时候，受到热情的接待，在售后能获得周到的服务。甚至有的时候，顾客并不在乎多花一点钱，而是宁肯多花一点钱也要买到买时顺心、用着称心的货品。这其中的许多，不是前述推销技巧的期许所能满足的。

基于这样的理念，商家首先应在货品的内外在质量和服务质量上下功夫。上述的种种促销方法，虽说可以逞一时之威，诱惑了缺少经验的顾客，但却未必能持久地吸引顾客，而且由此形成的恶性竞争，只能使商家皆败俱伤。

松下以为，笑容才是最强有力的竞争武器。"亲切的笑容才是最重要的。虽然招待顾客观光的方法不错，但只要以一颗随时感谢的心，用笑容接待经常光临的顾客，那么即便没有招待旅游的活动，顾客也会满意的。相反，如果缺少笑容，则即使招待顾客观光，也无法与顾客维持良好的长期关系。"

遵守同顾客和员工达成的合约

IBM 曾是世界上最热门的公司。但 20 世纪 90 年代初，这家公司却重重地摔了一跤。公司首次出现经营亏损，并裁员近 20 万。其症结何在?

分析当时的 IBM 公司，危机始自不知不觉之中。虽然公司收益增长率下降，竞争优势也有所削弱，但 IBM 人却仍在心满意足、按部就班地工作。公司也很满意：虽然风雨欲来，IBM 仍连年刷新收益纪录。

昭示着真正困难的蛛丝马迹首先表现在与最老练顾客的业务上，即那些要求尖端信息技术的公司。IBM 最新型号的计算机对这些公司的要求无法满足，而当时 IBM 管理人员不但没有追究问题的根源，反而对此心安理得，还打算放弃这些顾客。

在信息技术这一瞬息万变、风险极高的领域，尖端技术就是提炼产品构思的炼丹炉。在这个炼丹炉中炼出的产品一旦提供给要求不那么严格的顾客，即可带来丰厚的利润。IBM 却退出了这一舞台。很明显大麻烦来了。

新闻媒体称 IBM 面临危机，其产品将寿终正寝了。公司员工士气低落，管理人员不是被条条框框束缚了手脚。就是趁着周围世界还未倒塌仓皇鼠窜。

不出一年，又出现一些危险信号：主要产品线中的新机型质量日渐滑坡。顾客开始投诉 IBM 新机交货不及时，安装后无法达到预期性能水平。IBM 有口皆碑的服务和支持受到了普遍质疑。

最后，IBM 的行政总监及其幕僚总算认识到了问题的严重性，开始同各部门领导进行一系列单独谈话，以激励他们行动起来。但这些会谈收效甚微。情况越来越紧急，最高领导层决定，组建一个由各部门代表组成的委员会，负责设计行动方案。

但是，委员会的会议蜕变成相互间的指责推诿。生产、销售和设计等公司各主要部门都认为行政总监的建议空洞无用。

公司疲于应付新技术和不断增加的市场需求，这个问题挥之不去。公司也没有一个明晰全面的产品线概念。高层管理人员认为，要保持领先地位，

只有进行重大改革。

IBM 在 60 年代初的挣扎与 90 年代初听起来如出一辙。但 IBM 这时的困难却比 60 年代初严重得多。

公司首次出现亏损，亏损额达几十亿美元之巨。公司股票价值的下降额也曾超过一些小型工业国家的年生产总值。最后，将近 20 万人失去工作。

IBM 曾一度被称为世界上最了不起产业中的最了不起公司，IBM 的形象也一直是一个身穿深蓝色西服、在尽享竞争对手午餐的岿然屹立的巨人。

计算机产业今天依然是全球最重要的产业，但没有分析家再将 IBM 列为占有绝对优势的公司。在大众眼中，其地位已被微软（Microsoft）、英特尔（Intel）等公司所取代。

这是怎么回事呢？是 IBM 成了自身发展的牺牲品，其发展已大大超过其最能干的管理人才的管理能力？它的基本管理技巧在当今工作环境中过时了？它的公司文化有问题，使它推送了错误人选担任高层管理职务？

IBM 多年的成功基于两种承诺，但这种理解的基础是坚定的承诺，而不是法律义务。其承诺之一是针对顾客的，另一种是针对员工的。

对 IBM 的客户，IBM 保证提供有效、优质的技术和卓越的服务支持，并与客户保持紧密、持续的关系。IBM 出租设备给客户，参与客户的资料处理和办公室工作。IBM 的一站式购物服务使大公司得以确保其信息系统最新、最可靠。

对员工，IBM 保证工作稳定。员工福利优厚、薪金丰厚，工作环境在美国大公司中是一流的。

但在 80 年代末和 90 年代初，IBM 却撕毁了这两个合约。这正是 90 年代初 IBM 公司困难重重的根源所在。

为了筹资进行大规模扩张，IBM 取消了向顾客的保障承诺，业务由此陷入困境。顾客对 IBM 的傲慢感到恼怒，它的设备老出故障、交货延迟，无法与其他销售商抗衡并提供不断更新的技术。

扩张失败后，为挽留股东，IBM 又打破了给员工的保障承诺。此举阻碍了 IBM 的复苏，使其商业前景昏暗不明。许多员工希望破灭，变得懒散了。

这两种承诺的基石是对市场的宏观看法，在该宏观框架内再制定、修改和废除一些更具体的商业战略。这种大战略中有两个基本要素：单一与忠诚。这两个要素与顾客和员工有关，因为公司，甚至包括高科技公司，都必须依靠顾客和员工。

IBM 的单一性向顾客保证了 IBM 可成为他们信息技术的主要供应商。单一性对 IBM 显得如此之重要，以致一些观察家认为，IBM 更像一家营销公司，而非技术公司。事实上，IBM 也一直的确是一家营销和服务公司。

IBM 十分重视面向大客户的营销工作，这一点也说明了为什么 IBM 在信息技术市场出现变化时，陷入如此困境。如果没有可遵循的市场标准，公司内不同派系的企业家和技术人员就会产生严重的内耗，使公司元气大伤。

IBM 的单一性之所以得以实现，一个最重要的因素就是它与员工的关系。极为关键的是，IBM 在公司里培养了员工忠诚，而这些忠诚、长期服务的员工又与顾客建立了长期的服务关系。

几十年来，在计算机行业，如果某人十分看重工作稳定性，他就会加入 IBM。但 1991 年 IBM 打破了这项约定，由于缺乏工作，它开始裁员。此举使员工心灰意冷，一些优秀的员工相继跳槽。如果裁员持续下去，这种情况会变得更加严重，没有哪个公司在其最出色的员工不断流失的情况下，还能继续保持其高标准。

90 年代初以前，主要工业国家的经济衰退此起彼伏：美国经济进入衰退期，日本和欧洲则进入高涨期，要么就是反过来。因此，IBM 等大公司都依靠其在一国的经济表现来弥补其他国家的经济表现。但到 90 年代初，世界 7 个经济大国首次同时进入衰退期，使 IBM 的员工和生产能力过剩。这其中还有更深的原因，即 IBM 的高层经理在 1981 年犯下了战略规划错误，给 IBM 的未来投下长长的阴影。

灾难是缓缓开始的。IBM 的年增长率一直超过 10%，信息技术行业也预计将以此速度增长。到 1980 年，IBM 的销售额已达近 400 亿美元。70 年代末，其生产能力跃升了一个台阶，80 年代初还将进一步提高。如果公司继续如此高速发展的话，到 1990 年 IBM 的销售额将达 1000 亿美元。高层经理开始考虑，自己是否有能力管理如此庞大的公司。

经过一段时间的分析和讨论，当时的行政总监约翰·奥佩尔和公司其他领导决定，IBM 应该，也有能力在 1990 年将销售额提高到 1000 亿美元。为了达到此目标，公司加速了早在 70 年代由奥佩尔前任弗兰克·卡里指导实施的员工和生产能力扩张。员工人数增加超过 10 万人，并新建了多间工厂和其他设施。

到1990年，IBM已为每年做1000亿美元的大买卖做好了准备。但不幸的是，销售额仅有500亿美元。过剩的人员和生产能力使IBM不堪重负。在1986年扩张的顶峰期，IBM在全球的员工达40.7万。到1994年，这一数字锐减至21.5万人。

这么大的规划错误必然会带来严重的财务后果。在IBM的这个案例中，有230亿美元的特殊费用吃掉很大一部分收益，致使公司首次出现亏损。这些特殊费用包括组织架构重组费用、员工解聘费和关闭工厂和其他设施的费用。

IBM高层管理人员原打算通过主机销售实现增长，在这方面增加了设施和人员。当主机销售额下降后，这种战略也一败涂地了。这次战略失误，主要在于把雄心勃勃的增长目标建立在现有的技术模式之上。

IBM陷入困境，是因为它撕毁了同顾客和员工达成的合约，并且犯下了重大的战略失误，致使摊子铺得过大。之后，它又一错再错，进行了大刀阔斧的机构重组，导致内在困难更加恶化，这些错误导致利润下降，收益剧减。

走出伤害顾客感情的误区

维也纳航空公司的波音747新型飞机，在自悉尼飞往曼谷的航程中一直是平安无事的。只是那个细小又轻的新式真空盥洗系统，不知什么缘故经常发生故障。

一次，自曼谷到维也纳14个小时的航程中，当飞机爬升到4.3万英尺的高度后约一小时，情况变得很糟。乘务员用悦耳的声调向约300名乘客宣布："我们很抱歉告诉大家，所有盥洗室都不能使用了。不过，为了保证诸位旅途舒适，我们在飞机后舱的间隔后面准备了水桶，供各位方便之用。如果各位需要帮忙，请随时按钮呼叫乘务员，祝各位旅途愉快!"乘客们在座位上辗转反侧，不知道该去用水桶呢，还是忍耐到飞机降落后才解决。

想想维也纳航空公司首席行政主管、前世界一级方程式大赛冠军车手尼基·劳达知道这件事后，会有什么反应。无论是在摩纳哥的U形弯道上急转弯，还是在巴西的直线赛车道上以每小时200英里以上的速度驰骋，劳达都能保证他的赛车有精密的操纵性能和细致的维修保养，足以来应付这些情况。他同样把这种期望带到维也纳航空公司。对他来说，发生盥洗系统故障这样荒谬的事，几乎是无法想象的。

在发生问题后的一小时内，维也纳航空公司与波音公司取得了联系。在飞机未降落前，波音公司已准备了一整套全新的盥洗系统，同时一批维修人员也已经出发到维也纳。当飞机最后降落时，乘客们纷纷以创纪录的速度跑下机舱，寻找最近的盥洗室！

在这个案例中，不管责任在谁，总之，乘客的感情受到了伤害。

当然没有一家公司是故意要失去其顾客的信任，但是，如果不注意避免以下6个误区，那么，就很容易使你的公司失去顾客的信任。

（1）制造劣质产品。大多数顾客都不是科学家。有些顾客可能会抱怨产品质量不好，但大多数的顾客都不会注意到这一点。毕竟，你的产品还是相当不错的，对吗？渐渐地，顾客会意识到产品出问题是在所难免无须愤愤不平的。

一位顾客刚在阿拉斯加安克雷奇港的西尔斯船坞公司检修过的喷气艇，满心希望能钓上一整天的大马哈鱼。但当他的喷气艇在一条大冰河上兜了几小时之后，发动机的轴承竟被冻僵了。很明显，某个粗心大意的机械师在安装新轴承后忘了加上润滑油。当轴承被僵住后，喷气艇就像一只笨重的大筏无力前行。结果，船坞公司失去了这个顾客的信任。

（2）不为公司的形象操心。公司的形象与建立顾客的信任，似乎并无多大关系。有人认为，克莱斯勒公司把“经理试用车”上的里程表指针拨回到零，然后当新车出售，该公司的形象不是丝毫没有受到损害吗？毕竟，顾客对此也许不会在意，而公司却得以在每辆车的折旧费上省下几千美元：就如当魔厨公司被控告翻修有缺陷的微波炉，改换其编号再作新产品出售时，魔厨或它的母公司梅泰公司的形象也不见受损害。

可是，自埃克森·凡尔代兹轮在阿拉斯加触礁，造成有史以后最严重的泄漏石油事件后，顾客们却采取了各种各样的抵制行动，令埃克森公司的形象一落千丈。又当联合碳化物公司在印度博帕尔帮的工厂泄漏毒气，造成1000多人死亡时，该公司要承担的后果更为严重。

令公司形象变糟的例子数不胜数。具体情况虽有不同，但结局都是一样

——顾客们的信任和公司的形象是紧密相关的。

（3）不为顾客服务操心。一些公司认为一旦把产品卖给了顾客，提供售后服务的次数便应越少越好，否则会减少公司的一些利润。顾客总是希望有较高水准的售后服务，若这些服务达不到他们期望的水准，则后果与该公司制造了劣质产品一样，最终都会失去顾客的信任。

（4）既想为顾客提供良好的服务，又想尽量削减开支。某公司的顾客服务部是数百万家采用“800”免费电话的企业之一，该公司不断削减该部门的员工。该公司所采用的电话有电脑编程的应答服务。电脑把顾客的电话接过来，一般都要等大约 15 分钟后才作回复，想来那时顾客已经“冷静下来”，或是已把电话挂断了。为了节省服务费用，该公司每一位顾客服务员应付的是成千上万个顾客。而且，顾客服务部门的工作时间是在上午 9 时至下午 4 时。

如果顾客找来了，接待他们的顾客服务代表是缺乏业务知识，并且无权作决定的人。让代表转告顾客，口头承诺公司会记下他们的电话号码，并会“有人”与他们联系，心里想的却是：也许过一阵子，顾客就会把这事忘记了。

这样的公司，怎么能期待得到顾客的青睐呢？

（5）不为员工流动率高及其是否表现满意操心。有些公司不知道员工离职的原因通常是基于不满——例如销售代表对公司满腹牢骚的情况，他们甚至不会察觉到在一个心怀不满的销售代表辞职后，销售区域仍有持续数月的空缺。

几年前曾有一位顾客以买了一辆豪华房车为荣。这辆车几乎是十全十美，可惜它总是发出一种奇怪的噪音！

这辆汽车在转弯时，会发出刺耳的“咔咔咔”声响。买主多次去找销售商帮忙，仍没有找到噪音的根源。几经调停后，制造商终于同意收回汽车后，制造商开始拆车，以图找出问题的症结。在车拆得差不多时，噪音的来源总算找到了！原来某些“表现满意”的员工在装配汽车时，竟把一只苏打水瓶放进了油箱！这个苏打水瓶只值 15 美元，而汽车制造商却损失了两万多美元。

（6）推行不顾及顾客利益的公司政策。个别公司认为，公司在保险、维修及退货方面的政策，与赢取顾客的信任没什么关系，所以保险及维修的时间非常短。

鱼竿生产商范维克对其高质的鱼竿提供终身保修期。一次，当一个体重60磅的八岁男孩看见鱼竿的浮子在水底移动时，便“猛力地”上钩。由于他用力过猛，使鱼竿中央断裂成两半。这根鱼竿很快被打包送到顾客服务部，该部门自然称这根鱼竿是被不当地使用了。很明显，这个八岁的男孩用力太猛了！经过九个月的书面及口头投诉后，公司给他换了一根鱼竿，并附上一张几乎与购买原本那根鱼竿数目差不多的账单。

结果，这家生产商显然失去了顾客的信任。

如果你真的想保持顾客对你的信任，以及希望他们继续惠顾你的公司，你便应该考虑务必要避免以上误区。

高度重视顾客的抱怨

作为一位顾客而言，你是否都对所得到的服务感到满意？如果你对服务不满意时，你会怎么反应呢？你会直接向提供服务的员工抱怨、要求向更高级的主管投诉，或是找民意代表召开记者会？还是跟亲朋好友告知这家公司有多烂，或是告诉自己以后不要再来了，还是说就算了？

要提供高品质的服务，最重要的是服务必须可靠，可靠的医疗服务是训练有素的医疗人员第一次就诊断出病因，对症下药，解决病人的问题；可靠的汽车修理是技师正确地找出问题，第一次就将问题解决，而且在答应顾客的时间内将其爱车准备就绪。如果一家公司所提供的服务具有可靠度，那么顾客就会满意，当然就没有抱怨行为。确保提供可靠的服务，不让顾客抱怨，是顾客抱怨管理的最佳策略。可是顾客总是会抱怨，顾客为什么会抱怨呢？

服务失败的原因很多，可能是公司所答应的服务无法提供，也可能是提供得太慢或太晚、提供的服务可能不正确或不完整，当然也可能是提供服务的员工没有礼貌所导致。例如有愈来愈多的人去饭店吃年夜饭，饭店也推出外带的年夜饭，看着这个“年夜饭外带”的市场逐渐扩大，超市也跟了进来。去年的除夕夜就有全家团聚准备吃年夜饭的顾客要去拿年夜饭时，超市竟然因为订单接得太多而临时无法供应，顾客的抱怨可想而知。

当顾客不满意时，公司应该采取正确的服务修复行动，赢回顾客的心。美国的研究显示，不高兴的顾客如果不抱怨的话，再来惠顾的几率只有三成左右；不高兴但有抱怨而公司没有解决的顾客，再惠顾的几率则约有四成。由此看来，顾客如果不满意，但有机会抱怨的话，似乎可以稍解心中的不愉快。更值得注意的是，不高兴对公司抱怨后，而能得到解决的顾客，再惠顾的概率则可提高到六七成；不高兴、对公司抱怨后，而能迅速得到解决的顾客，再惠顾的概率更高达八九成。由此看来，服务业的公司应该致力于不使顾客抱怨发生，万一因为各种因素导致服务失败时，公司应该建立各种渠道和抱怨处理的方法，迅速加以解决，才能增加顾客满意度和忠诚度，增加好的顾客口碑。

为什么有一些顾客不满意，但又不抱怨呢？通常有三个主要原因，第一个是顾客觉得不值得花时间或心力去抱怨；第二是顾客觉得根本没人在乎他们的问题或愿意帮他们解决；第三是顾客不知向谁投诉。除了这三个主要原因以外，还有一个不容忽视的原因和文化有关。例如日本人会觉得对服务不满进行抱怨，是一种很难为情的事情。

那么会抱怨的又是哪些人呢？根据研究，一般来讲所得比较高、比较年轻的消费者，会比所得比较低、比较年长的消费者更会抱怨。对服务内容和程序比较了解的消费者通常有不满时也会抱怨。此外，如果问题比较严重、很重要的服务、价格昂贵的服务，顾客也比较会抱怨。如果顾客会抱怨的话，则可能会向公司或其服务人员抱怨、向他们的亲友抱怨、向其他机构抱怨等。

当顾客有不愉快的服务经验或遭遇服务失败时，为什么要抱怨呢？研究显示顾客抱怨的主要原因有两个。第一个是希望得到一些经济损失的补偿，可能是退款或是再得到一次服务。例如送到洗衣店干洗的衣服没洗干净或是送修的汽车开回来后问题还在，顾客提出抱怨渴望得到应有损失的补偿。第二个比较微妙的原因是重建个人应有的自尊。如果提供服务的员工表现出无理、不耐烦或轻视的态度时，顾客也可能抗议，要求员工以更尊重有理的态度相对。这两个因素如果够强烈的话，顾客就可能提出抱怨。不过，顾客是否提出抱怨，还得看看提出抱怨的成本大小。顾客提出抱怨的成本包括打电话、上网或写信说明抱怨的原委所花的金钱、时间和心力，以及可能遭遇进一步不愉快的人际互动。如果顾客觉得这个成本实在太大，就不愿抱怨了，也可能造成“不高兴又不抱怨”的情况，干脆就换一家公司，这是一种对公司最不利的情况。

公司应该鼓励顾客抱怨、让顾客容易抱怨，并且视抱怨为进步的动力再将顾客的抱怨加以修复。如果能够好好修复顾客的抱怨，还能更进一步强化对公司的忠诚度。公司必须设计一套完善的服务修复策略，而且高级管理者和第一线的服务人员都必须有足够的权力，能够弹性地处理服务的修复，以下就提出一些服务修复的建议。

（1）塑造一个零缺点的服务文化。确保在第一次就将服务做好，因为在零缺点的服务文化之下，每一名员工都了解服务可靠度的重要性，目标都在满足顾客的需求。“第一次就做对”不但可以确保顾客满意，也避免各种重做成本的发生。

（2）公司应该欢迎和鼓励顾客抱怨。因为无论是多么好的公司、服务文化如何精良，服务失败的问题还是会出现。就一名服务业的管理者而言，应该将顾客的抱怨视为一个改进的机会，因为如果很多顾客虽然不满意但也不抱怨，就表示将来再服务他的机会渺茫；只有顾客抱怨，透过顾客的观点来检视公司服务的缺失，才能迎合顾客需求。而且管理者不但要欢迎和鼓励顾客抱怨，更要教导、训练员工正确对待客户投诉的处理态度和方法，以及教育顾客如何投诉。很多时候，不快乐又不抱怨的顾客是因为不知该向谁抱怨、谁又会来处理，所以投诉处理的重要原则之一就是将抱怨程序越简化越好——抱怨处理也是服务的一部分，应该让顾客“享受”抱怨处理，此外，科技的进步也可能使抱怨处理更简单，例如“800”的顾客免付费服务电话和 email 投诉抱怨，都可加速抱怨的处理。

（3）公司必须以最快的速度处理顾客抱怨。因为公司既然欢迎和鼓励顾客抱怨，就必须以最快的速度处理，才能表达公司修复一个失败服务的诚意。无论顾客通过何种渠道抱怨，面对面的、打电话，或是通过网络，都希望听到或看到抱怨的员工能直接解决问题。顾客抱怨处理设计完善的公司应该有员工“认养”抱怨的制度，也就是无论是谁听到或看到顾客抱怨，这个抱怨就是他所拥有的。而不是告诉顾客这是工程服务部门的问题或这是某某业务员的问题，将顾客像皮球一样踢来踢去。当然这牵涉到员工的教育训练和内部工作流程的设计。

在员工的教育训练上，必须特别强化“有怨就认”而不是一味地保护自己，或说“公司的规定就是这样”；教导员工从顾客的观点看待顾客抱怨，唯有如此，才能真正了解为什么顾客会沮丧、焦虑甚或愤怒，从而帮顾客解决问题。最忌讳的是和顾客争辩或吵架，抱怨处理的目的是要解决问题，搜集足够的资料，提出一个双方都能接受的解答，而不是证明顾客是笨蛋或逞一时的口舌之能。有一些关键字可以特别用来教导员工安抚顾客的情绪，例如“我了解你的感受，很抱歉，我们的服务没有令你满意”、“我们一定用最大的诚意解决这个问题”等。

（4）以“性善”的原则公平地对待顾客。虽然并非每一位顾客都是绝对诚实，也可能并非每一个服务的失败或抱怨都是公司的错，但是顾客应该以“性善”而非“性恶”的假定被对待。换句话说，如果不肯定是谁的错，金额又不很大时，可直接用退款或重做一次服务的方式修复，不但迅速、有效、节省成本，更能取悦顾客。例如餐厅的客人抱怨送上来的菜并非他们点的，与其争辩是他没讲清楚还是服务生没听清楚，还不如直接道歉换一道菜。

（5）以市场研究的态度看待顾客抱怨。公司可以记录顾客抱怨的数量、性质、种类等资料，加以分析，用来监控服务品质和生产力，从而改进与设计整个服务系统的提供。例如顾客对于牛步式慢吞吞的服务程序的抱怨，表示服务流程步骤太多，没有效率。为了避免类似的顾客抱怨一再发生，也为了避免公司像救火队似地疲于奔命，顾客抱怨的资料必须搜集、汇总到市场研究单位，进行进一步的分析和研究，成为公司知识管理的一部分。

（6）从流失的顾客身上学习服务失败的原因，顾客抱怨处理不当的结果，不但会造成顾客的不满意，也会造成顾客的流失，很多公司不知道顾客是否流失，也不知道顾客为何流失。在服务业的经营当中，一个重要的关键成功因素是和顾客维持一个长久的往来关系，公司希望一旦顾客和公司来往，就永远成为公司的顾客，以赚取顾客的终生价值。顾客流失代表公司和顾客关系的中止，是营销关系的失败，所以无论如何都必须检视为何失败。在分析顾客流失的原因、类型和行为时，公司要了解为何顾客会流失——是因为服务人员的服务不周、态度不佳？还是服务人员的训练不够，无法解决顾客的问题？还是服务的收费太高，顾客无法负担？或是服务地点距离顾客太远，不方便所致？公司也要针对大、中、小型的顾客加以分析，公司流失的是大型、中型还是小型的顾客？一般而言，维持小客户的成本可能会高于提供服务给他们的效益，尤其是金融业。因此如果流失的是很多中、大型客户的话就是服务经营上的一大警讯，要特别注意。

（7）回归到服务的基本面——提供可靠的服务给顾客，预防胜于治疗，如果第一次就将服务做好，就是最佳的服务品质。顾客抱怨管理的终极目标是没有抱怨，顾客若有抱怨，则有畅通的渠道让他们表达，公司可迅速、有效地加以解决。

高度重视服务的艺术

普莱德公司是加拿大多伦多一家高速发展的制门商，该公司的销售增长着实令人瞩目。仅仅在1993年到1994年一年间，销售额就从约6700万美元猛增至7.44亿美元。目前，该公司已在四个国家拥有自己的生产配套设备，并且通过创新的营销手段营造出一系列门品牌。业内人士认为，对于该公司的成功，服务质量担当着举足轻重的角色。

普莱德公司给经销商和零售商的销售人员提供培训，在销售点设置商品经营系统并聘请门户专家提供免费电话咨询服务。同时，在现场开设一台“制门机”，几分钟之内就能将一块木板加工成一扇完全符合顾客要求的成品门。

普莱德公司的成功证明了这样一种论点：所有企业都是服务企业。它们竞争凭借的是优质服务，而不仅仅是优质产品。

在多数经营者看来，向顾客推销门很难建立很强的顾客忠诚度。但是，如果再附以员工亲切的面容、服务精神以及急切地想为顾客提供真正价值的心情。那么公司和顾客建立起持久关系的时机也就成熟了。

许多经理犯的最大失误之一是，想当然地认为顾客把产品的价值等同于价格。其实，这并不是一回事。产品的价格是其价值的组成部分，但并不等同于价值。

对顾客来说，产品的价值是补偿他们购买时的付出而得到的利益。利益包括产品质量、员工服务以及便利。顾客的付出则包括货币支出（价格）和

非货币支出，如结账时的长龙、电话接不通以及员工漫不经心的工作态度。如果企业能降低顾客的付出同所得利益的比率，成功也就唾手可得，并且还可以一直保持下去。

每家真正出色的企业都注重优质服务。哈利－戴维森公司是一家主宰市场的摩托车制造商。该公司在为经销商开设的哈利－戴维森大学专门设置了服务质量课程。罗勃茨快运公司是一家货运公司，其销售量由1982年的300万美元剧增到1994年的2亿美元。它能在收到订单后90分钟内前往收取大部分货物，95%的货物可以在承诺时间的15分钟内送到。

这些优秀的公司是怎样做到这些的呢？通过对他们的深入研究发现，无论在企业高层还是中层，负责服务的领导是优质服务成败的关键因素。

为了提高服务质量，领导者应具有以下四个特征：

（1）长远的服务眼光。服务领导者在言谈中会勾勒出他们的长远服务目光。更重要的是，他们在自己的日常举止中以身作则。

美国丹佛市一家很成功、名为破皮书店的店主乔伊斯常给所有新员工上一天课，让他们了解书店的服务远景和一流服务的价值。

加州一家名为德马公司的管道疏理公司业主拉里·哈蒙把每个打来的电话都视同紧急事情处理。

（2）信任他人。领导者应该相信每个员工都有成功的潜力。

玛丽·凯化妆品公司的创办人是这一要素的典范。该公司培养出的百万女富翁比世界上任何一家公司都多。在这里，粉红色的凯迪拉克车对玛丽凯公司的美容顾问们并没有多大激励分量，她们看重的是玛丽·凯对她们的信任和尊敬，以及对她们攀登从未设想过的高峰的激励。

（3）热衷于自己的工作。热爱工作可以促使服务领导者传授自己的经营心得，将其中的细微差别、秘诀及操作技巧都传给他人。

哈罗德公司是休斯顿一家从事服装行业超过45年且获利优厚的公司。老板哈罗德教导他两个儿子和销售员工建立“真正顾客”的重要性。而真正的顾客会在生意做成后感到与你做生意是件令人愉快的事。

（4）诚实正直的品德。服务领导者在服务管理上对企业的客户、员工、供应商及其他企业利益人一视同仁、始终如一并保持忠诚，从而争取领先的机会。诚实正直的品德是服务领导者发展企业未来远景的催化剂。

哈利－戴维森公司行政总监理查德拒绝利用其他渠道来销售供不应求的

哈利－戴维森产品，以免与公司经销商竞争。美国零售额最高的丰田分销公司总裁格莱戈经常教导他的销售人员："不要向顾客推销汽车，而是要帮助他们购买汽车。这样，你就可以结交到一位朋友。"该公司的每位销售人员都要签署一份职业道德准则书。

企业竞争，首先应给顾客提供价值。没有服务质量，价值的创造就不算完整，这对所有企业都是铁一般的事实。超一流的服务实在是少之又少，但并不是没有。领导艺术水平的高低决定着企业服务质量的好坏。在企业的服务质量旅途中，培养服务的领导艺术是最为重要而无可代替的一步。企业为提高服务质量而采取的其他手段都将紧随其后。

争取并留住客户的 7 个过程

疲于应付广告、调研及促销等各种部门之间的冲突是否会降低营销部门的总体性能？有没有更好的办法，可以对性能进行测定？贝尔南方远程联络公司另辟蹊径，为这些长期困扰营销部门的管理问题提供了一个新颖的答案。

不要把营销作为一团互不相干的功能集合进行管理，也不要只分析已经发生问题的系统。贝尔南方的营销部门管理处主任海隆说，该公司把营销行为分为旨在争取并留住客户的 7 个过程。每一步都需要一个或几个部门的通力合作。

根据海隆的说法，这是设计一个过程，它能提高工作性能和责任心，降低各职能部门之间的内耗，加强上层管理人员对分散式营销操作的监督。尽管人们对此褒贬不一，但它仍不失为一种灵敏的新方法，能充分观察营销是否达到预期效果。

系统设计九个月后，随着市场竞争的不断升级，贝尔南方公司便开始进行广泛管理培训，使系统投入运行。

当海隆和集成测定系统公司负责人亨德利要求广告、调研、促销、定价和产品管理部门的营销专家们交流曾经应用过的性能测定方法时，其结果令他们感到吃惊。他们认识到，由于各职能部门互相分离，所以在发挥各功能的预期性能方面便显得效率低下，效果不佳。

“我们曾围绕市场建立组织机构，比如消费者市场、业务市场，以及我们广大的业务服务市场，但我们在每个市场内都建立了一种营销结构，每个市场都各自为政，”海隆说，“结果，虽然我们还未发现测定缺陷，但也很难找出一套统一的测定方法，也无法对各种测定方法统一衡量。”

一般情况下，公司测量营销性能，先是对每个功能进行最佳实践测定，然后汇总数据。但是海隆提出了一个疑问，那就是看起来“令人愉悦的”功能尺度是否真正能反映出该组织整体营销实施的优劣程度？

“当我们开始汇总数据时，我们发现这是一种过时的方法”，他回忆说，接下来他又发问：某种功能在局部意义上的成功是否会一俊遮百丑？在调研部门措辞华丽的沟通调研报告背后，是否隐藏着市场价格调研不力的事实？

与只着眼于已经出现问题的营销系统相反，贝尔南方公司和集成测定系统公司把营销行为重新划为旨在建立和加强客户联系的七个步骤，每一步都与若干个传统营销功能相对应，有许多功能涉及一个以上的步骤。如海隆所介绍的，这些步骤包括：

（1）学习/甄选：选择战略，锁定市场和客户，它涵盖市场战略、调研、竞争分析和分组等部门。

（2）配套/革新：开发新型产品和服务方式，重新包装现有的产品和服务；它需要产品开发、调研、产品管理和分组等部门的协作。

（3）确定价位：涉及到调研、产品管理、竞争分析及定价等部门。

（4）宣传：向客户宣传品牌和产品形象，涉牵到广告、调研、产品管理等部门。

（5）激励：利用促销手段刺激购买力，通常伴以降价让利。

（6）销售：保证货源，议定价位，它需要销售、促销管理以及销售渠道开发与管理等部门的协作。

（7）服务：提供服务并保证质量；它涉及到销售与服务、质量管理及客户满意度调研等部门。

最后一条是“客户部门价值”。海隆和亨德利说，他们已经建立了一个综合性能评估系统的“测定表”，内容被限定为九项财务与市场考核指标，可在不同部门之间良好地传递，有助于进行直接对比。贝尔南方公司的营销价值链是一种了解营销协作的有效方法。

为顾客提供全方位的服务

斯特普尔是美国一家办公用品专业零售集团，十多年前它还是一家无名小店，在其创始人，现任总执行官汤姆·斯腾伯格的精心经营下，在美国《幸福》杂志评出的500强公司中，该公司在专业零售商中，投资回报率名列榜首。

汤姆·斯腾伯格在创立斯特普尔公司之前，曾在杂货行业干过。那时他曾是第一批在食品零售行业引入一般产品概念的人。20世纪80年代初，他是康乃狄格州一家超级商场公司的经理。但是在1985年他同老板发生了矛盾，被炒了鱿鱼。为了寻找新的职业，斯腾伯格与他在哈佛商学院的一位老教授进行了联系。老教授建议他用现代化的、高效的销售方式来做杂货生意，并把它们打入从未触及过的行业中去。在做了一段办公用品采购工作之后，斯腾伯格发现他已经找到了用武之地。

1986年，斯腾伯格集资在马萨诸塞州的布莱顿市开办了第一家斯特普尔商场。他的仓储式商场样子很难看，但其购买力和高效的经销方式使他能给顾客以很大的优惠，销售额很快就上来了。

今天他在美国的21个州和加拿大经营着375家商场，在加利福尼亚州和美国西北部的生意最多。

一两年前这位企业家和他的管理层意识到，仅靠价格竞争也只能达到这一步了。为了在激烈的市场竞争中领先，斯腾伯格将注意力瞄准了他们的顾客，负责斯特普尔公司北美超级商场业务的查克·宾格曼说："当这一行业一开始，它就不再像杂货生意那样低成本、无服务完全是自助式的做法。我们现在正处在一个关键点上，低价格和选择进货已不够了。你必须更好地培训你的员工，保证你的商场更加购物宜人。"

为了了解自己的顾客，斯特普尔已经收集了许多顾客购买习惯的信息，并将此存在一个大数据库中。

为了得到顾客信息，斯特普尔使用了一种会员卡。每次，顾客在登记处填写之后，商场就给顾客所购的商品打折，同时收集下他们购买习惯的信

息。例如，公司同律师和牙医们生意做得多，但同学校校长们做得就很少。了解到这点后，斯特普尔就把新商场开到了方便它的顾客的地方——律师楼多的地区。在辛辛那提市的商场正在进行一种新回扣卡试验，向在商场每月至少购物 100 美元的小公司客户送回扣。这个数据库还能提醒斯特普尔公司哪些曾经忠于它的顾客开始离开了。当营业员看到某个顾客买了 6 箱复印纸就再也不来时，他就主动打电话问他为什么，并请教斯特普尔能否做些什么事赢回顾客。

斯特普尔的另外一项创新是改造和完善商场的设施布局，一切以便于顾客购物为原则。

进入 20 世纪 90 年代以来，斯特普尔越来越感觉到他们的许多老商场布置不合理，顾客不能很快找到他们想要的商品，结账以后并不离开，在那里转来转去。为了改变这一点，斯特普尔正在重新设计它的所有商场。新式的商场灯光更亮。走廊更宽，还有更好的指示牌，这将使顾客感到耳目一新。

斯特普尔还经常同生产厂家联系，一同改进包装使其留有一个恰到好处的窗口，好让顾客不打开盒子就能看到所要买的商品的颜色。他们做得真是太细致了。

斯特普尔公司还千方百计将营业员从一些琐事中解脱出来，安排他们到商场的电器部提供最需要的服务。在斯特普尔的电器部一般都出售如计算机、打印机和传真机这样的大件商品，这些商品占其商场销售额的 40%。斯特普尔最不想看到的事情就是因为没有营业员讲解如何使用传真机或计算机而使顾客走出商场。

斯特普尔还建立了合理的激励机制，去调动内部员工改善服务质量的积极性。

做廉价生意的经济地位使斯特普尔能够支付行业平均水平的工资。问题是，平均水平的工资会导致平庸的服务，这就是为什么 Home Depot 公司支付高工资的原因。斯特普尔公司给董事会成员的工资并不高，而是把红包发给商场关键的雇员们，鼓励他们在商场中改进服务。

这些成功并没有使斯腾伯格安于现状，他看到了同行业的竞争在逐渐升温。公司尽管在满足小批量客户方面业绩颇佳，但在向大批量购买客户服务方面还是一个弱势。他决定收购那些精于为大中型公司服务的小公司。例如，斯特普尔收购了“国家办公用品”公司，它 1994 年销售额为 1.54 亿美元，其在办公用品销售上还有许多老客户，像 IBM 和福特汽车公司。这个公司还为客户建立了一套电子订购和结算系统。在这里顾客的任何要求都能得到满足。它可以向客户送去任何东西，从一车电脑打印纸到一盒图钉。

有些公司有一种认识，似乎一谈起服务质量就是服务态度问题。其实，服务质量是一个大概念。例如饭店的服务质量，内容就相当广泛，包括：住店交通便利程度，舒适程度，服务态度，工作、生活、购物、娱乐便利程度。这体现在饭店的电讯联络、饮食、酒吧水平、交通条件等方面。试想，一个不时停水、停电的饭店，或者设备（包括电梯、空调系统）经常出故障的饭店，不时发生电梯选层不准、关住客人和温度时高时低的情况，怎么会能为顾客提供优质服务呢？

为顾客提供优质全方位服务要做到：

1. 倾听、理解消费者的诉求

（1）进行面对面交谈以征求消费者意见。

（2）进行市场调查。企业通常请可以做出客观评价的第三方——调查公司来进行该项工作，以免被自己的主观感受所误导。

（3）深入到市场中去。通过派本企业员工去竞争对手那里亲身体验他们服务顾客的方法，或者通过技术人员直接与消费者接触等多种能够直接了解消费者建议的方式来寻求提高服务质量的途径。

（4）开通消费者热线。该热线可以回答消费者的提问、接订单、解决投诉、派遣维修人员、提供最新资讯。

（5）分析消费者建议及投诉。继续延用消费者反应良好的服务方式，奖励提供优质服务的员工，对服务中的缺陷加以改进。

（6）成立消费者顾问小组。将那些对企业经营感兴趣或者容易产生不满情绪的消费者组织起来，定期召开座谈会，征求他们的意见，以改进服务。

（7）交互学习。邀请消费者来企业参观，由产品的设计制造人员介绍产品工艺流程，同时听取消费者的意见；组织企业的技术人员和一线人员定期与企业的行政人员、培训人员座谈，加深相互了解，在工作中相互协调。

2. 确定什么是高质量的服务并制定相应的服务策略

有效的服务策略具备以下四个特点：

（1）明确体现本企业的服务宗旨。

（2）服务方式明显区别于其他企业。

（3）对消费者有价值的。

（4）可以贯彻实施。

总之，制定有效的服务策略需要将企业自身价值与消费者对企业产品和服务的期望有效地结合起来。除此之外，还要结合对企业优劣势的分析、对在市场中所面临的威胁与机会的分析，这样制定出的策略才能被企业员工和消费者所接受。

3. 制定和执行服务标准

服务标准的制定需要注意以下三个方面问题：

（1）处理好企业以专业技术角度而订立的由内而外的标准与充分考虑到消费者需要与期望之后而订立的由外而内的标准的冲突。

（2）无论是企业还是消费者都不允许在服务标准中规定错误率。

（3）高质量的服务要求完全迎合消费者的口味，而不是与消费者讨价还价，降低服务标准。

标准订立后，在执行过程中一定要对照标准随时进行检查，同时，要尽快将检查结果通知有关人员，以便及时改进服务。

与顾客建立无与伦比的卓越关系

美孚石油公司在寻找最佳实践的过程中，采用了一种通用流程法，不仅要在本行业也要在所有其他行业中寻找最佳实践。与传统方法不同，通用流程方案使得美孚等公司大大超越了竞争对手，而不只是跟着跑。

通用流程法则克服了行业或职能研究法的局限。通用的最佳做法更具灵活性，更易于变化，更便于适应各种不同的商业环境。通用流程法为创造性解决方案的广泛交流开辟了道路。

通用流程方案重在同任何企业的主要利益关系人——顾客建立无与伦比的卓越关系。它包括以下六个主要环节：

（1）了解市场和顾客。

深入了解市场、顾客、产品和流程对于创造战略优势至关重要。最佳做法的企业认识到，整合知识，即运用现有的顾客知识更清晰地掌握市场趋势，有利于企业经营。

不论从哪个方面，不断研究整个价值链极其重要。价值链研究可使企业抢在竞争对手之前做出应变，甚至能使企业未卜先知。

企业不进行人口和经济趋势研究，就称不上是了解市场。联邦快递公司一直密切关注未来的增长和经济形势的变化，例如1989年收购飞虎航空公司，并在菲律宾苏比克湾建立一个大型转运港之后，该公司稳固了其在环太平洋地区的地位。现在，在这个人口众多、经济增长飞速的经济区域，联邦快递在每个重要城市，如东京、首尔、香港和吉隆坡等都设立了分公司。

（2）让顾客参与产品和服务的设计。

电动工具制造商百得公司近几年开发了不少最受欢迎的工具，其一是灵动牌手电筒。这是一种非常灵活的长颈手电筒，可以用于手足难以触及的角落或幕后拐角处的照明。然而，当初若是仅靠产品开发人员的话，这种手电筒可能不会走进消费者的心中。

百得公司实际上设计了三种新手电筒样品，包括灵动牌手电筒。起初公司的经理人对这些产品并不看好，但在征求消费者意见时，他们惊奇地发现消费者更喜欢灵动牌手电筒。

但百得公司并没有就此止步，他们直接让消费者参与产品的开发和改进。他们不仅派出营销团队同消费者交流，而且把包括制造、工程、营销、销售和顾客服务在内的企业所有部门的人员都派出去。有时候，他们将箱形货车停在沃尔玛连锁店外面，邀请顾客在木材或其他任何在家用工具店可以看到的材料上试用产品。而且，他们还在各家商店培训销售人员，教他们如何指导消费者使用其产品。

（3）依靠产品与服务吸引新顾客。

丰田汽车公司凌志事业部1989年的目标是占领美国豪华轿车市场的主要份额。凌志旗下的丰田供应商数目多，效率高，他们对实现目标信心十足，但风险依然存在。相对于丰田公司奋力夺取的整个市场来说，凌志车只是一个小得多的细分市场。梅塞德斯－奔驰和宝马这些光芒四射的同行似乎是难以攻克的竞争对手。

但凌志并没有畏缩，他们迅速行动，利用了丰田建立起来的生产能力，并建立了自己的经销渠道。开始，公司设定的目标价位是4万美元，大大低于奔驰和其他同类豪华轿车的价格。接着他们闪电般地展开广告攻势，在市

场上营造凌志车造型清新优美的新形象——来跟庞大的凯迪拉克、笨重的奔驰和宝马车展开竞争。凌志制定了明确的战略计划，建立训练有素、反应快捷的销售队伍，他们研究了一些最佳实践企业的经营之道。例如以为公司和销售人员设定高标准著称的零售巨人诺氏百货。然后，凌志开始与高档车经销商协商合作，因为他们能创造吸引新顾客的质优名尊的气氛。

（4）让顾客参与产品和服务的实现过程。

提供优质产品的企业通过熟练掌握以下四个环节，在提供产品和服务的过程有效地让顾客参与进来。他们积极抓业务经营，成为顾客的“首选供应商”；根据核心顾客的实际需要，为他们提供多种装运和供应的选择；找出每位顾客的具体运送需求；培养服务和产品分销的最佳能力。

阿蕾保健公司与供应商和顾客建立合作伙伴关系，提高了其预测能力，并通过建立一套快速灵活的运送系统将成本不菲的失误降至最低限度。借助适时供应和补给服务，他们取得了不凡的成就。阿蕾保健公司不单将医疗用品送到医院的主仓库，还把产品送到医院内有需要的部门。

阿蕾保健公司在顾客处委派一名全职或兼职“现场”代表。现在，公司在其顾客经营的几家医院派驻了300多名现场代表。现场代表可以进入顾客的库存系统，可下订单，也可以调整、取消订单或将订单时间提前。本质上，他们取代了销售代表，并协助使生产保持正常。

（5）提供顾客服务。

顾客导向的企业都设立了“联系点”，即顾客能指名道姓并可以向他们打电话询问或投诉员工。这些企业代表受过全面培训，懂得如何得体地回答顾客查询，为顾客提供有关知识。他们往往利用电脑技术来搜集、整理顾客投诉，然后再将投诉转给相关人员或部门。

为建立完美的联系点制度。随着顾客群体的扩大或问题的日益复杂，他们更新或扩展了技术。建立完美的联系点制度意味着授权给联系人，使他们对顾客的要求具有决策权并迅速办理。这种授权的形式常常是建立自由处理账号，使员工可以用于现场解决问题。

（6）顾客信息管理。

当今时代，只要你买东西，就有人把你的购买情况记入数据库，并准备好第二天邮出的营销材料。像凌志这样深谙此道的公司不仅了解顾客的喜好，而且知道他们下次可能购买的时机、愿意付出的价格，甚至知道他们在什么地方购买。换句话说，营销也走向“高科技”了。美国运通公司分析会员信息，以确定与其顾客关系最密切、最富有价值的服务类型。营销代表设计出最佳顾客的形象后，就会评估信息，以决定如何以最好的方式奖励其顾客。

发展最佳实践的企业在改善与顾客和供应商关系的同时，自始至终寻求各种方法来改进产品和服务。他们的领导人不断从自己的工作中抬起头来，观察周围的世界，并充分利用所观察到的结果。其实，追求最佳做法就是要睁眼来看周围世界。

保持顾客对产品的需求长盛不衰

动画片“小美人鱼”在迪斯尼公司沉睡10年之后，又再现其迷人魅力。它径直游到新观众的心中，并且重燃老观众的旧日激情。能做到这点并非它拥有什么迷人的魔力，而是管理者大量心血和精明策划的结晶。影业巨人迪斯尼公司在进入其高品质动画片新纪元之时，将“小美人鱼”作为首部片子重新推出，为公司注入新的活力。

《营销管理：分析、策划、实施与控制》一书的作者科特勒指出，产品存在生命周期。不论你的产品已达到其生命周期的哪个阶段，都可以千方百计重新激发和保持顾客对此产品的需求。但这并不是说企业推出的每种产品都有很好的运气，都能得到顾客长久的青睐。不过，如果你在产品管理和营销方面有所创新，能找到产品再现活力的方式，你的产品就能拥有不止一次生命。换言之，虽然多数商品和服务的生命是有限的，但精心的营销和管理却能防止其过早夭折。

产品生命周期的模式各不相同，最基本的模式具有开发期、成长期、成熟期和衰落期4个阶段。

1. 开发期的4种方法

科特勒发现营销人员在开发期使用的方法不外乎如下4种。

(1)“掠取法”。它要求以高定价和高水平的促销来推出产品。高定价是为了快速回收企业对该产品的投入，而猛烈的促销攻势则是为了迅速渗透市场。当市场大多数人对你的产品一无所知时，这种方式无疑是绝对必需的。

（2）“慢攻法”。是以高定价和低水平的促销方式推出产品。选择高定价是为了回收对新产品的投入，而低水平的促销则是为了降低成本。科特勒建议在市场有限、产品在目标市场中几乎人人皆知并且毫无竞争的情况下采用此种方式。

（3）快速渗透法。采取低定价和猛烈的促销攻势。如果你的产品市场巨大，产品不为人所知，顾客极在意成本且存在竞争对手时，这种方法是很好的选择。

（4）慢梳法。即低定价结合低水平的促销。这种方法适用于市场需求对价格很敏感且没有受到促销宣传过分影响的情形。

企业通常是在某些特定地区推出产品，因此，找出在哪些地区自己的产品具有发展潜力也就十分重要。此外，同样重要的是，尽可能多结合几种反馈机制，就能帮助企业测量产品能否达到预期目标，是否需要调整推出产品的营销工具和策略。

2. 在成长期改良商品，以吸引更多顾客

如果产品在生命周期的最初阶段就举步维艰，则必须做出抉择，是重新开发这种产品还是干脆放弃？这种决策通常是由营销专业人士做出的。因此，一定要将这一步纳入产品规划之中，以便在接下来的行动中保持一定的客观性。

如果产品一炮走红，则它会很快进入成长期。正是在这一时期，你应努力占领大部分目标市场。此时各种广告活动的目标也从增强顾客的产品意识转向了解顾客的产品偏好。你必须不断拿出证据支持你的产品的卓越之处。

成长期阶段需要营销经理“拿出具体的产品定位方案”。虽然最初你是在创造对产品的需求，现在却是为了争夺新老顾客，因而需要采用减价、折扣和广告等方式以建立顾客的品牌忠诚。

成长期阶段常用的一种策略，是改良商品以吸引更多顾客。例如，你可能希望增加产品系列，提供更多的产品选择和样式，以满足顾客不断变化的观念。

3. 成熟期需攻守结合

最终你的产品占据了大部分市场，但新的竞争者也随后涌至，各种新的

技术也都开发出来。你的产品销售因此开始走下坡路。恰恰是在这种时候，营销人员也许会经历到某种中年形象危机，他们不知该是照原样推广产品，还是把它包装得更新、更时髦来令销售再度回升。

产品进入成熟期后，营销人员经常会设法改变产品的销售市场。这也许意味着将非产品使用者转变为产品使用者，或进入新的细分市场。产品也许会因此需要做出改变，以便使顾客更经常地使用该产品或增加每次的使用量。

在产品的成熟期，你需要重新审视你的营销工具组合。科特勒对此提供了一个极普通的信念，即在成熟期进行促销的效果比产品生命周期中的其他任何阶段都好。产品成熟期所采用的两种基本营销战略：进攻与防卫。

（1）防卫的任务是保护市场份额不受侵蚀。为此，你需要采用几种不同的战术，比如开展特别的减价促销活动和提供重复购买激励（例如，为你的吹风机系列产品喷上流行的新颜色）等。

（2）进攻战略则是打破现有市场，开始瞄准对企业产品完全陌生的买主。你也可能为此需要重新推出一种产品。迪斯尼公司是此种战略的专家。对于那些已锁进几乎每个孩子录像带柜中的成熟期影片，迪斯尼可以通过在影院上映或推出影片续集使其再获新生命。

4. 衰退期应决定好是坚持还是撤退

虽然从成长期过渡到成熟期可能是在不经意间，但过渡到衰退期的迹象却是明确无误的。销售骤减，利润急降，竞争者开始在各地低价销售其产品系列或许可他人经营。因此，此时的困难在于，是完全弃掉产品还是努力重新调整产品使其回到开发期或成长期。

豪马贺卡就曾设法阻止其产品进入衰退期。该公司轻而易举地占领了绝大部分贺卡市场。但销售额此时却开始慢慢下降，新的挑战者正不断进入市场，给背景各异的人们提供了豪马贺卡以外的其他选择。

豪马贺卡的反应是以每张卡片背后的皇冠商标为基础展开猛烈的品牌攻势。它的广告还提出了各种交换贺卡的场合，其中很多实际上并不需要寄到对方的邮箱里。不仅如此，他们还开发出了新的贺卡系列。

豪马贺卡还在店内使用了新型收款机信息技术来更好地检测各种推出新贺卡的方法，并对其成功与否做出评价。它将这种努力降低成本的新方法和新技术结合起来，以保护现有市场和进军崭新的市场。

豪马贺卡的成功是一个振奋人心的实例，它展示了企业如何运用市场调研和创新思维阻止产品走下坡路并避免不必要的产品消亡。但这并非说每个产品都能如此幸运。

当产品步入不可挽回的衰退期后，企业通常会将注意力转向企业内部。但此时绝不是抛弃该种产品顾客的时候。相反，企业应再次聆听顾客的意见。如何才能在不给顾客造成麻烦的情况下逐步将产品撤出市场？要确保每位顾客都买得到现有产品或服务的替代品，这其中所需的周密安排丝毫不亚于推出产品。

企业的最终目标是盈利，而并非人为地维持一种垂死的产品。其中的关键是确保企业的产品组合保持很好的平衡，即同时拥有产品生命周期各阶段的产品。通过大批量生产这种定位方式来赢取利润能刺激新观念、新产品、新服务的产生，令产品的生命周期更加完整。

积极挽回服务中的差错

1. 妥善处理顾客提出的异议

面对顾客提出的种种异议，推销员该怎样做呢？

(1) 认真倾听法。

我们先看下面的一段对话：

推销员：“×××先生，通过观察贵厂的情况，我发现你们自己维修花的钱比雇用我们干还要多，是这样的吧？”

顾客：“我也认为我们自己干是不太划算，我承认你们的维修服务不错，但是毕竟你们缺乏电子方面的……”

推销员：“对不起，请允许我插一句……不过有一点我想说明一下，任何人都不是天才，修理汽车需要特殊的设备和材料，比如真空泵、钻孔机、曲轴……”

顾客：“是的，不过，你误解了我们的意思，我想说的是……”

推销员：“我明白你的意思，就算你的部下绝顶聪明，也不能在没有专用设备的条件下干出有水平的活来……”

顾客："现在等一下，×××先生，只等一分钟，让我只说一句话，如果你认为……"

在这段对话中，推销员几次三番打断顾客的述说，这是推销中的一大忌。如果采用上述这种对话方式，推销是根本没有希望的。

必须记住的是：让客户充分表达他的异议，即使你知道他下一句要说什么，也不要试图打断他。对客户要有礼貌，要认真听他所说的，尽力做出反应，给予巧妙的而非狡诈、装腔作势的回答。没有一个买主会喜欢自作聪明的推销员，除非推销员表现出对买主及其问题有兴趣，否则他永远不会赢得买主的信任。

运用认真倾听法时，推销员可以在适当的时候，以恰当方式提出异议。记住：千万不要打断顾客的话，让顾客更清楚地陈述自己的意见。然后，再诚恳地解答对方提出的问题。

（2）"是的，但是"法。

当推销员聆听完顾客的购买异议后，可以用"是的，但是"或"是的，不过"来作答。这种方法又叫迂回否定法，它是先肯定对方的异议，然后再诉说自己的观点，毫无疑问它是使用最为广泛的方法，因为它比其他方法都更适合于各种不同的情况和各种不同的可能的买主。

这种方法的理论依据是，几乎所有的人都讨厌听到"不对，我根本看不出你的话有什么道理"，或"这你可说错了"，或"在你看来可能是那样，但事实毕竟是事实"，或"根本不是像你讲的那样"这一类的话。几乎所有的人都讨厌他人对自己的观点所进行的直截了当的反驳。

经验表明，大多数顾客在提出反对意见时，都多少带有些偏见，其看法有一定的片面性，或者干脆就是为了表现自己，以证明自己有许多观点和看法，但是，无论如何，推销员对顾客的这种看似无理的异议也不能迎面进行攻击，而应先肯定对方的看法，使顾客的相关需求得到满足。你可以说："你讲得相当正确，经常都是这样，但是，这种情况有点特殊……"；你也可以说："你讲的话一点也不假，但你是否想到了另一层……"或"我毫不奇怪你最初会产生这种感觉，我当初也是这么想的，但后来我又仔细地研究了一段时间，这才发现……"

（3）问题引导法。

问题引导法是指在顾客提出异议后，推销员并不以陈述句的形式摆出事

实，而是通过向顾客提问题，引导顾客自己排除自己的疑虑，自己找出答案。

推销员在提问时，可以采取“5WH”起头，即“why、what、where、when、who”与“how”，也就是问“为什么、是什么、何处、何时、何人”及“怎么样”这六个方面，按当时情形斟酌使用，这可以说是应付异议的又一良方。

有人说，在推销员使用的词汇当中，有一个词最有价值，这就是“为什么”因为“它可以迫使买主说话，它能带给你消息；它可以迫使你仔细听对方说话；它可以迫使你摆脱困境，给你提供考虑问题的时间；它可以迫使买主认真验证自己提出的理由。”

有许多常见的异议都可以用“为什么”来对付。

假定你推销的是打字机，当顾客提出异议：“你的机器的确妙不可言，我也想得到它，但就是觉得花500美元买打字机太不值得。”你可以反问：“你怎么会这么想?”或问：“这东西的利润率每年超过100%，不知你为什么不愿意为它投资500美元?”

推销的是吸尘器，当顾客提出异议：“你的机器太重!”你可以反问：“你为什么说它太重呢?”

假定你推销的是丝袜，顾客提出异议：“我想我妻子可能不太喜欢这种丝袜。”你可以反问：“为什么她会不喜欢呢?”

推销员通过问“为什么”，可以引导对方逐步说出自己的真实想法，然后就可以想办法说服对方，从而达成交易。

（4）优点补偿法。

优点补偿法是先承认买主所提的异议是合理的，然后指出某些可以补偿的优点。例如，买鞋的顾客可能会说鞋的皮子质量不是最好的，店员可以承认这一点，但同时巧妙地指出，若是最好的皮子价格就会高得多。

优点补偿法的理论基础是：“人不可能把什么好处都占全。”十全十美的东西是不存在的，所有的产品都有局限性和缺点，致使可能买主提出合理的异议，推销员若一味地设法否定和回避的话，效果往往不一定好，此时最明智的办法就是拿出可能补偿的优点去压倒他列举的缺陷。

当顾客提出“产品不保修，我不敢买”时，推销员可以讲：“是的，我们这种产品不提供保修服务，原因是降低了售价，从中扣除保修费用，质量又是可靠的。”

当顾客提出：“我很怀疑这东西质量有问题。”由于是积压品，推销员可以讲：“这是处理商品，质量上都有点问题，所以价钱很便宜。”

当顾客提出：“交货期太长了。”推销员可以讲：“是有这个问题。如果你希望提前交货，因为生产上要增加成本，售价要提高一些。”

(5) 顾左右而言他法。

顾左右而言他法，又叫装聋法。即对某些异议故意忽略、保持沉默、置若罔闻的一种处理方法。一般地讲，推销员应热情回答各种问题，帮助顾客认识自己的需要，了解产品，但这并不意味着必须回答所有问题。在某些特定场合下，这种方法也很有效。

兰迪是一家家具店的老板，有一次，一对夫妇到他的店里挑选家具，当他们发现看中的家具价钱相当高时，那位夫人对兰迪说：“我们要回家研究一下!”兰迪马上想起了刚从磁带上学到的“装聋”法，于是他看着那位先生问道，“您是打算把这些家具带回去呢？还是我们给您送到家?”先生问夫人：“你说呢?”只听这位夫人说：“哎呀，让他们送到家需要花钱呀，还是我们自己带回去好。”

但是，在以下两种情况下，最好不使用这种方法，第一，不理睬会使顾客产生被轻视的感觉，从而引起不满的时候，就不要故意忽略；第二，不解释会引起顾客疑心的时候，还是耐心解释为妙。

2. 面对愤怒的客户不放弃努力

一个人如果无缘无故地被人责骂，那么这个人因此而发脾气，是很正常的一件事。做生意的时候，客户的责骂，是不会有丝毫的保留的。假如你的商品或服务有了缺陷，他们就会很直接提出抗议，你要是因此而生气，那么生意就做不成了。

所以，对于客户的责骂，我们只好试着去与他们接触，这是非常重要的。另外，同样是责骂，也有程度上的不同。例如，有的责骂是要你小心一点；有的责骂是要你想办法解决问题；不过，很少有那种一开口，就不分青红皂白乱骂的。

当顾客的不满如果是停留在责骂的阶段，那就没有关系。如果已经超越了这个阶段，而说出：“好，我再也不跟你交易了!”这样事情就非常严重了，你必须好好思考应如何处理。当松下担任松下电器公司总经理时，有一

次客户对松下的职员说了类似这样的话，这个职员脸色发青地向松下报告：“因为某种原因，所以这位客户非常生气，他说今后不愿再与我们来往了。”

当松下听到报告时，虽然知道这件事非常严重，但并不生气，而是细心地详细询问事情的经过，才知道对方发怒，只是由于没有明白松下电器的想法，才造成了误解。

于是松下对他的职员说：“麻烦你现在马上到客户那里去，把我们的想法，重新加以说明。让他们知道我们的用意，在根本上，我们是考虑到对方的利益和立场，所以请不要因为一部分的挫折，就整个否定我们的方针和诚意。像刚才那种以偏概全的想法，我们是无法忍受的。你要把我们整个方针、情形，详细地说一遍，如果对方还是不能接受，那么，我们只好放弃这个交易。你可以告诉对方说：‘我回公司已见过总经理，他要我说………’”

这个职员立刻就到客户那里去，很详细地把松下公司的方针说给对方听，结果，那位本来不愿和松下公司再来往的客户说：

“你们总经理真的这样说吗？我现在已经明白了，如果事情真是这样的，我可以再重新考虑，今后双方还是多来往吧。”这个职员于是很高兴地回来向松下报告。

这家本来要与松下停止来往的客户，在这种情况下，又继续双方的交易了。不仅如此，这家客户比以前更加强了与松下的来往，而成为松下的有力支持者之一。

这件事说明了，当面临客户愤怒的时候，等于你面临生意的危机，这时候，不要放弃一切的努力，真诚地去突破这个局面。同时，这个真诚，不是只在当场表现出来的，而是平时就要考虑到客户的利益及立场。所以，在遇到危机的时候，也能够找出对策，使事情得到最圆满的结果。

3. 把服务中出现差错时当作与顾客加深感情的绝好机会

许多营销人员往往把为顾客提供“完美的”服务当作最高宗旨，但很少认真想想一旦发生问题，如何把坏事变成好事。这就使得商家错失了与顾客联络感情和树立商业信誉的大好机会。恰恰是在出现问题时，顾客对自己所受到的待遇最为敏感，也最容易向朋友和同事倾诉自己的经历。也恰恰是在这时，他们最有可能做出决定：是继续在这家公司购物，还是转而光顾它的竞争对手。

要将顾客的这种敏感为你所用。如果售后服务问题能够得到迅速圆满的解决，顾客对商家的忠诚度会“反弹”到今胜于昔的高度。

出现售后服务问题时，正是与顾客加深感情的绝好机会，解决问题要快，而且不妨慷慨一些。采取以下简单的七个步骤，即可凭借周到的售后服务赢得回头客。

（1）表示歉意。要想让人们感受到你对他们确实关心，立即表示出真诚的歉意是最好的方法。

（2）立即解决。解决问题的速度越快越好。这不是去斤斤计较为顾客排忧解难的代价的时候。只要能解决问题，只管去做。你的损失会随着时间的流逝逐渐被淡忘，而你从中获得的利益却是永久性的。

（3）与顾客交流。要记住，除了商品、日期和订单之外，人也是一个重要的因素，要花时间与人进行交流，和顾客保持个人的联系，可以给他们打电话、发 E－mail 或传真。当售后服务结束时，亲笔写一张便条、送一份小礼物或者用其他的方式表达对他们的谢意。

（4）讨顾客欢心。要想与顾客加深感情，就必须给予超出其预期的优惠。优惠的形式可以是退货、折扣、特殊的帮助和额外的服务，倒不一定非得是在金钱方面。不过，无论是何种优惠形式，行动一定要快。如果办理退款或者其他优惠需要进行长达数月的协商与授权，是绝不可能赢得顾客的青睐的。

（5）改进工作。改进工作方法，加强培训，以避免相似的问题再次发生，把改进工作制度化。

（6）通报结果。要使每一个雇员都能从出现的问题中获得经验，提供后续工作和改进的充分信息。

（7）跟踪联系。即使顾客不再来反映问题，也不要就此停止交流。保持与顾客的联系，直至他们成为回头客和长期的忠实主顾为止。

方案九

科学和高效的人力资源管理

- ⊙人力资源管理与企业发展
- ⊙人力资源规划
- ⊙工作分析与工作设计
- ⊙人员的招聘、选拔与培训
- ⊙员工绩效考核与薪酬管理

人力资源管理与企业发展

人力资源的含义、特征和作用

一、人力资源的内涵

人力资源（Human Resources）是指一定范围内人口总体所具有的劳动能力的总和，是指在一定范围内具有为社会创造物质和精神财富、从事体力劳动和智力劳动能力的人们的总称。它包括数量和质量两方面的内容。定义中的一定范围既可以是指一个国家或一个地区，也可以是指一家企业、学校、医院或其他组织。因此，人力资源，从宏观角度来看，是一个国家或地区所有人口所具有的劳动能力的总和；从微观角度来看，是企业等组织雇佣的全部员工所具有的劳动能力的总和。

二、人力资源的特征

人力资源与自然资源、物质资源等相比，具有以下明显特征：

1. 能动性

人力资源一个根本的特征是能动性，它是人力资源区别于其他资源的本质所在。其他资源在被开发的过程中，完全处于被动的地位；人力资源却不是如此，他在被开发过程中，有自己的思维与情感，能对自身行为做出选择，能自主学习，能够自主地选择职业，更为重要的是，人力资源能够发挥主观能动性，有目的、有意识地利用其他资源进行生产，推动社会和经济的发展，同时，人力资源具有创造性思维的潜能，能够在人类活动中发挥创造性的作用。

2. 时效性

时效性是指人力资源的形成与作用效率要受其生命周期的限制。人力资源存在于有生命的人，人的生命是有周期的，每个人都要经历幼年期、少年期、青年期、中年期、老年期，其各个时期减少的可利用的程度也不相同。

所以，人力资源的开发与管理必须尊重人力资源的时效性特点，做到讲究时效，适时开发，及时利用，以最大限度地保证人力资源的产出，延长其发挥作用的时间。

人力资源与人口资源、劳动力资源、人才资源的关系

人力资源与人口资源、劳动力资源、人才资源四者之间的包容关系和数量关系如图9－1所示。

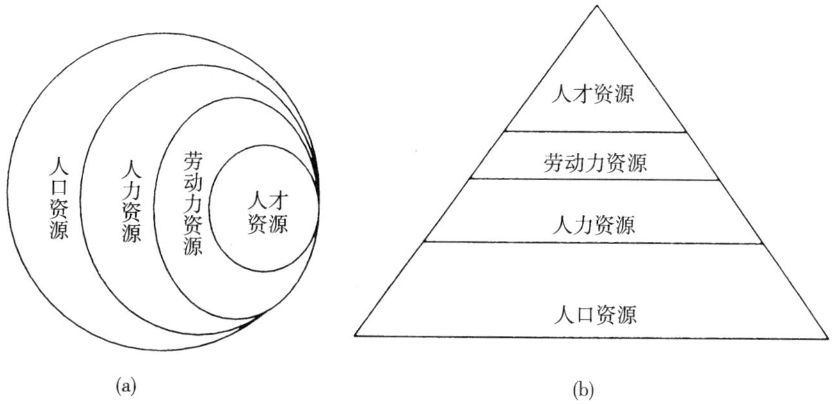

图9－1　人力资源相关概念的关系图

（a）包含关系；（b）数量关系

3. 两重性

人力资源既是投资的结果，又是创造财富的源泉，或者说，它既是生产者，又是消费者，具有两重性。人力资源的投资是一种消费行为，并且这种消费行为是必需的、先于人力资本的收益。研究证明，人力资源的投资具有高增值性，无论从社会还是个人角度看，都远远大于对其他资源投资所产生的收益。

4. 磨损性

人力资源在使用过程中会出现有形磨损和无形磨损。例如：劳动者知识和技能的老化就是无形磨损，劳动者自身的疾病和衰老就是有形磨损。由于科技的快速发展，当今社会的人力资源磨损主要表现为无形磨损，而无形磨损的补偿比起有形磨损要困难得多，同时，人力资源磨损速度的加快，也使得补偿的费用额越来越高。

5. 再生性

人力资源是一种可再生资源，人力资源的再生性基于人口的再生产和劳动力的再生产，通过人口总体内各个个体的不断替换、更新恢复，以及“劳动力耗费—劳动力生产—劳动力再次耗费—劳动力再次生产”的过程得以实现。

6. 社会性

人力资源的社会性，主要表现为人与人之间的交往及由此产生的千丝万缕的联系。在现代社会中，在高度社会化大生产的条件下，个体要通过一定的群体来发挥作用，合理的群体组织结构有助于个体的成长及高效地发挥作用，不合理的群体组织结构则会对个体构成压抑。群体组织结构在很大程度上又取决于社会环境，社会环境构成了人力资源的大背景，它通过群体组织直接或间接地影响人力资源开发，这就给人力资源管理提出了要求：既要注重人与人、人与团体、人与社会各方面关系的协调，又要注重组织中团队建设的重要性。

三、人力资源的作用

1. 人力资源在经济发展中的一般作用

经济学家将人力资源称为第一资源，认为它是决定当今和未来经济增长的主要动力因素。在国民经济和企业运营中人力资源的主要作用如下：

（1）人力资源是构成社会经济活动和企业运营的基本前提。人、财、物是经济活动和企业运营的三个要素，财又是物的转化形式，所以人和物是最基本的要素。不同主体或企业的经济活动对物力要素的要求或多或少，或有或无，但是人力要素却必不可少。人力资源是国民经济或企业运营的根本性要素，缺少它时，社会或企业的经济活动就无法开展。生产力是人类运用劳动工具作用于劳动对象，从而改造自然界的能力。从生产力内部关系看，人和劳动手段是对劳动对象起推动作用的主体。人和劳动手段又都是经过人类改造的物力要素。劳动工具本质上是扩大的、延伸的人体器官，是人的助手。因此，人力是经济运动的根本要素，是劳动手段得以形成的条件，是造就物力要素，并运用物力要素的根本性要素。人力资源是构成社会经济活动和企业运营活动的核心要素和基本前提。

（2）人力资源推动物质资源，故人力资源质量是经济发展的关键。对于国民经济和其他经济总体而言，人力资源与物质资源应当得到合理的结合，这就要求人力资源与物质资源在总量与结构方面具有合理的比例，并获得合理的配置。各国的实践表明，人力资源的开发是生产发展和经济增长的重要因素，一个国家的经济发展和社会进步的关键在于如何提高人力资源的质量。由表 9－1 的对比情况可以得出，一国的经济发展情况与其人力资源状况正相关，一国的人力资源质量状况将决定其经济发展的基本状况。

表 9－1　不同发展程度国家的人力资源质量状况表

分　类	高度发达国家	中上等发展中国家	中下等发展中国家	低等发展中国家	
典型	美国	韩国	泰国	坦桑尼亚	中国
人均国民生产总值（美元）	19840	3600	1000	160	750（1997 年）
人均国民生产总值国际比较值	100	24.1	16	2.6	
小学入学率（%）	100	100	95	66	97.2（1992 年）
中学入学率（%）	98	88	28	4	初中 79.4，高中 43.1（1992 年）
大学入学率（%）	60	36	2	0	4（1997 年）
每万人口中医生数量（人）	21	8.6	1.6	38	39.87（1987 年）
每万人口中护士数量（人）	143	17	14	1.2	
出生时平均预期寿命（岁）	76	70	65	53	男 76.6 女 80.3（1992 年）

（3）经济增长的主要潜力在于人力资源，人力资源具有收益递增性。“增加投资量”和“提高单位投入量的产出率”是国民经济增长的两个方面的要素。增加“投入”要素无非是人力和物力两大要素，而人力的投入影响更大。

战后人力投入和物力投入对经济增长的影响

第二次世界大战后的各国经济实践表明：从总量上看，增加人力的投入，特别是高质量人力资源开发性投入，比增加物力的投入取得的收益更大。根据挪威 1900～1955 年的统计，固定资产投资每增加 1%，社会生产量增加 0.2%；对于普通劳动者投资每增加 1%，生产量增加 0.76%；而对智力或较高素质劳动者投资（即通过教育等提高人力资源的质量）每增加

1%，社会生产量增加1.8%。

2. 人力资源对发展中国家经济发展的影响

对于发展中国家来说，人力资源除了以上所述的作用外，还有以下特殊的作用：

（1）本国人力资源的质优价廉有利于提高对外资的吸引能力。

（2）本国人力资源质量的改善有利于余值增长率的提高。余值增长率是指国民收入增长率大于国民资源增长率之差。

（3）人力资源素质影响劳动力生产率水平。一般发展中国家个人所受的教育年限与其获得的收入呈正比例变动关系。在一般情形下，收入水平又基本上反映了劳动生产率水平。

（4）人力资源对经济发展有着积极反馈作用。

人力资源管理的任务与原理

人力资源管理因其主体、对象和范围的不同有宏观和微观之分。

一、宏观人力资源管理

宏观人力资源管理是指在一个国家或地区范围内，对全社会的各个阶层、各个类型人员的从业人员从招工、录取、培训、使用、升迁、调动，直至退休的全过程管理。宏观人力资源管理包括人力资源决策管理、人力资源配置使用管理、人力资源流动管理、人力资源保护管理，以及劳动关系管理等宏观人力资源管理实务各阶段。

二、微观人力资源管理

微观人力资源管理是指企业等微观组织对于本组织的人力资源，从人力资源战略与规划、工作分析与设计、员工招聘与选拔、工作绩效考核、员工薪酬管理、劳动安全与卫生、劳动纠纷与集体体制，以及员工使用、调配直到离开本组织的各个环节和各项任务的系统、综合的全过程管理。

在实际中，人们常常把微观人力资源开发内容并入人力资源管理，统称为某一微观组织的人力资源管理，这时则应在上述含义中增加员工培训与开发、职业发展、工作或劳动结构优化等方面的内容。就此范畴而言，微观人力资源管理的基本任务是：（1）求才——吸收、寻求优秀人才和组织使用的人力资源；（2）用才——恰当地使用组织的人力资源，唯才是举、人尽其才、才尽其用，发挥人力资源对经济发展的递增作用；（3）育才——通过培

训、教育、发展，提高人力资源质量，激发员工潜力；(4) 激才——通过激励机制和措施，调动员工的工作积极性，发挥人力资源的能动性；(5) 护才——通过卫生保健、劳动安全、平等就业等措施保护劳动者的合法权益，养护人力资源的持续劳动能力；(6) 留才——尊重人才、爱惜人才，保持员工队伍的稳定，留住组织所需的各类人才。

人力资源管理的基本原理主要包括以下几方面：(1) 投资增值原理；(2) 互补合力原理；(3) 激励强化原理；(4) 个体差异原理；(5) 动态适应原理；(6) 公平竞争原理；(7) 能位匹配原理；(8) 信息激励原理；(9) 文化激励原理。

知识经济时代人力资源管理的特征

科技的迅猛发展，特别是互联网络的普及和计算机技术的应用，正在给我们的经济、社会与文化生活带来前所未有的变化。当地理和空间不再是障碍，当地球越来越像个“地球村”，我们已全面进入知识经济时代。面对知识经济时代的全新挑战，面对知识给企业带来的巨大价值，思维的更新和科技的进步将为我们的人力资源管理带来翻天覆地的变化，人力资源管理将呈现出新的特征。

一、人力资源资本化

在知识经济社会里，核心竞争资源是知识、技术和信息，而人是创造知识和应用知识的主体，因此，知识经济时代的关键资源实质上是人力资本。人力资本是企业员工所拥有的知识、技能、经验和劳动熟练程度等，其表现为人的能力和素质。在自然资源日益匮乏的今天，人力资本将发挥越来越重要的作用。

二、人力资本管理人性化

知识型员工的管理是以人为本的管理，这就要求人力资本管理者将更多地担当起员工的代言人，充分了解员工、服务于员工将是一个重大的改变。人力资本管理者的角色将从行政专家的角色过渡为行政专家、员工关怀者、变革促成者和企业策略伙伴的角色。

三、职业教育终身化

在知识经济时代，无论是从知识的重要性还是从知识的创新速度来看，企业员工都面临着需要不断更新知识和技能的压力。企业只有不断地加强对员工的培训，或员工自觉地学习，才能适应社会的发展要求，否则就要被淘汰。因此，培训或学习将成为员工终身的需要。

四、管理手段科学化

科学技术的飞速发展，对管理工作带来了一场前所未有的革命。对于人力资源管理而言，将由过去的被动式、经验式的人事管理，步人科学化、专业化、技术化的人力资源管理时代。电子化的人力资源管理系统的出现为人力资本管理手段的科学化带来了全新的体验。

人力资源规划

人力资源规划概述

人力资源规划是企业发展战略的重要组成部分，也是企业人力资源管理各项活动的起点和依据。企业人力资源规划要和企业整体规划，如企业发展战略、企业经营计划、企业年度计划等相互配合和支持，同时，要和人力资源管理的各项活动，如工作分析、员工招聘、员工培训与开发、员工绩效评估和薪酬管理等相互协调。企业人力资源规划是指根据企业的发展战略、企业目标及企业内外环境的变化，科学地分析和预测未来的企业对人力资源的需求和供给状况，并据此制定或调整相应的政策和实施方案，以确保企业在恰当的时间、使不同的职位获得恰当的人选的动态过程。

企业人力资源规划概念包含三方面的含义：企业人力资源规划要适应内外部环境的变化；企业人力资源规划的主要工作是制定政策和措施；企业人力资源规划的最终目标是要使企业和个人都得到长期的利益。

人力资源规划有利于企业发展战略及基础战略目标的制定和实现，有利于人力资源的合理配置和人力资源动态平衡，可以有力地控制人工成本，提高人力资源管理的效益，满足企业员工的需要。任何企业都必须高度重视人力资源规划工作。

人力资源的供给与需求预测

人力资源规划过程简单来说包括三个步骤：预测、目标设定和战略规

划、计划实施和评估，如图 9－2 所示。规划的核心部分包括：人力资源需求预测、人力资源供给预测和人力资源供需综合平衡三项工作。

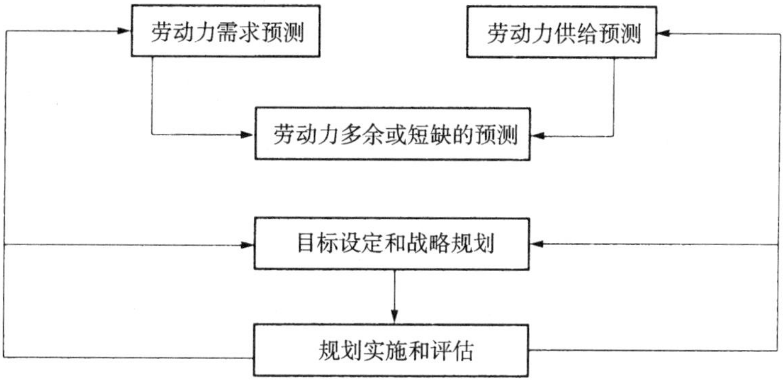

图 9－2　人力资源规划过程图

一、人力资源需求预测

人力资源需求预测是指以企业的战略目标、发展规划和工作任务为出发点，综合考虑各种因素的影响，对企业未来某一时期所需人力资源的数量、质量等进行预测的活动。对企业人力资源需求产生影响的因素大体可分为三类：企业外部环境、企业内部因素和人力资源自身状况。

对人力资源需求的预测可以根据时间的跨度、收集信息的类型等，相应采用不同的预测方法，其预测方法总的来说可分为定性预测方法和定量预测方法。

1. 定性预测方法

（1）经验预测法：根据以往的经验对人力资源进行预测规划的方法就是经验预测法。不少企业常采用这种方法来预测将来某段时期内对人力资源的需求。例如，一个服装厂根据以往的经验认为，一个缝纫工人每天可以做六件衬衣的话，那么，如要在未来某段时期内扩大生产规模，就可以按生产单位来计算预测出所需的缝纫工人数目，还可以采用这种方法预测出相对应管理人员需求的预报数。这种方法较适用于中、短期的预测规划，简单易行，在实际工作中使用较为广泛。

（2）德尔菲法：德尔菲法又称集体预测法，是指专家们对影响企业某一领域发展的看法达成一致的一种结构性方法。

用德尔菲法进行人力资源需求预测的实施过程是：

作为人力资源需求预测工作的企业者的人力资源部门向专家们说明人力资源预测工作对企业的重要性，取得专家们对这种预测方法的理解和支持。

以问卷调查的形式，了解专家们对未来人力资源需求的分析评估。

然后归纳专家意见后再反馈给专家，通过3~5次的反复，专家意见趋于一致。

使用德尔菲法应遵循以下原则：

问卷调查的方法一般采用匿名的形式，以保证专家能够畅所欲言地表达自己的观点。

应该多轮征询专家的意见，而且在每一轮后将专家的意见进行汇总和归纳，使得专家有机会修改自己的预测结果。

在专家进行预测的过程中，人力资源不应该提供给专家较为充分的信息。

所问问题应该尽可能简单，并且澄清一些特定的概念和分类方法，使得专家能够从相同的角度来考虑这些问题。

对专家的预测结果不要苛求精确，应该允许专家做出粗略的估计，并要求提供预测数字的肯定程度。

这种方法适用于长期的、对技术人员的预测规划。

（3）人力资源现状规划法：这是一种简便易行的预测方法。运用这种方法的前提条件是：假设一个企业目前各种人员的配备比例和人员的总数将完全能适应预测规划期内的人力资源需求，人力资源计划人员所要做的事情就是测算出在规划期内有哪些人员或岗位上的人将会出现晋升、降职、退休或调出本企业的情况，再准备调动人员去替补就可以了，其中包括伤亡人员的替补。例如，一个工厂的某生产车间主任即将在明年退休，就可以从车间副主任、工段长、班组长或工人中物色一个最适合的人选顶上去。一般企业内管理人员的连续性替补都采用这种方法，这种方法适用于短期人力资源计划需求预测。

（4）先分后合预测法：先分是指一个企业要求下属各个部门、单位根据各自的生产任务、技术设备等变化情况先在本单位对各种人员的需求进行预测，在此基础上，组织专门人力资源计划人员再把下属各单位的预测数进行综合平衡，从中得出整个企业将来某一时期内对各种人员的总需求数。这种方法较能发挥下属各级管理人员在人力资源需求预测中的作用，但是人事部门或专职人力资源计划人员要给予下属一定的指导。这种方法较适用于中、短期的人力资源需求预测。

（5）描述法：描述法是指人力资源计划人员可以通过对本企业组织在未来某一时期的有关因素的变化进行描述或假设，从描述、假设、分析和综合中对将来人力资源的需求进行预测规划。例如，对某一企业组织今后三年的情况的变化描述或假设可能会有这样几种情况：第一种是在三年内，同类产品可能稳定地增长，同行业中没有新的竞争对手出现，同行业中在技术上也没有新的突破；第二种可能是同行业中出现了几个新的竞争对手，同行业中技术方面也有较大突破；第三种可能是同类产品跌入低谷、物价暴跌、市场疲软、生产停滞，但在同行业中技术方面可能会有新的突破。人力资源计划人员就可以根据对上述不同的描述和假设的情况预测，从而制订出相应的人力资源需求备选方案。

（6）计算机模拟法：计算机模拟法是在计算机中运用各种复杂的数学模式对各种情况下企业组织人员的数量和配置运转情况进行模拟测试，从模拟测试中预测出对各种人力资源需求的各种方案以供组织选择。

2. 定量预测方法

（1）外推预测法：外推预测法是数学中的一类计算方法，它有着广泛的用途。最简单的形式是直线外推，也可以有曲线的，如指数平滑法，还可以有更复杂的形式。这种方法适用于短期和中期需求预测。

（2）人员比例法：这是根据已确定的各类人员之间、人员与设备之间、人员与产量之间的各种科学比例关系来预测中长期人力资源需求的一种方法。

（3）劳动定额法：劳动定额法是根据劳动者在单位时间内应完成的工作量和企业计划的工作量推测出所需要的人力资源数量。具体的公式是：

$$N = W/Q \times (1 + R)$$

式中：N——人力资源需求量；

W——计划内任务完成总量；

Q——企业现行定额；

R——计划期内生产率变动系数。

（4）回归分析法：它是用于处理变量之间相互关系的一种统计方法。这种方法中，最简单的是一元线性回归分析，也可以是多元线性回归分析和非线性回归分析。一般而言，中长期人力资源需求量的变化起因于多种因素，故可考虑用多元线性回归分析。

二、人力资源供给预测

人力资源供给预测是指为了满足企业在未来一段时间内的人力资源需求，而对将来某个时期内，企业从其内部和外部可以获得的人力资源的数量和质量进行预测。它包括外部人力资源供给预测和内部人力资源供给预测。

1. 外部人力资源供给预测

外部人力资源供给预测的主要目的是对劳动力市场的供求情况、可能为企业提供各种人力资源的渠道以及企业竞争相同人力资源的竞争对手进行分析，从而得出企业可能从外部获得的各种人力资源的情况，并对获得这些人力资源所需的代价，以及对可能出现的困难和危机做出提前预计。影响外部人力资源供给的因素可以分为三大类：行业性因素、地区性因素和全国性因素。

其预测方法有如下几种：

（1）查阅现有的资料。国家和地区的统计部门、人事和劳动部门都会定期发布一些统计数据，另外也应该及时关注国家和地区的政策法律变化。互联网的普遍应用使得查阅相关的信息资料更加便捷。

（2）直接调查有关信息。企业自己可以就所关注的人力资源供给状况进行调查，对高校提供的毕业生源的调查就是一种比较有效的方法。

（3）对雇用人员和应聘人员的分析。对企业已经雇用的人员和应聘的人员进行分析，也会得出未来的人力资源供给状况的估计。

2. 内部人力资源供给预测

内部人力资源供给预测主要是对企业内部员工的情况进行分析，包括员工的人数、年龄、技术水平、发展潜能、流动趋势等，从而预测未来一段时间企业内部可以有多少员工稳定地保留在企业之中，有多少员工具有

发展和晋升的可能性。影响内部人力资源供给预测的因素主要有：行业性因素、地区性因素、全国性因素以及企业的人力资源策略和相应的管理措施。

企业内部人力资源供给预测方法主要有：

（1）员工档案法：从员工进入企业开始，人力资源部门就应为其建立内容全面的人员档案，以供企业随时判断哪些现有的员工能够被提升或调配到空缺职位上来。

（2）人员接替法：也称为人员接替计划，很多企业的管理人员都是从内部员工中提拔的，因此要确定在各个关键的管理职位上有哪些可能的接班人，这些接班人的胜任状况和发展潜力如何。

（3）马尔科夫法：这是一种定量预测方法，其基本假设是企业中员工流动的方向与概率基本保持不变。在此假设基础上，通过收集具体数据，找出企业内部过去人员流动的规律，由此推测未来的人员变动趋势。马尔科夫分析法实际上是建立一种转换概率矩阵，使用统计技术预测未来的人力资源变化。

（4）员工满意度调查：企业可以定期对员工的工作满意度情况进行调查，这种调查可以由企业内部来进行，也可以委托专业公司来进行，通常采用不记名的方式。调查可以显示出员工对工作的满意程度以及愿意继续留在公司工作的愿望等，可以作为预测企业未来员工流动情况及人力资源供给的依据。

人力资源供给与需求平衡

人力资源规划中非常重要的一步是把企业人力资源需求预测的结果与供给预测的结果进行对比分析，得出企业人力资源的净需求。对人力资源供需平衡的分析不能仅仅着眼于供需总数的缺口。有时供需总数平衡，但有的部门和管理层次供过于求，而有的部门和管理层次供不应求。供需分析应明确指出企业人力资源供需的结构性失衡所在。

在人力资源供需预测的基础上，企业采用相应的措施和方法，以实现人力资源的综合平衡。解决人力资源短缺，避免预期出现的劳动力短缺的方法及其达到目的的速度和可回撤程度见表 9－2。

表 9－2　避免预期出现的劳动力短缺的方法表

方法	速度	可回撤程度
加班	快	高
临时雇用	快	高
外包	快	高
再培训后换岗	慢	高
减少流动数量	慢	中等
外部雇用新人	慢	低
技术创新	慢	低

解决人力资源过剩，避免预期出现的劳动力过剩的方法及其达到目的的速度和员工受伤害程度见表 9－3。

表 9－3　避免预期出现的劳动力过剩的方法表

方法	速度	员工受伤害程度
裁员	快	高
减薪	快	高
降级	快	高
工作轮换	快	中等
工作分享	快	中等
退休	慢	低
自然减少	慢	低
再培训	慢	低

人力资源规划除了要考虑企业人力资源供需的平衡，还要尽量实现企业需要与员工个人需要间的平衡。通过适当的人力资源管理措施解决企业需要和员工个人需要间的矛盾是企业人力资源规划的一个重要目的。实现企业需要与员工个人需要平衡的人力资源规划手段见表 9－4。

表 9－4　实现企业需要与员工个人需要平衡的人力资源规划手段表

企业需要	员工需要	人力资源规划手段
专业化	工作丰富化	工作设计
人员精简	工作保障	培训计划
人员稳定	寻求发展	职业生涯计划
降低成本	提高待遇	生产率计划
领导的权威	受到尊重	劳动关系计划
员工的效率	公平的晋升机会	考核计划

人力资源规划的发展

当中国政府明确提出将“人才强国”作为一项重大国家战略后，企业集团的老总们也已深刻地意识到“人才兴企”的至关重要性。人力资源已被视为企业的第一资源，其贡献价值远远超过了物质资源。人力资源的形成、培植、开发和使用已经成为决定企业生存发展的决定性因素。因此提升人力资源的管理水平，塑造核心人才竞争力，成为摆在大型企业集团面前的紧迫任务，而人力资源规划将在此发挥极为重要的作用。

信息时代，企业生存环境瞬息万变，以及企业面对变化缺乏适时的应变能力，是导致上述问题接踵而来，而企业家们却苦无良策的根本原因。那么如何增强自身的应变能力，充分预测“人”这个最为活跃的因素对企业可能的影响，而及时采取措施平复或减缓其所产生的振荡呢？为了解决上述问题，并保证及时适应未来的环境变化，实现人员的合理配置和有效使用创造条件，我们必须借助现代人力资源战略规划，它是传统的人力资源规划的继承和发展。

一、传统人力资源规划与战略人力资源规划的区别

人力资源战略规划是人力资源具体管理工作的根本出发点，对人事发展、绩效管理、薪酬管理、培训管理等业务管理功能模块起着重要的引导作用。鉴于国内企业集团在规划方面缺乏先进的管理理念、实践经验不足的现状，我们认为多数企业的人力资源战略规划应着眼于人力资源规划体系的建立，而并非传统意义上仅仅是对企业人员的需求和供给规模进行预测和平衡，见表 9－5。

表 9－5　传统人力资源规划与战略人力资源规划的区别表

内容	传统人力资源规划	人力资源战略规划
目标	人力资源供给和需求的数量预测	实现人力资源的战略部署和规划
功能	一项具体的人力资源管理工作	企业战略的重要组成部分
主要内容	单纯的年度人力资源规划工作 ——人力资源的供给分析 ——人力资源的需求预测 ——人力资源的供需缺口 ——供需平衡的解决方法	人力资源规划体系，包括： ——人力资源战略 ——年度供求滚动规划 ——中高级核心人才规划 ——专业队伍发展规划 （集团层面、下属企业层面）
参与人	主要是人力资源部完成	各级组织、各个部门、企业高管层

二、企业集团人力资源战略规划的目标

在企业集团管理模式下，人力资源战略规划应当实现如下目标：

（1）根据企业集团战略目标，确定人力资源发展战略。

（2）深入分析企业人力资源面临的内外部环境，发现问题和潜在风险，提出应对措施。

（3）合理预测企业中长期人力资源需求和供给，规划和控制各业务板块人力资源发展规模。

（4）规划核心人才职业生涯发展，打造企业核心人才竞争优势。

（5）规划重点专业/技术/技能操作领域员工队伍发展，提高员工综合素质。

（6）提出人力资源管理政策和制度的改进建议，提升整体管理水平。

三、企业集团人力资源战略规划的主要特点和内容

一般来讲，集团总部与下属企业的管理职能分工不同，企业集团总部负责整个集团战略目标与发展规划的制订，集团政策、制度的制定与实施监督，集团整体经营状况的宏观调节与控制，各下属单位经营管理策略的审核与协调，以及集团对外合作与发展等。而下属企业一般是以业务为核心，为集团公司提供决策信息支持，同时接受集团公司的指导与监督。

母子公司的这种管理模式，决定了集团人力资源战略规划是由总部公司和下属各级企业多个层次的人力资源规划组成，各层次具备不同的特点和内容。

1. 集团总部层面人力资源战略规划的主要特点

（1）确定企业集团人力资源整体发展战略。

（2）侧重国家人力资源政策制度和人力资源市场的宏观研究。

（3）关注企业集团人力资源现实状况的微观分析。

（4）平衡协调人员分布结构，控制集团人力资源总体发展规模。

（5）提出企业集团核心人才评价标准，进行核心人才职业发展规划。

（6）改进集团人力资源管理政策、制度规划的建议。

2. 下属企业层面人力资源战略规划的主要特点

（1）根据企业业务发展战略，进行人员需求详细预测。

（2）分析企业人力资源存量状况，进行人员供给预测。

（3）进行供求平衡分析，提出供求保障措施。

（4）制定本企业核心人才评价标准，规划核心人才职业生涯。

四、其他需要注意的几个问题

为了确保人力资源战略规划的有效性，还需要建立一些必要的配套政策制度，推进规划的切实执行。

（1）建立集团对所属单位的人力资源规划审核批复制度。

（2）建立人力资源规划执行差异分析制度。

（3）集团实施对各级单位的人力资源规划考核和审计。

（4）其他业务管理模块相关具体政策措施的制定与落实。

工作分析与工作设计

工作分析概述

为了实现高质量的绩效，组织必须了解工作要求和它的人员，并求把两者匹配起来，这就需要进行工作分析（job analysis）。工作分析又称职务分析，实质是对某特定的职务做出明确规定，并确定完成这一职务需要有什么样的行为的过程。

工作分析中的“6W + H”

工作分析中的“6W + H”指的是工作分析中的七方面内容：工作内容（what）、责任者（who）、工作岗位（where）、工作时间（when）、为谁（for whom）、怎样操作（how）、为什么要这样做（why）。

工作分析在人力资源管理中的作用主要表现在以下几方面：（1）有利于合理使用员工；（2）有利于避免人力资源浪费和提高生产效率；（3）有利于员工培训；（4）有利于科学评价员工的工作实绩；（5）有利于设计出合理的工资、奖酬、福利制度；（6）有利于制定科学的人力资源规划。

一、工作分析的方法

工作分析的方法有许多种，在具体的工作中并不存在一种“最佳”的方法，因为工作分析的内容取决于工作分析的目的与用途，不同企业进行调查分析的重点会有所不同。合适的方法是相对于不同的用途而言的。

工作分析的方法，依据不同的标准有不同的形式，下面介绍几种常用的方法：

1. 资料分析法

为了降低工作分析的成本，应当尽量利用现有的资料，以便对每个工作的任务、责任、权力、工作负荷、任职资格等有一个大致的了解，为进一步调查奠定基础。岗位责任制是国内企业特别是大中型企业十分重视的一项制度。但是，岗位责任制只是规定了工作的责任和任务，没有规定该工作的其他要求，如工作的社会条件、企业环境、聘用条件、工作流程以及任职条件等等，如果根据各企业的具体情况，对岗位责任制添加一些必要的内容，则可形成一份完整的工作描述和任职说明书。

另外，我们还可以通过作业统计，如对每个生产工人出勤、产量、质量、消耗的统计，对工人的工作内容、负荷有更深的了解，它是建立工作标准的重要依据。人事档案则可提供任职者的基本素质资料。

资料分析法一般不单独采用，而是与其他工作分析法结合使用。

2. 观察法

通常情况下，对以体力劳动为主、工作重复性大、标准化程度高、任务周期较短的工作，直接观察法是一种有效的工作分析方法。

观察法是工作分析人员到现场实地察看员工的实际操作情况，并予以记录、分析、归纳，并整理成适宜的文字资料的方法。在分析过程中，应经常携带员工手册，分析工作指南，以便参考运用。分析人员观察工作时，必须注意员工在做什么，员工如何做，员工为何要做，以及工作的技能好不好。对于可以改进、简化的工作事项，也应予以记录说明。当观察完某工作场所人员如何执行某工作后，最好在其他两三处工作场地再予以观察，以证实其工作内容，避免因所观察工人个人习惯所产生的误差。分析人员应注意的是研究的目的是工作而不是个人的特性。

在运用观察法时，一定要有一份详细的观察提纲，这样观察才能及时准确。

3. 访谈法

这种方法，要求经理或人力资源专家访问各个工作场所，并与承担各项职务的员工交谈。在进行现场访谈时，通常采用一种标准化的访谈表来记录有关信息。在大多数情况下，员工和其顶头上司都被列入访谈对象，以便全面彻底地了解一项职务的任务、职责和责任。

现场访谈法一般非常耗费时间，尤其是当访谈者与两三个从事不同工作的员工交谈时，就更是如此。专业性和管理性的职务一般更为复杂和较难分析，从而往往需要更长的时间。因此，现场访谈主要是用作问卷调查的后续措施。作为后续措施，现场访谈的主要目的是要求员工和有关负责人协助澄清问卷调查中的某些信息问题；同时，分析人员也可借机澄清问卷中的某些术语方面的问题。

4. 问卷调查法

工作分析中最常用的一种方法是问卷调查法，它是指采用调查问卷来获取工作分析的信息。由有关人员事先设计出一套职务分析问卷，然后，由工作承担者题写问卷，也可以由工作分析人员填写。

一个典型的职务分析调查问卷通常包括下列方面的问题：

（1）该职务的各种职责以及花费在每种职责上的时间比例。

（2）非经常性的特殊职责。

（3）外部和内部交往。

（4）工作协调和监管责任。

（5）所用物质资料和仪器设备。

（6）所做出的各种决定和所拥有的斟酌决定权。

（7）所准备的记录和报告。

（8）所运用的知识、技能和各种能力。

（9）所需培训。

（10）体力活动及特点。

（11）工作条件。

问卷调查方法的主要长处，是可以在一个较短的时间内，以较低的费用获得大量与职务有关的信息，不过，后续的观察和访谈往往仍是必要的。

5. 功能性工作分析法（FJA 法）

这种方法是由美国培训与职业服务中心研究出的一种以工作为中心的分析方法。它的核心是：通过总结员工在工作时对信息、人、事的处理方式进行工作职能的分析，并在此基础上归纳出任职说明、绩效标准、培训要求等。

功能性分析法有几个基本假设：（1）完成什么事件与员工应完成什么事件应有明确的界限；（2）每个工作均在一定程度上与人、事、信息相关；（3）事件需要用体能完成，信息需要思考才能处理，而对于人则需要运用人际关系方法；（4）尽管人员的行为或他们所执行的任务有非常多的方式方法，但所要完成的职能是非常有限的。

与人、事、信息相关的职能根据从复杂到简单的顺序按等级排列，复杂的职能包含了简单的职能。

按照此法进行工作分析包括工作特点分析与员工特点分析两部分。工作特点主要包括员工的职责、工作的种类及材料、产品、知识范畴三大类。员工的特点包括正确完成工作所需的培训、能力、个性、身体状况等特点。

6. 关键事件记录法

关键事件记录法（CIT）是在第一次世界大战中由军队开发出来的，当时是一种识别各种军事环境下人力绩效关键性因素的手段。在工作分析中，关键事件是指使工作成功或失败的关键行为特征或事件。采用这种方法进行工作分析时，首先要对工作行为中的关键事件进行记录，记录者一般是管理人员、员工或熟悉工作的其他员工；其次，要对这些记录分类，总结出该工作的关键特征和行为要求。关键事件记录应包括以下几个方面的内容：（1）导致事件发生的原因和背景；（2）员工特别有效或多余的行为；（3）关键行为的后果；（4）员工自己能否支配或控制上述后果。

下面是有关核能操作工的不负责任行为的关键事件。

核能机构正在经历困难，因为它的许多工人“不可靠”，那就是说，他们可能导致操作失误或更糟情况——严重事故。该组织试图部分地通过识别

这些不负责任的行为，然后采取管理行动，以终止它们或防止它们发生。关键事变技术就被用来识别这些雇员行为。以下列出的是有关发现：

（1）不负责任行为的定义。不负责任的行为涉及不严肃认真地对待工作、拒绝遵守规程以及显然缺乏对后果的考虑而妄动。

（2）核能操作工的不负责任行为：

（1）在不加思考的情况下采取行动。

（2）在瞬间的刺激下做出对问题的判断。

（3）经常闹恶作剧。

（4）表示很少考虑惩戒的威胁、嘲笑错误或申诉。

（5）经常迟到或缺勤。

（6）否认错误。

（7）操作设备不仔细。

（8）经常漫不经心或不能完成工作。

（9）忽视时间限制或程序。

（10）在对工作感到厌烦时创造刺激性的事物。

（11）进行偷窃或故意毁坏、说谎或欺骗，采取故意毁坏财产的行为。

（12）在受到询问时提供不正确或不准确的信息。

7. 工作日记

工作日记是为了了解员工实际工作的内容、责任、权利、人际关系及工作负荷，而要求员工坚持记工作日记，然后经过归纳提炼，取得所需工作信息的一种职务信息获取方法。工作日记法所获取的信息可靠性很高，适用于获取有关工作职责、工作内容、工作关系、劳动强度等方面信息，所需费用也较低，但这种方法使用范围较小，不适用于工作循环周期较长、工作状态不稳定的职位，且信息整理量大，归纳工作烦琐。

除了以上介绍的几种方法外，还有工作环境调查法、能力要求方法（ARA）、岗位分析问卷（PAQ）、多方面的工作分析（VERJAS）等方法。

工作设计

上面我们已经介绍了工作分析的相关方面，为了更好地理解组织的工作，我们还需对工作设计有一个全面的了解，工作设计是确定完成工作的方式、明确一个既定工作所涉及的任务的过程。工作再设计是一个类似的过程，涉及改变现有工作的设计。

为了高效地设计工作，我们必须全面地理解工作本身和它在更大工作单元的工作过程中的位置。对于该工作和所属工作单元执行的任务有了详细了解之后，管理者就可以有多种方法来设计工作。如图 9－3 所示，可供选择的方法强调工作的不同侧面：有效率地开展工作的机制、工作对激励员工的影响、安全的工作实践和工作的脑力需求。

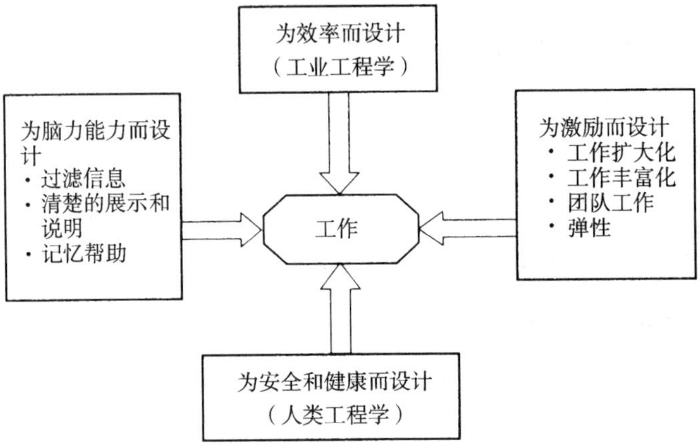

图 9－3　工作设计的方法图

一、设计高效的工作

如果工作人员能够尽最大可能地高效工作，不仅组织将受益于每个员工的更低成本和更大产出，而且员工也将较少感到疲劳。经过几年时间，这个观点形成了经典的工业工程学的基础。工业工程学（industrial engineering）寻找构造工作的最简单方式以使效率最大化。在实践中，这种科学方法传统上是通过开展“时间—动作”研究来识别出工人所做的最有效的动作，从而找到“最佳”的工作方式的。通常，把工业工程学应用到一个工作中，可以减少工作的复杂程度，使其变得简单到几乎任何人经过培训就能很快、很轻松地从事这项工作。这些工作往往高度专业化并具有重复性。

尽管工业工程学能够带来一些必然的好处，但是单单关注效率所造成的结果是：设计出的工作过于简单和重复以至于工人会感到厌烦。做这些工作

的工人会感到他们的工作没有意义。所以许多组织在工作设计中把工业工程学和其他方法结合起来使用。

二、设计能够激励员工的工作

单纯以效率为中心将难以实现人力资源目标，尤其当组织必须竞争人才、必须依靠熟练的知识型员工，或者一支关心顾客满意度的员工队伍的时候。这些组织需要令员工感兴趣和感到满意的工作，因此工作设计应该考虑的因素是如何使工作对员工有激励作用。这类设计工作的方法包括工作扩大化、工作丰富化、建立自我管理的工作小组、弹性工作制和远程工作等。

哈克曼和奥尔德姆设计的工作特征模型

美国管理学家哈克曼和奥尔德姆设计的工作特征模型（Job Characteristics Model）显示了如何可以使工作变得更有激励作用。这个模型从五个方面来描述工作：

技能的多样性；任务的完整性；任务的重要性；自主性；反馈。

如表 9－6 所示，根据工作特征模型，一个工作越是具备上述特征，这个工作就越是能激励员工。该模型预期，拥有这样一个工作的人将感到更满意，事情会做得更多更好。

表 9－6　具有激励作用的工作的特征表

低度激励	几乎不需要什么技能	技能的多样性	需要许多技能	高度激励
	完成工作的小部分任务	任务的完整性	完成整个工作任务	
	很少影响他人	任务的重要性	经常影响他人	
	由他人做决策	自主性	更多的决策自由	
	难以看见效果	反馈	效果明显	

1. 工作扩大化

在工作分析中，工作扩大化（Job Enlargement）是指增加所执行任务的类型。工作扩大化的目的是使工作减少重复性，增加趣味。工作扩大化的方法包括工作延伸和工作轮换。

（1）工作扩大化的一种方式是工作延伸（Job Extension），它把几种相对简单的工作组合起来，形成一个具有更宽责任范围的工作。比如，把接待员、打字员和档案管理员的工作组合起来形成包含三种任务的工作。这种工作扩大化的方式相对简单，但是如果所有任务都很简单，新设计的工作不一定对工作人员有更大的激励。

（2）工作轮换（Job Rotation）实际上并不重新设计工作本身，而是让雇员在几个不同工作之间移动。这种方法在生产小组中是比较常见的。在一周的时间里，一个小组成员可以轮流从事这个小组所承担的每个工作。小组成员可以一天组装元件，另一天把产品包装到箱子里。与工作延伸相比，这种范围更广的工作仍然包含重复性的活动，但是这些活动之间存在更多的变化。

2. 工作丰富化

工作丰富化（Job Enrichment）是通过在员工的工作中加入更多的决策权来授权给员工，这个概念来自赫茨伯格的理论。根据赫茨伯格的双因素理论，人们受工作的内在因素（例如工作的意义）的激励要大于受外在因素（如收入）的激励。所以为了丰富一个生产工作，可以赋予雇员在达不到质量标准的时候停止生产的职权；也可以让每个雇员执行几个任务以完成生产过程的一个特定阶段，而不是把这些任务分配给几个雇员。对于一个商店的销售人员来说，工作丰富化可能涉及解决顾客问题的权利，包括决定是否退换商品。

3. 自我管理的工作小组

除了丰富每个人的工作外，一些组织还通过把工作交给自我管理的工作小组的方式来对雇员授权。这些小组负责整个工作过程或者部分工作过程。一般来讲，小组成员拥有的权力包括安排工作日程、聘用小组成员、解决与小组绩效有关的问题，以及履行其他一些传统上由管理层承担的责任。团队工作能够赋予一个工作自主性、技能的多样性和任务的完整性等激励因素。

团队工作肯定会使工作更加有趣，但是团队工作的效率并没有保障。当小组由6~18名员工组成，他们分享同样的技术、地点和工作时间的时候，自我管理的小组最有可能取得成功。当小组的技能相对简单易学，而且要求每天倒班的时候，这样的小组尤其具有优越性。另外，工作规范应该帮助组织找到那些以团队成果为目标、愿意且能够与人合作的雇员。这样的雇员可

能具备较好的解决问题的技巧，也能够较好地与人沟通。

4. 弹性工作制

通过弹性工作制，组织可以给雇员一些发言权，让他们安排自己的工作。根据组织与各项工作的要求，组织可以在雇员的工作时间方面具有一定的灵活性。灵活的做法包括弹性工作时间和工作分担。

（1）弹性工作时间（Flextime）是一种安排工作日程的政策，其中全日制的雇员可以根据组织所规定的指导方针来选择开始和结束工作的时间。弹性工作时间政策可能要求雇员在某个时段比如上午10点到下午3点上班。为了干满一整天，雇员还在这个时段之前和之后的其余时间里工作。一个雇员可以很早来上班，以便在下午3点离开去接放学的孩子。另一个雇员可能是一只夜猫子，习惯从早上10点一直工作到下午6点或7点，甚至更晚。弹性工作时间政策还可以使工作人员调整某一天的日程，从而抽出时间来看医生、参加孩子的活动、满足业余爱好，或者参加志愿者活动。能抽出时间来满足社区和家庭需要的工作日程对一些雇员来说极具吸引力。

（2）工作分担（Job Sharing）是两个部分时间工作的雇员执行与同一件工作有关的任务的工作安排。当他们需要更多时间上学或者照顾家庭成员的时候，这种工作安排使组织能够吸引或保留有价值的员工。在这种安排中，要求工作人员能够与人合作、并能够协调自己和另一个人的工作细节。

另外一种可供选择的工作日程安排方式是压缩工作周（Compressed Workweek），尽管从严格意义上来讲它对每个雇员并没有提供多大程度的灵活性。压缩工作周是这样一种工作日程，全日制职工在少于5天内完成每周工作时间。例如，雇员可以每天工作10小时、每周工作4天来完成每周40小时的工作时间，而不是每天工作8小时，每周工作5天。

5. 远程工作

除了工作日程之外，灵活性还可以延伸到工作地点的选择上。在工业革命之前，大多数人要么在家工作，要么在离家很近的地方工作。大规模生产技术改变了所有这一切，把家庭生活和工作生活分离开来，因为人们开始离家到集中在一起的工厂或办公室工作。但是今天办公室空间价格飞涨，而便携式通信设备和计算机价格却大幅下跌，看起来具备了改变上述趋势的条件。一个人离开集中办公地点工作的主要方式是远程工作，或电子通勤。研究揭示，远程工作计划节约的费用最高可达到每个员工每年8000美元。另外，远程工作者可以选择他们最有效的时间进行工作，而且能够更好地围绕个人的家庭义务来安排工作。由于具有这些可能的好处，远程工作成为一种增长的趋势一点也不令人惊讶。

三、设计符合人类工程学的工作

在工作时人们使用其身体的方式，无论是把沉重的家具拖到移动的货车上，还是静坐在电脑屏幕前，都会影响他们的身体健康，也会影响他们工作的质量优劣和时间长短。对人的生理学和物质工作环境特点的相交领域进行研究的学科被称为人类工程学（Ergonomics）。人类工程学的目标是根据人体工作方式来构造物质工作环境，从而最大限度地减小劳动者的紧张和疲劳。所以人类工程学关注的是减少身体疲劳、疼痛和健康问题。

符合人类工程学的工作设计已经被应用到一些设备的重新设计中，这些设备用于对身体要求较高的工作中。这种重新设计常常以降低某些工作的身体要求为目的，以便所有人都能从事这些工作。另外，人类工程学的介入在很多时候都是关注机器和技术的重新设计，例如，调整电脑键盘的高度，把罹患腕关节痛等职业病的可能性降到最低。对许多办公室工作来说，符合人体坐姿要求的桌椅设计是非常重要的。一项研究发现，让雇员参与人体工程的重新设计大大降低了累积性疲劳损伤的发生次数和严重程度，也减少了生产时间的损失。

四、设计符合脑力能力和局限的工作

就如人类工程学中所讲人的体力有能力局限一样，人的脑力也有能力局限。除了雇佣具备一定智力能力的人之外，组织还可以对工作进行设计，使它们能够被准确、安全地操作，并符合大脑处理信息的方式。一般来讲，这意味着降低一个工作对信息处理的要求。在这些相对简单的工作中，工作人员较少可能犯错误或出事故。当然，简单一些的工作也可能缺少激励性。

下面的一些方法，可以简化一个工作的脑力需求。一个方法是限制工作所要求的信息数量和记忆。组织还可以提供足够的照明、易于理解的标准和告示、便于操作的设备和清楚的说明。通常雇员通过制定一些清单、图标和

其他辅助手段来尽量简化自己工作的脑力需求。最后，每个工作都要求某种程度的思考、记忆和注意，所以对每个工作，组织都需要评估它们的雇员能否满足该工作的脑力需求。

人员的招聘、选拔与培训

人员招聘的任务、程序和方法

一、人员招聘的任务

员工招聘是指通过各种方式，把具有一定技巧、能力和其他特性的申请人企业吸引到企业空缺岗位上的过程。员工招聘实际上是一种企业与应聘者个人之间双向选择和匹配的动态过程。在这一过程中，企业和应聘者都应扮演积极的角色，而不是企业主动、应聘者被动的不平等关系。企业在员工招聘时，要坚持以下原则：

（1）双向选择，公开、公平竞争原则。

（2）全面、择优、能级原则。

（3）少而精、宁缺毋滥原则。

员工招聘是企业人力资源管理中一项重要工作，它是企业人力资源合理形成的关键。招聘的最终目的是要实现员工个人与岗位的匹配，也就是人与事的匹配。这种匹配包含两层意思：一是岗位的要求与员工个人素质相匹配；二是工作报酬与员工个人的需要相匹配。实现这双重的匹配，才能既保证员工胜任某一岗位，同时也使岗位对员工保持较长久的吸引力。

二、人员招聘的程序

员工招聘工作一般包括五个步骤：招聘决策、人员招募、人员甄选、人员录用和招聘评估。图9-4是一个较为典型的企业招聘流程图。

1. 招聘决策

招聘决策是企业在招聘工作正式开展前，对招聘工作的具体行动进行计划的过程。它主要包括以下一些内容：招聘类型、招聘人数、人员招募范围、

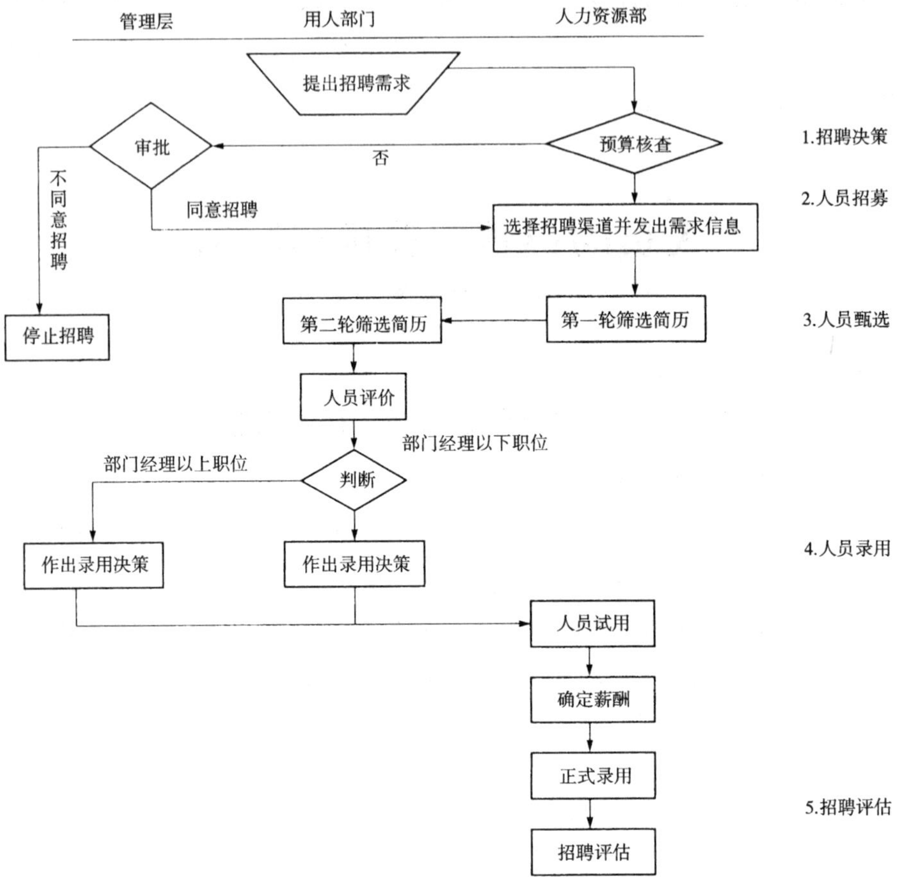

图 9－4　企业招聘流程图

招聘标准、时间策略、地点策略、招聘经费预算以及招聘的具体实施方案。

2. 人员招募

人员招募简单地说就是企业通过各种渠道发布招聘信息，最大可能地获取候选人。

3. 人员甄选

企业采用各种测试方式，对候选人的任职资格和对工作的胜任程度，即与职务的匹配程度进行系统的、客观的测量和评价，从而做出录用决策。

4. 人员录用

企业通过人员甄选，做出初步录用决定后，接下来要对这些入选者进行背景调查、健康检查，合格者与企业签订试用协议。经过试用后，做出正式录用决定。

5. 招聘评估

企业通过对招聘成本、录用人员的数量和质量、甄选测试方法的效果等进行评估，发现招聘过程中规律性的东西，有利于企业不断改进招聘方式，使招聘工作更加有效。

三、人员招聘的方法

1. 员工的来源

员工的来源共分为两大类：内部招聘和外部招聘。这两种方法各有其优缺点，见表9－7。

表9－7　内部和外部招聘的优缺点表

优　　点	缺　　点
内部招聘	
·可提高被提升者的士气 ·对员工能力可更准确地判断 ·在有些方面可节省花费 ·可调动员工的工作积极性 ·可促成连续的提升 ·一般只需从最低级别的员工中选拔	·“近亲繁殖”（企业的视野会逐渐狭窄） ·未被提升的人或许士气低落 ·“政治的”勾心斗角 ·必须制定管理与培养计划
外部招聘	
·“新鲜血液”有助于拓宽企业的视野 ·比培训专业人员要廉价和快速 ·在企业内没有业已形成的政治支持者小集团	·可能引来企业窥察者 ·可能未选到“适应”该职务或企业需要的人 ·可能会影响内部未被选拔的候选人的士气 ·新员工需要较长的“调整期”或熟悉时间

2. 人员招聘的方法

内部招聘的主要方法有：通过企业人力资源档案搜寻空缺职位的合适人选、发布内部公告、职位空缺部门的主管推荐、利用企业职业生涯开发系统寻找人选等。

外部招聘方式有广告招聘、通过职业介绍所和就业服务中心招聘、校园招聘、内部员工推荐、委托猎头公司招聘、人才招聘会、互联网招聘、接受应聘者自荐等。表9－8是各种外部招聘方法的比较。

表9－8　外部招聘方法的比较表

招聘方法	工作类型	速度	地理区域	成本	符合平等就业机会的程度
雇员举荐	所有	快	所有	低	差
求职者毛遂自荐	所有	快	所有	低	差
招工广告	所有	快/适度	所有	适度	好
公共就业代理机构	白领职员	适度	当地	低	好
私人就业代理机构	蓝领工人 销售人员 白领职员 技术人员 低层管理人员	适度	当地	适度	公平
经理搜寻公司	经理	慢	地区性/全国性	高	公平
校园招聘	大学毕业生	慢	地区性/全国性	适度/高	好毕业生

人员选拔程序方法

一、人员选拔的程序

人员选拔一般包括以下一些程序：

（1）材料筛选：通过求职者填写的申请表掌握其初步信息，筛选出可能参加的测试者。

（2）初次面试：人事主管对求职者作初步面试，决定下一轮的候选者。

（3）各种测验：

（1）智力测验：测试学习、分析、解决问题的能力，包括表达、计算、推理、记忆和理解能力等。

（2）专业能力测验：测试某些具体工作所需的特需技能，如手的灵巧程度、手与眼的协调程度。某些具体工作所需的熟练程度，如打字、操作电脑、速记。

（3）个性测验：测试其性格类型、事业心、成就欲望、自信心、耐心等。

（4）职业倾向测验：测试其对某些职业的兴趣和取向。

以上这些测验可采用笔试、面试、在工作现场或模拟情景中测试，甚至可以委托专业的人才测评机构测试。

（4）深入面试：由人事部主持，由有关各方组成招聘专家组，主要了解求职者的更多信息：求职者的激励程度，个人理想与抱负，与人合作的精神。

（5）未来上司面试。

（6）核实与评价。核对有关应聘材料、证件的真实性。

（7）建议录用。

（8）体格检查。

（9）录用决策。进入试用期。

并非每家企业都按以上步骤操作，顺序可有先后变化，有些步骤可以跳过。

在人员选拔过程中，应注意：企业招聘并不是挑选各方面均优秀的“完人”，而是要挑选最能与岗位匹配的合适人选。不应降低标准来录用人员，要将候选人与评价标准进行比较，而不是在候选人之间进行比较排序。

二、人员选拔的方法

人员选拔常采用笔试、面试、心理测试和评价中心等方法对应聘者的知识、能力、个性和动力因素进行评价，判断其是否胜任工作岗位。

1. 笔试

笔试是指通过纸笔测验的形式，对应聘人的基本知识、专业知识、管理知识、综合分析能力和文字表达能力进行衡量的一种方式。

根据内容的不同，笔试可以分为百科知识考试、相关知识考试和业务知识测试。通过笔试，对应聘者的知识结构、实践经验和工作熟练程度作出初步判断。在设计试卷时，可将各种知识考试类型结合起来运用，在较短时间内全面了解一个应试者各方面的水平。笔试应重视对知识的实际运用能力的考察，尽量多用案例和讨论等形式。

2. 面试

面试是通过主试与被试双方面对面地观察、交谈等双向沟通方式，了解应聘者的素质状况、能力特征及求职应聘动机的一种人员选拔技术。面试直观、深入、灵活，不仅可以评价出应试者的学识水平，还能评价出应试者的能力、才智及个性心理特征等。

（1）面试的过程

第一阶段：预备阶段。这个阶段通常讨论一些与工作无关的问题以消除应聘者紧张情绪。

第二阶段：导入阶段。在此阶段，面试者首先要问一些被面试者有所准备的题目，以缓解被面试者依然有点紧张的情绪。

第三阶段：核心阶段。在这阶段，面试者将着重收集关于应聘者胜任工作能力的信息。应聘者被要求讲述一些关于胜任能力的事例，面试者将基于这些事实做出基本的判断，对应聘者的各项关键胜任能力做出评价，并主要依据这一阶段的信息在面试结束后对应聘者做出录用决定。

第四阶段：确认阶段。经过核心测试后，面试者应该对应聘者的工作胜任能力有一个整体判断。

第五阶段：结束阶段。结束阶段是面试者检查自己是否遗漏了关键的问题并加以追问的最后机会。

（2）面试的重点内容

面试中，面试者主要对应聘者的以下方面进行考察：仪表风度；求职动机与工作期望；专业知识与特长；工作经验；工作态度；事业进取心；语言表达力；综合分析能力；反应能力；自我控制能力；人际交往倾向及与人相处技巧；精力和活力；兴趣与爱好。

（3）面试中应注意的问题

（1）紧紧围绕面试的目的，合理控制时间。

（2）制造和谐气氛，多问开放性问题，让应试者多说。

（3）测试中不要暴露自己的观点，不要让应试者了解你的倾向并迎合你，掩盖他的真实想法。

（4）所提问题要直截了当、语言简练，有疑问马上提问，并及时做好记录。

（5）对被试者要充分重视。

（6）避免过于自信，不能先入为主，过早下判断。

（7）注意非语言行为。

（8）注意第一印象。

（9）要防止与我相似的心理因素。

3. 心理测试

心理测试是通过观察人的少数具有代表性的行为，依据一定的原则或通过数据分析，对贯穿于人的行为活动中的能力、个性、动机等心理特征进行分析推论的过程。在人员选拔中较常用的心理测试有：智力测试、性格测试、职业倾向测试等。

4. 评价中心

评价中心是近几十年来在西方企业中流行的选拔和评估管理人员，尤其是中高层管理人中的一种人员素质测评体系。它是一种综合性的人员测评方法，包括了个性测验、能力测验、面试等方法，但评价中心最主要的组成部分也是它最突出的特点，在于它使用了情景性的测验方法对被测评者的特定行为进行观察和评价。这种方法通常是将被测试者置于一个模拟的工作情景中，采用多种评价技术，由多个评价者观察被评价者在这种模拟工作情景中的行为表现，用来识别被评价者未来的工作潜能。因此，这种方法有时也被称为情景模拟的方法。

评价中心所采用的情境性测验包括多种形式，主要有公文处理练习、角色扮演、无领导小组讨论、根据所给的材料撰写报告、演讲辩论、模拟面谈、案例分析、团队游戏等。有人粗略地统计了每一种类型的测评方法在评价中心中使用的比例，如表 9－9 所示。

表 9－9　各种测评方法在评价中心中的使用表

<table>
<tr><th></th><th colspan="2">测评方法的类型</th><th>在评价中心中
使用的比例（%）</th></tr>
<tr><td rowspan="9">比较复杂的
↑
↓
比较简单的</td><td colspan="2">角色游戏</td><td>25</td></tr>
<tr><td colspan="2">文件筐</td><td>81</td></tr>
<tr><td colspan="2">小组任务</td><td>未调查</td></tr>
<tr><td rowspan="2">小组讨论</td><td>分配角色的</td><td>44</td></tr>
<tr><td>未分配角色的</td><td>59</td></tr>
<tr><td colspan="2">演讲</td><td>46</td></tr>
<tr><td colspan="2">案例分析</td><td>73</td></tr>
<tr><td colspan="2">搜寻事实</td><td>38</td></tr>
<tr><td colspan="2">模拟面谈</td><td>47</td></tr>
</table>

评价中心是一种动态的测评方法，综合使用了多种测评技术，由多个评价者进行评价，因此它提供了从不同的角度，对被评价者的目标行为进行观察和评价的机会，能够得到大量的信息，从而能对被评价者进行较为可靠和有效的观察与评价。评价中心也存在一定的局限，主要表现在：人物的设计和实施中的控制较为困难；评价的主观性程度较高，制定统一的标准化的评价标准难度较大；对评价者的要求较高；花费成本较多。

人员培训与开发的程序

培训与开发在定义上很难区分，一般把两者不加区别，员工培训与开发是一个为组织员工灌输组织文化、道德，提供思路、理念、信息和技能，帮助他们提高素质和能力，提高工作效率，发挥内在潜力的过程。

任何组织要想富有成效地做好员工培训与开发工作，就需要将员工培训与开发工作作为一项系统工程，采用系统的方法，优化组合组织需要、工作需要和个人需要，按照组织目标要求打造培训计划、内容、方式、技术以及环境等，从而使员工培训与开发活动的各个方面、各个环节称为一个有机合成的高效系统。

人力资源培训与开发的系统模型如图 9－5 所示。图 9－5 代表了一个由六个基本环节和一个辅助环节所构成的员工培训与开发主体循环过程的系统模型，可作为一般组织、个人理解和设计培训与开发体系的参考框架。

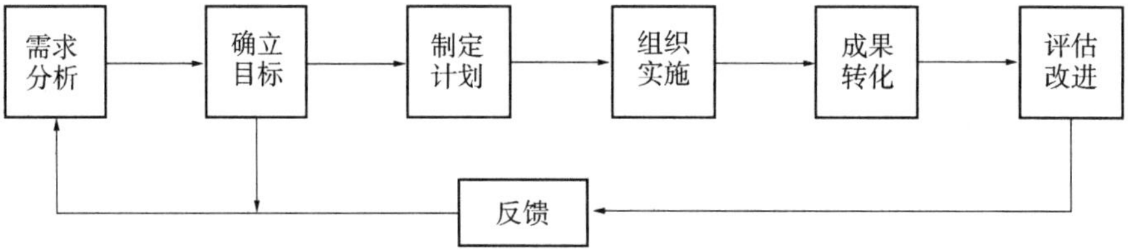

图 9－5　人员培训与开发系统模型图

根据上述系统模型，设计或建立一个有效的人员培训与开发程序一般包括如下几个步骤：

一、开展需求分析，找出问题，确定培训与开发的必要性

（1）组织分析。

（2）任务分析。

（3）人员分析。

二、设置培训一开发目标，确定项目活动的目的和预期结果

（1）确立具体可行的总体目标和阶段目标。

（2）确认员工的学习基础。

（3）确保员工做好学习准备。

三、制订计划方案，确定如何使参加者的学习效果最大化

（1）培训—开发计划的 4W2H 要素。

（2）培训计划须贯彻的指导原则。

（3）项目设计与课程计划。

培训开发计划的 4W2H 要素

4W2H 是指：①What（培训什么）；②When（何时培训）；③Where（何处培训）；④Who（谁来培训）；⑤How（如何培训）；⑥How Much（花费多少）。

四、组织实施计划，确定如何开展培训—开发活动并使之按计划有效完成

（1）培训与开发活动的组织、协调与控制。

（2）实施指导过程中常见的障碍与排除策略。

五、转移和巩固学习成果，确保培训—开发成果转化运用到实际工作中

（1）自我管理。

（2）环境支持。

（3）资源支持。

六、评估培训—开发项目的效果，确定计划方案和实施过程是否有效并改进之

（1）确定培训与开发的结果。

（2）成本—收益分析。

（3）培训—开发方案的评价。

员工绩效考核与薪酬管理

员工绩效考核的内容和标准

一、员工绩效考核的内容

绩效考核（Performance Appraisal，PA）是对员工工作绩效进行管理的主要手段，也是管理人员承担的一项重要管理活动。绩效评估是“实期考察和评价个人和小组工作业绩的一种正式制度。”组织进行绩效评估有利于组织目标的实现；有助于组织绩效的提高；有助于员工行为的改善、能力素质的提升。绩效考核的内容，由于考核对象、目的和范围复杂多样，因而比较复杂。但就基本内容而言，主要包括工作成绩、工作能力、工作态度等几方面：

1. 工作成绩

员工在一定条件下和一定时间内，表现的程度和效果，即员工在企业工作中所做出的成绩和贡献是考核的核心。这是因为企业的中心任务就是创造价值和利润。员工的工作成绩即所创造的利润是企业得以生存、发展的直接动力源。没有员工良好的工作成绩，企业的生存发展将无从谈起。

工作成绩主要从三个方面表现出来：一是工作效率，包括员工在工作中体现的组织效率、管理效率和机械效率；二是工作任务，包括工作数量和工作质量；三是工作效益，包括经济效益、社会效益和时间效益。

2. 工作能力

员工的工作能力包括三个方面：基础能力、业务能力和心理素质。其中前两种能力属于能力评价范围；心理素质主要通过适应性考察来评价，一般也可以通过体检和心理测试等手段取得参考意见。对不同职位，其能力要求也各有侧重，进行评价时应加以区别对待。基础能力主要通过书面测验、组织内部培训课程的成绩、技术职称或专业资格称号的取得等方面得以了解，考核较为容易。业务能力则较为抽象，考评时可能掺入较多主观性。为了尽量客观地考核业务能力，一般只能通过考核工作成绩间接地进行。

3. 工作态度

工作态度即员工对工作持有的评价和行为倾向，内容主要包括工作积极性、遵纪守法的自觉性、对待本职工作、企业组织及其他成员的热情、责任感、自我开发愿望等较为抽象的方面。主要表现为员工对工作的需要、动机、自觉性、责任感、积极性和目标导向性等。对于工作态度的考核，目前一般从该员工上下左右的意见和观察表现中获得，如对于改善现状是否具有高昂的愿望和热情；是否积极学习业务知识；在工作中能否不畏困难，坚持到底；能否坚持立场促成团结与合作；是否经常与他人做无谓的争执；对工作的事物是否往往逃避责任或进行辩解；对上级领导是否有敷衍的现象；能

否遵守工作规则、标准以及其他规定；是否以不实的理由请假或迟到等予以主观性评价。

二、员工绩效考核的标准

1. 绩效考核标准的分类

绩效考核的标准一般分为三类：绝对标准、相对标准和客观标准。

（1）绝对标准是指建立员工工作的行为特质标准，然后将达到该项标准列入评估范围内，而不是在员工之间作比较。绝对标准的评估重点在于以固定标准衡量员工，而不是与其他员工的表现作比较。

（2）相对标准是指将员工间的绩效表现相互比较，也就是以相互比较来评定个人工作的好坏，将被评定者按某种向度作顺序排名，或将被评估者归入先前决定的等级内，再加以排名。

（3）客观标准是指评估者在判断员工所具有的特质，以及其执行工作的绩效时，对每项特质或绩效表现，在评定量表上每一点的相对基准上予以定位，以帮助评估者作评价。

2. 绩效考核标准的特点

一项有效的人事考核标准必须具有下列八项特点：（1）标准要针对工作本身而定；（2）标准要合理；（3）标准应公开；（4）标准应综合大家的意见；（5）标准应尽可能具体而且量化；（6）标准有时效性；（7）标准必须有意义；（8）标准是可以改变的。

3. 绩效考核标准的总原则

绩效考核标准的总原则是工作成果和组织效率依据组织的战略，就可制定个人或群体的工作行为和工作成果标准，标准尽管可有多项，每一项也有很明细的要求，但衡量绩效的总的原则只有两条：

（1）是否使工作成果最大化；

（2）是否有助于提高组织效率。

4. 建立多样化的考核标准

绩效考核在整个管理程序里是相当重要的一环，它要和组织目标及每一个部门在功能上一致配合。绩效考核的标准可以是单项的，也可以是多项的，就评估本身而言，必须具备相当的信度和效度。

员工绩效考核的方法和误差

一、绩效考核的方法

1. 比较法

比较法主要是要求评价者根据某种标准，并通过比较的方式来评价员工的工作绩效。常见的方法包括：排序法、强制分布法以及配对比较法。

（1）简单排序法：简单排序法要求管理者根据工作绩效，将本部门的所有雇员从最好者到最差者排出一个顺序来。这种绩效既可以是整体的绩效，也可以是某项工作的具体成绩。这种方法适用于规模较小的组织或管理有限下属的主管，前提是评价者对每一个被考核者的情况都充分了解，并且有一个比较明确和统一的标准。

（2）强制分布法：强制分布法也同样采取排序的形式，只不过对雇员的排序是以群体的形式进行的。这种技术要求管理人员按一定的比例把员工放入事先定好的各种不同评估项目和等级中，然后决定奖罚。这种方法关注的不是评估结果的排序，而是绩效等级，尤其是与奖惩直接挂钩的等级，目的是把最好的和最差的找出来，中间的大多数则让其过关。许多单位在年度聘任和评选先进时都采用这种方法。

（3）配对比较法：配对比较法又称“两两比较法”，是管理者按某一种绩效评价标准，将工作群体中的每一个成员与所有其他雇员一对一的比较，如果一位雇员在与另外一位雇员的比较中被认为是绩效更为优秀者，那么此人将得到较好的评价次数，而这便是雇员的绩效评价分数。

2. 目标结果法

目标结果法是通过使每个员工都为完成组织使命而努力来实现组织的有效性。它注重的是对目标的管理以及一种工作或某一工作群体的可衡量性结果。这种方法假设绩效评价过程中的主观因素是可以被消除掉的，同时工作的结果是对一个人为组织有效性所做出的贡献进行衡量的最为接近的指标。在这种方法中，目标成为对每一位雇员个人的工作绩效进行评价的标准。目标管理的过程包括目标的设定、规划和评价。

一个目标管理（MBO）系统由三个组成部分：

（1）目标要具体、有难度、客观。表 9 – 10 的第二栏提供了两个有关银

行的例子。

表 9－10 目标管理：一个银行的两个目标表

关键结果	目　标	完成率/%	实际绩效
放款业务管理	在未来 12 个月里放款额增加 10%	90	在过去 12 个月里，放款额增加 9%
销售额	在未来 12 个月里收费收入增加 3 万美元	150	在过去 12 个月里，收费收入增加 4.5 万美元

（2）管理者和员工要一起工作来制定目标。

（3）管理者在评分期间要给予客观的反馈以监控目标实现的进展。表 9－10 右侧的两栏是一年之后所提供的反馈的例子。

3. 行为法

行为法是一种依据员工行为事实来界定绩效的评估方法。主要有以下几种方法：

（1）关键事件法：关键事件法要求管理者将每一位雇员在工作中所表现出来的代表有效绩效与无效绩效的具体事例记录下来。关键事件法共有三个基本步骤：①当有关键性事情发生时，填在特殊设计的考核表上；②摘要评分；③与员工进行评估面谈。

（2）行为锚定等级评价法（BARS）：该方法是建立在关键事件法基础之上的。在设计行为锚定等级评价法之前，我们首先必须搜集大量的代表工作中的优秀和无效绩效的关键事件。然后再将这些关键事件划分为不同的绩效维度，那些被专家们认为能够清楚地代表某一特定绩效水平的关键事件将会被作为指导评价者的行为事例。管理者的任务就是根据每一个绩效维度来分别考察雇员的绩效，然后以行为锚定为指导来确定在每一绩效维度中的哪些关键事例是与雇员最为相符的。这种评价就成为雇员在这一绩效维度上的得分。

（3）行为观察评价法：行为观察评价法（BOS）是行为锚定等级评价法的一种变异形式。与行为锚定等级评价法一样，行为观察评价法也是从关键事件中发展而来的一种绩效评价方法。但是行为观察评价法与行为锚定等级评价法在两个基本方面却有所不同。首先，行为观察法并不剔除那些不能代表有效绩效和无效绩效的大量非关键行为，相反，它采用了这些事件中的许多行为来更具体地界定构成有效绩效的所有必要行为。其次不同是，行为观察评价法并不是要评价哪一种行为最好地反映了雇员的绩效，而是要求管理者对雇员在评价期内表现出来的每一种行为的频率进行评价。最后再将所得的评价结果进行平均之后得出总体的绩效评价等级。

4. 特性法

绩效管理的特性法要求评估者根据个人特征评定雇员。常用的方法有图评价尺度法和混合标准尺度法。

（1）图评价尺度法，这种方法列出了有关的特性，然后为每个特性提供一个等级量表。雇主利用这个等级量表来说明员工在多大程度上展现了这些特性。表 9－11 显示了一个尺度评价法的例子，它就使用了 1～5 的等级。这种方法的一个缺点是，它让单个管理者来决定什么是“优秀的知识水平”或“值得表扬的判断力”或“差的人际关系技能”。由于不同管理者可能做出不同的判断，所以这种评估结果的信度较差。

表 9－11　图尺度评价法举例表

下面几个方面的绩效对多数职位来说非常重要。对每个指标进行评估，对合适的等级画圈表示你对绩效的评价

绩效衡量指标	等级				
	杰出	优秀	值得表扬	适当	差
知识	5	4	3	2	1
沟通	5	4	3	2	1
判断	5	4	3	2	1
管理技能	5	4	3	2	1
高质量操作	5	4	3	2	1
团队合作	5	4	3	2	1
人际关系技能	5	4	3	2	1
创新	5	4	3	2	1
创造力	5	4	3	2	1
解决问题能力	5	4	3	2	1

（2）混合标准尺度法，混合标准尺度法是为了解决图评价尺度法所出现的缺点应运而生的。混合标准尺度法要求首先必须对相关绩效维度进行界定，然后分别对每一个维度内部代表好、中、差绩效的内容加以阐明。最后再在实际评价表格的基础上将这些说明与其他维度中的各种绩效等级说明混合在一起。

5. 质量法

质量法与传统的绩效衡量与评价方法不同，它的两个基本特征是顾客导向性以及对误差的预防性。提高客户满意度是质量法的一个主要目标。质量法的倡导者指出，绩效评价的重心应当放在向雇员提供反馈上，从而告诉他们在哪些领域可以有所改善。其中有两种反馈是很必要的：（1）从上级管理人员、同事、客户那里所得到关于雇员个人品性的主观反馈；（2）运用统计质量控制方法提供的关于工作流程本身的客观反馈。质量法主要是依靠将特性法与结果法结合起来的方式来进行绩效衡量。

二、绩效考核的误差

几种类型的误差和偏见常常会影响绩效评估。通常人们是无意识地造成这些误差，特别是当绩效评估标准不是很具体的时候。

1. 类我误差

人类的一个普遍倾向是，对于那些我们认为与我们自己相似的人给予更高的评价。我们中的大多数认为自己是高效率的。如果其他人在某些方面看起来像我们，我们就会认为他们也和我们一样高效率。研究显示，这种类我误差的影响力是很大的。

2. 分布误差

评分者常常倾向于只使用评分表的一部分——低分、高分或中间部分。有的时候一组员工确实做得一样好（或差），但是对一个群体的所有成员都给予相近的评分，并不能够准确地描述绩效，而是一种分布误差。当评分者不正确地给所有员工都打高分时，这种误差被称为宽松误差。当评分者以不合理的高标准来要求员工，不正确地给所有员工都打低分时，导致的误差被称为严格误差。用类似“平均分”给每个员工打分，或者所有员工都处于分数的中间段，被称为居中趋势。

这些误差带来两个问题。首先，很难区分由同一个人评分的两个员工。其次，要比较有不同评分者评估的员工的绩效，这些误差就造成了问题。如果一个评分者很宽松，另外一个很严格，那么后者评价的员工比起前者评价的员工，所得到的酬劳就会少得多。

3. 晕轮和牛角效应

评分者对绩效的一个积极方面做出反应，而在绩效的所有方面都给予该员工积极评价，这种偏见被称为晕轮效应。与此相对，当评分者对一个消极方面作出反应，而在其他方面都给予该员工低分，这种偏见被称为牛角效应。当评分者造成晕轮效应或牛角效应的时候，绩效评估无法提供必需的详细信息以作出有益的反馈。

对于上述误差，可以通过一些方法来减小。培训可以减少评分误差。可以培训评分者如何避免评分误差。将要做评分工作的人可以先看几段录像，剧本和情节经过专门设计，目的是诱使他们出现特定的评分误差。在对录像中虚构的员工进行评分之后，评分者们一起讨论他们的评分决定，以及有关的误差如何影响他们的决定。

另外一种对评分者的培训方法不关注评分误差，而是围绕员工绩效的复杂特点。评分者学习如何观察那些值得他们注意的多个绩效侧面。他们要研究实际例子，学习绩效的各个侧面，以及这些侧面的标准。这种培训的目标是帮助评分者更全面、更准确地评估员工的绩效。

薪酬管理理论概述

一、薪酬

薪酬是指雇员作为雇佣关系的一方，通过劳动或工作换来的各种直接或间接的货币收入。薪酬的构成参见图 9－6。

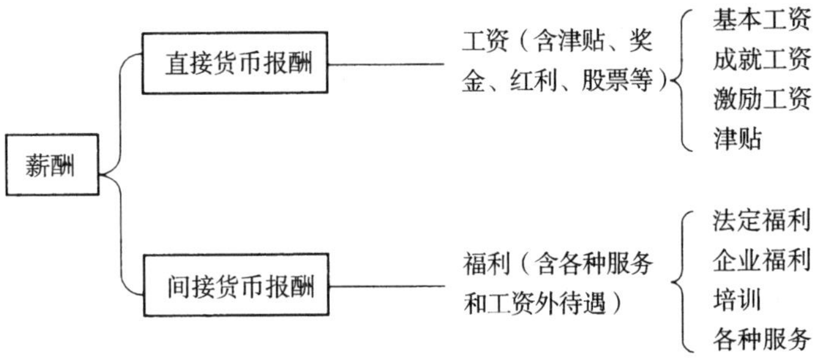

图 9－6　薪酬的构成图

薪酬的总功能与人力资源管理的总功能是一致的，它的具体功能为：补偿功能和保险功能、激励功能、稳定功能和成本控制功能。

二、薪酬管理的含义与目标

薪酬管理是指人力资源管理的一项重要职能，涉及员工工资、奖金、津

贴、股权、福利、服务等经济性报酬分配的方方面面，是一种包括组织薪酬水平、薪酬体系、薪酬结构、薪酬形式、特殊群体薪酬等多种决策和组织实施内容，并且不断进行拟定薪酬计划和预算、指定管理政策、控制成本、加强与员工沟通，做出有效评价的薪酬分配的持续而系统的组织管理过程。

一般薪酬管理的基本目的或最终目标是：吸引和留住组织所需要的优秀人才和核心员工；激励组织内各类员工努力工作，提高效率和绩效；鼓励员工提高组织所需要的知识和技能，挖掘自身潜力；在满足员工需求的同时达成组织目标，控制运营成本，发挥资金效用，讲求投入产出效益。要想实现薪酬管理的基本目标，必须在薪酬管理中遵循薪酬分配的基本原则：公平性原则、竞争性原则、激励性原则、经济性原则、合法性原则、平衡性原则和有效性原则。

三、薪酬管理的主要内容

企业薪酬管理的主要内容包括薪酬体系、薪酬水平、薪酬结构、薪酬形式、特殊群体薪酬，以及薪酬分配实施系统的构建与操作管理等方面的决策、建设执行和控制活动。其中，前三项属于薪酬管理的核心决策内容，后三项属于薪酬管理的支持性决策。

薪酬体系决策与管理的主要任务是决定本企业的基本工资或基本薪酬到底以什么为基础设立，选择何种薪酬体系，并加以建设和维护。

薪酬水平决策与管理的主要任务是必须确定本企业整体、本企业各职位以及各部门的平均薪酬水平，建设和维护本企业薪酬的外部竞争力。

薪酬结构决策与管理的主要任务是，必须确定企业内部不同系列、不同层次、不同岗位和职务薪酬之间的相互关系，确保内部薪酬结构比例的合理性与公平性。

薪酬形式的决策与管理的主要任务是，必须确定分配给每位员工总体薪酬的各个组成部分及其比例关系和发放方式。

特殊群体的薪酬决策与管理的主要任务是，对于销售人员、专业技术人员、管理人员和企业高层管理人员等类似工作内容、目标、方式、考核等方面具有特殊性的员工群体，根据他们工作特点和职务要求而区别对待，有的放矢地进行相应的薪酬体系、薪酬水平、薪酬形式等内容的设计、决策与实施管理。

薪酬分配的实施操作或行政事务管理工作的主要任务是，必须对企业的薪酬分配进行系统管理。具体工作有：制定企业薪酬分配的规章制度和具体政策，组建相应职能机构、工作岗位并配置合适人员以满足工作职责的需要，制定薪酬工作计划，编制薪酬预算，控制劳动力成本，监督薪酬分配过程、收集和管理组织内外的薪酬信息、及时与员工进行沟通和交流、处理实际分配的纠纷和申诉，不断评估薪酬系统的有效性情况并加以改善，以及协助有关方面进行员工薪酬的集体谈判等。

四、薪酬管理的基本流程

上述薪酬管理主要任务，在实际薪酬系统设计和运行中，是通过薪酬管理的基本流程来实现的。在市场经济条件下良好的企业薪酬管理流程应当服从企业的经营战略和人力资源战略，在内部公平、外部公平、员工公平、系统管理等策略和规则的协调指导下，按照图9－7所示来组织阐述薪酬管理的基本内容，有条不紊地合理操作薪酬管理制度设计与实施的各项工作。

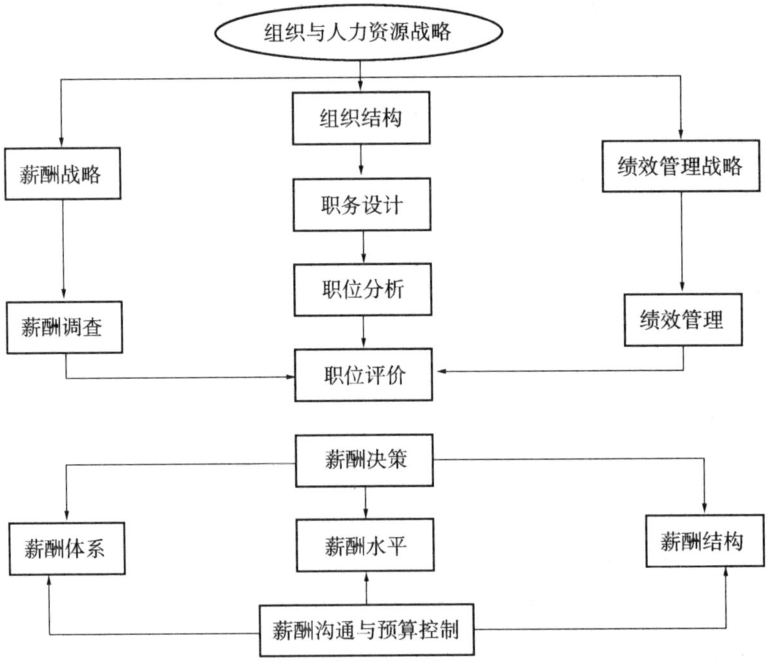

图9－7　市场经济体制下的薪酬管理流程图

工资制度和工资形式

一、工资的基本形式

员工的工资主要由三部分组成：一是固定收入，包括基本工资、岗位工资、预支性房帖和津贴；二是年度考核奖；三是项目完成的提成奖，即员工激励奖。其基本形式有基本工资、成就工资、激励工资、津贴，以及福利和服务，具体含义如下：

1. 基本工资

基本工资是用人单位或雇主为员工所承担或完成的工作，而定期支付的固定数额的基本现金薪酬。基本工资是劳动者在一定组织中就业就能定期拿到的固定数额的劳动报酬，它的常见形式为小时工资、月薪和年薪等。基本工资一般是根据员工所从事的工作或所拥有的技能的价值而确定，却往往忽视了对同岗同学历、同技能员工之间的个体差异和绩效差异的区别计酬。基本工资一般会随着生活水平和通货膨胀变化，其他企业同类工作的工资变化，本人经验、技能和绩效的变化而定期调整。

2. 成就工资

成就工资又叫绩效工资，是企业等用人组织出于对员工已取得的成就和过去工作行为的认可，在其原有基本工资之外另行增加的定期支付的固定数额的现金薪酬。成就工资实质上是员工的基本工资随着其业绩的变化而调整或增加的部分，所以也有人把它归入基本工资范畴。成就工资与员工在组织中的长期表现和努力成果相挂钩，是一种增加员工稳定收入部分，不会带来收入风险的薪酬形式，它有利于“稳住人”，调动员工长期工作的积极性。

3. 激励工资

激励工资又叫可变薪酬、浮动薪酬或奖金，是薪酬体系中与绩效直接挂钩的部分，即工资中随着员工工作努力程度和工作绩效变化而变化的部分。由于激励工资的核心是运用了“分成”的机制，所以对员工有很强的激励性。实行激励工资时，职工从经过自己努力而使组织新增加的成果或绩效中，可以拿到相应的报酬，与组织或雇主就新增加价值或效益进行分成，因

而使职工的劳动积极性得到激励。

激励工资有短期和长期之分。短期激励工资通常建立在非常具体、短期就能比较衡量的绩效目标的基础之上，如月奖金、季奖金等。长期激励工资则是把重点放在员工的多年努力的成果上，旨在把员工利益与企业的长期利益“捆在一起”，鼓励员工努力实现跨年度或多年度的长期绩效目标，促使“雇员们将像主人那样去工作”。

激励工资与成就工资的相同之处在于：两者都依据员工的努力和对企业的贡献来计发。其不同之处在于：（1）两者的着眼点不同。成就工资侧重于对员工过去较长时间所取得的成就的“追认”，着眼于过去；激励工资与员工现时的表现和成果挂钩，影响员工将来的行为，着眼于未来。（2）两者的预知性不同。成就工资往往事前不为员工所知晓；而激励工资则在事前让员工清楚“分成比例”等计发规则，会对员工产生更大的激励力。（3）两者的变动性不同。成就工资一般是对基本工资的永久性增加，对劳动成本具有永久性影响；激励工资则是一次性付出，随着绩效的变动可升可降、可有可无，一般不会对劳动成本构成持续性的影响。

4. 津贴

津贴又被称为附加薪酬，它实际上是对特殊工作条件的补偿性价值，通常与基本工资一起计发。

5. 福利

福利又称福利与服务、间接薪酬等。福利是指企业等用人单位为员工提供的除金钱之外的各种物质待遇，它多以保险、服务、休假、实物等灵活多样的形式支付，而不是按工作时间以直接货币形式给付的补充性薪酬部分。福利主要包括员工保险、休假、服务（员工个人及家庭享受的餐饮、托儿、培训、咨询等服务）等。福利的主要费用是由雇主或用人单位支付，有时也需要员工个人承担一些项目的部分费用。

二、工资制度

工资是由基本工资、成就工资和激励工资所构成。由于激励工资的可变性和灵活性很强，基本工资和成就工资则必须保持较高的刚性和稳定性，导致了它们各自在制度构建和分配管理上有着不同的规律和特性，因此人们一

般把激励工资拿出来单独设计和管理，而把基本工资与成就工资合并在一起进行设计和管理，并成为基本工资或工资的制度设计。所以，在许多时候，人们所说的工资制度实质上是指包括成就工资在内的基本工资制度的设计。

接下来我们简单介绍工资制度设计的一般过程。设计和建立科学合理的工资制度，是企业人力资源管理中的一项基本制度建设和政策性很强的工作，它又是一个细致和烦琐的过程，牵扯到薪酬管理的很多环节，因此需要一套完整而正规的程序步骤来保证相关工作的连续性、完整性和逻辑性，从而提高设计工作的科学性和有效性。工资制度设计的一般流程如图 9－8 所示。

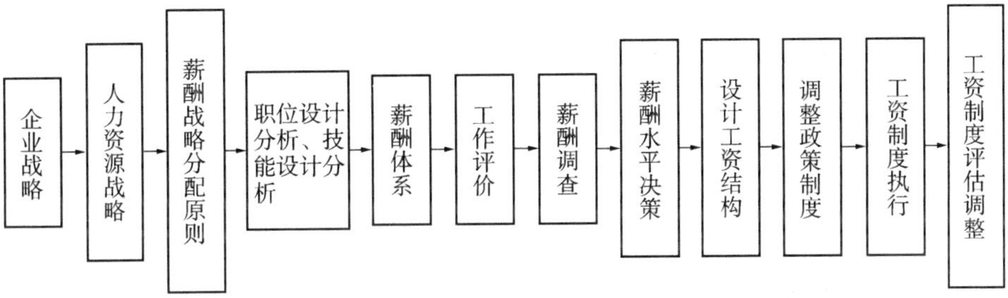

图 9－8　工资制度设计的完整流程图

图 9－8 说明，设计一套工资制度的完整过程一般应包括以下步骤：第一，明确企业的经营和发展战略；第二，理清企业人力资源管理的战略与理念；第三，制定或明确企业薪酬管理战略和付酬原则；第四，进行职位、技能、能力的设计与分析，找到设计工资制度的基准；第五，设计和确定企业拟采用的薪酬体系；第六，进行工作评价，主要是根据确定的薪酬体系而进行职位价值或技能价值评价；第七，调查企业相关市场或竞争对手的薪酬或工资情况；第八，进行整个企业和企业内不同职位或人员的薪酬水平决策；第九，在以上各步的工作基础上设计工资结构或工资比率；第十，制定与工资制度相配套的各种考核办法、加薪上限、调资政策等规章制度，以便操作；第十一，组织执行已制定的工资制度；第十二，评估工资制度的实效，根据需要进行调整完善。

职工福利的设计与管理

福利是指用来满足社会成员或一定组织成员共同需要的一部分物质文化

待遇，这部分物质文化待遇一般由社会或组织的全体成员或部分成员共同享受。员工福利能够弥补工资满足人们需要比较单一的不足，能够满足员工许多方面和层次的需要，有助于吸引和保留人才，有助于降低运营成本和提高生产率。由于福利中的很多项目开支是免税或税收递延的，所以科学合理地设计和管理员工福利计划，有利于企业节约成本开支。此外，企业还可以通过良好的员工福利给付，获得社会声望和政府的信任和支持，提高企业形象。

公平、高效、经济、合法的员工福利制度对于一个组织吸引人才、保留人才和用好人才至关重要。高效、经济的福利制度一靠决策，二靠管理，力争达到既发挥福利应有的保障力、凝聚力，又降低福利成本的双重目的。

一、员工福利设计与管理的主要决策内容

企业员工福利在设计和管理时，首先应当考虑和决定这样几个重大问题：(1) 福利在报酬体系中起什么作用？在薪酬中占多大比例？(2) 提供哪些福利？为什么提供？(3) 向谁提供？提供多少福利？(4) 谁来选择福利？选择的余地多大？(5) 福利的成本谁来承担？承担多大比例？这五个方面的决策问题是决定一个企业员工福利制度性质、功能、走向的最核心问题，企业员工福利的计划方案设计和实施管理主要围绕这些问题。

企业员工福利计划的三个最具战略性的政策决断是：福利的竞争性、成本效能以及充分性和公平性的选择和决策。企业员工福利计划设计和管理涉及的基本内容可以归纳为以下四个方面：

1. 确定员工福利的定位

确定员工福利的定位也就是要解答：我们的员工福利是什么？应该怎么样考虑这类问题？要想回答好这个问题，企业必须知道自己希望吸引何种类型的职工。企业应该知道自己的竞争对手提供了哪些福利，市场上的“标准做法”是什么，考虑本企业福利的竞争力来设计福利。企业还应当考虑历史因素和经济性、发展性因素，因为福利给出去容易，收回来难。

2. 确定福利享受的主体和资格

确定福利享受的主体和资格就是要决定谁可以享受福利，根据什么资格或条件而享受。为了降低福利成本，企业不必向所有的职工都提供完全一样的福利，而是根据具体情况区别对待。可考虑以下区别标准：（1）以工龄为标准；（2）以职工对企业的重要性，对企业的贡献为标准；（3）以在职和不在职为标准；（4）以每周工作时间为标准。

3. 确定员工福利的灵活性

员工树立的灵活性即福利方案中福利项目的可选择性，须决定在福利计划中允许员工有多少福利项目或内容的选择权利。这方面的基本模式有以下三种：（1）设计标准福利方案，所有员工按统一的标准，选取规定好的福利项目。（2）设计成自助式弹性福利方案，允许员工在福利的内容上有较大的选择余地。（3）折中式，即企业按统一标准先向职工提供一部分基本福利项目，然后允许员工在其他福利项目上有一定的选择余地的员工福利方案。

4. 确定员工福利方案的资金筹集

员工福利方案一旦确定，最重要的工作是福利资金如何筹集，有关各方怎样分担这类问题。员工福利方案的资金筹集或分担方式主要有三种：（1）雇主全额承担；（2）雇主与雇员分别按比例承担；（3）雇员全额承担。

二、员工福利计划的管理

企业员工福利的管理工作主要是福利计划方案的沟通、员工福利的索赔审核，以及福利开支的成本控制等三方面的内容。

1. 员工福利计划的沟通

为了发挥员工福利方案的效用、达到福利分配的目标，福利管理者的重要职责之一是：确定与员工进行福利计划沟通的恰当方式，宣传福利政策和内容，实施有效的福利沟通。有效的福利方案沟通工作应当宣传企业的福利目标，应当通过合适的媒体传递沟通内容信息，沟通的内容应当完整、清楚，用语适当。

2. 员工福利索赔审核

员工福利的索赔审核是指员工声称某一约定事件（如伤残、住院等）发生时，企业有关管理部门和管理人员对其索赔要求进行审核，并帮助符合条件者获得相应福利待遇的工作。这方面的审核工作一是须搞清索赔事件是否真的发生；二是审查当事人是否有享受该项福利的资格；三是计算出应当支付的金额，确保福利供给协调和按规定支付。

3. 员工福利的成本控制

福利成本的控制是企业福利管理工作的最重要内容。企业降低或控制员工福利成本的常见做法有：(1) 共同支付；(2) 规定福利项目的费用上限；(3) 用等待期等区别限制不同员工的福利享受资格和权利；(4) 对于双职工家庭，努力与另一方的雇主协调分担福利费用；(5) 审查员工申请享受福利的条件；(6) 控制管理成本。

除了以上所述内容外，国内外企业员工福利的先进形式和成功方案亦需要认真学习和借鉴。